中國近代新學的展開

張立文著

東大圖書公司印行

國立中央圖書館出版品預行編目資料

中國近代新學的展開／張立文著．--
初版．--臺北市：東大出版：三民總
經銷，民81
面；　公分．--（滄海叢刊）
ISBN 957-19-1349-9（精裝）
ISBN 957-19-1350-2（平裝）

1.哲學—中國—現代（1900-　　）-
論文，講詞等

128　　　　80004417

ⓒ中國近代新學的展開

著者　張立文
發行人　劉仲文
出版者　東大圖書股份有限公司
總經銷　三民書局股份有限公司
印刷所　東大圖書股份有限公司
地址／臺北市重慶南路一段
六十一號二樓
郵撥／〇一〇七一七五——〇號
初版　中華民國八十年十二月
編號　E 12080①
基本定價　陸元
行政院新聞局登記證局版臺業字第〇一九七號

ISBN 957-19-1349-9（精裝）

自序

余從事中國哲學的教學和研究三十餘載，每授課自先秦而逮近代，其間雖有講斷代哲學者，但無有間斷。近十幾年來，主要與研究生授課。在備課和授課中每有所思或每有所得，間有記下（無記居多）而整理成文，公諸報刊者，約壹佰伍拾有餘。這裏所收鴉片戰爭以後中國近代新學各篇，自六十年代至今，不謂不久，但就內容而言，還能貫通，自成系統。

回首壹佰伍拾年來中國，列强迭侵，國難頻起，民族恥辱，人民塗炭。之所以如此者，歸根結蒂，是因為中國落後，落後必然挨打。顢頇者，仍做其天朝帝國之夢；有識者，已覺其大厦卽傾之危。就在這「舉國醉夢於承平」之時，而「定盦憂之，儳然若不可終日，其察微之識，舉世莫能及也」（梁啓超：《論中國學術思想變遷之大勢》）。龔自珍已清醒地自覺到，那是一個「將萎之華，慘於槁木」的時代，於是他呼喊：「我勸天公重抖擻，不拘一格降人材」（〈己亥雜詩〉），期望著生氣盎然的新時代的出現。

清政府閉關自鎖，但關何嘗鎖得住？西方文化終於藉軍事力量和宗教力量，洶湧而來，不可抵擋，在中西文化激烈地衝突中，中國如何救亡圖强？對西方文化的挑戰做出回應，人們設計了各種各樣的方案。張之洞等人所倡導的「中學為體，西學為用」，在當時文化論爭中，產生了很大的影響。這種「中體西用」的思維模式，在五四運動之前，曾縱貫為早期改良派、洋務派、維新派和革命派。儘管其表現形式不同，內涵稍異，但在思維模式上未擺脫「中體西用」的制約。即使在五四運動以後，亦橫貫為自由主義的西化派和新儒家文化保守派。以至八十年代，仍有「西體中用」、「以中國文化為本位，中西互為體用」，和「中西為體，中西為用」的文化論爭。因而追溯以體用論中西文化的張之洞，是有裨益的。

戊戌變法維新運動的激進派譚嗣同，以「我自橫刀向天笑，去留肝膽兩昆侖」的氣概，呼喊著衝決社會一切網羅的口號，高揚著每個人都應有獨立的人格、尊嚴和價值，把西方天賦人權論、契約論以及自由、平等、博愛思想與中國傳統儒家、墨家、佛教等愛人、慈悲、仁等相結合，建構了「仁學」思想體系，他對於封建三綱五常的批判，對於封建制度於人性的摧殘、奴役和壓迫的揭露，可謂十九世紀末葉中國人權的宣言書。

譚嗣同「各國變法無不從流血而成，今日中國未聞有因變法而流血者，此國之所以不昌也。有之，請自嗣同始」（梁啓超：《譚嗣同傳》）的精神，震撼中國大地，驚醒中國士人。四川青年鄒容懸譚嗣同遺像於座旁，哀悼「赫赫譚君故，湖湘士氣衰。惟冀後來者，繼起志勿灰」（鄒魯：《中國國民黨史稿・鄒容略傳》），而走上革命道路。他作《革命軍》，對清統治者的驕奢淫逸、嚴刑酷法、橫徵暴斂、壓榨剝削進行了無情的揭露和批判。他願作推翻清政府的「革命軍中馬前卒」，提出建立獨立自由的「中華共和國」的方案，並制定「中華共和國」的二十五條綱領。《革命軍》在當時思想界起了巨大的影響，日本、新加坡、香港以各種不同的書名刊行。辛亥革命後，孫中山曾以臨時大總統的名義簽署命令，追贈鄒容為「大將軍」，認為「設非其人提倡之早，其書入人之深，今日收功，恐難若斯之速」（《蜀中先烈備徵錄》附編總目），決非過譽也。

由政治革命而及於思想、哲學、宗教的革命。佛教為適應近代社會發展的潮流，太虛法師提倡佛教革命。他讀康有為的《大同書》、梁啓超的《新民説》、譚嗣同的《仁學》、嚴復譯的《天演論》、章太炎的《告佛子書》極為吸引，遂「陡然激發以佛學入世救人救世的弘願熱心」。後又讀孫中山的「三民主義」、鄒容的《革命軍》，便認為「中國政治革命後，中國的佛學亦須經過革命」（《太虛自傳》）。太虛法師不僅是佛教改革的理論家，著《法相唯識學》、《真現實論》等宏篇，援入現代西方科學、哲學；而且是佛教實踐家，他提出「志在整理僧伽制度，行在瑜伽菩薩戒本」（《志行之自述》），以建設人間佛教，「改良社會，使人類進步，把世界改善罷了」（《怎樣來建設人間佛教》）；同時太虛法師也是佛教的革命家，使佛教由出世間法改為入世間法。如果説佛教禪宗把心外佛轉變、改革為心內佛，由外超越轉向內超越，為中國佛學第一次改革的話，那麼，佛學從出世主義向入世主義轉變，可説是中國佛教的第二次改革，這促使了佛教的世俗化和現代化。

本書還收了為紀念五四運動七十周年所寫的論文和紀念唐君毅教授逝世十周年國際學術討論

會的論文等。作者出於對中國文化深層的關懷，而提出建構傳統學的設想，把傳統學從文化學中分出來，而做為獨立的學科來建構❶。在為馮友蘭先生誕辰九十五周年國際學術研討會而作的《新儒家哲學與新儒家的超越》中，論述了中國宋明理學中理本論（程、朱理學）、心本論（陸、王心學）、氣本論（張載到王夫之氣學），而演變為本世紀二十至四十年代的新理學、新心學、新氣學的歷程。中國哲學在唐末五代大亂之後，中國傳統儒、道文化在吸收外來印度佛教文化的基礎上，創建了理學，使中國學術思想發生巨大的轉機，影響日本、朝鮮、越南，而成為東方文明的中心。明末清初之際，一批思想家在「天崩地裂」的悲憤中，由總結明亡的教訓中，批判程朱和陸王的理學和心學，也是促使中國學術思想發生轉機的時機，然而並沒創建新的思想、哲學體系。因而明清之際一批思想家的貢獻，較之兩宋時的思想家、哲學家便大為遜色。其間雖也出現過幾次不同思潮，都因沒有什麼創新，而影響即逝。即使在五四運動以後，要麼照著或接著西方的思想、哲學講，要麼照著或接著宋明理學講，而有新理學、新心學、新氣學各派。馮友蘭四十年代作《新理學》，明確說是「接著宋明以來底理學講底」（《新理學》、《三松堂全集》第四卷，第五頁）。熊十力先生和賀麟先生雖未明言接著陸、王心學，而實與陸、王心學近，熊先生思想被五十年代後港臺新儒學發展為新心學，大陸中國哲學四十多年來發展了新氣學。現距北宋

❶ 參見拙著《傳統學引論——中國傳統文化的多維反思》，中國人民大學出版社一九八九年版。

公元九百六十年已一千年，難道還要接著宋明理學中的理學、心學、氣學講？還要接著新理學、新心學、新氣學講？這樣接著講下去，何時到一站？何時能了？這樣接著講下去，有何意義？有何價值？中國在現代西方文化、現代高科技文化的挑戰下，能否創新？創什麼新？特別是創造出與中國文化實際相結合的新文化，這是中國人的共同事業，也是世界華人的共同事業。筆者提出和合學的建構，雖基於上述的思考，只是拋磚引玉而已。若能引起世人對此的關心和自覺，愚的心願也就滿足了。但真正創建完善一種新學說的體系，就如宋明理學一樣，需要幾輩人或幾代人的心血和創造。中國人是聰明的，是富於哲學頭腦的，也是最有創造力的。因此，是能夠達到的。那時她將以自己深邃的、獨特的神彩，而為世人所矚目！

本書和《周易與儒道墨》，承蒙陳慧劍先生支持和幫助，並不辭勞苦審閱拙稿和聯繫，才得以付梓。謹誌謝忱。

是為序。

張立文

於一九九一年十一月

中國近代新學的展開　目次

中國近代新學及其發展階段

一、中國近代哲學可稱為近代新學

中國近代哲學如何稱謂，至今無人提出。梁啓超在《清代學術概論》中說：「我國自秦以後，確能成爲時代思潮者，則漢之經學，隋唐之佛學，宋及明之理學，清之考證學，四者而已」❶。梁氏依以分限和立論的標準是思潮，「能成『潮』者，則其『思』必有相當之價值；而又適合於其時代之要求者也」❷。照此標準，並非只此四者，亦不能從秦以後講起。先秦諸子紛紛建構各自學派，彼此爭鳴，相得益彰，滙成了中國文化的源頭活水，可謂先秦諸子百家之學。兩漢時，經學成爲思潮。魏晉時，一掃經學沉悶、煩瑣學風，崇尚老莊學，當時人稱這一思潮爲「清談」、「清言」，其言談內容以先秦《老子》、《莊子》、《周易》（以老莊解易）三書爲中

❶ 商務印書館，民國十年版，第一頁。
❷ 同前。

心，所以後人稱為三玄之學，簡言魏晉玄學。隋唐時，雖中國佛教極盛，但儒道亦有充分的發展，唐王朝對儒、釋、道三教採取兼容並蓄政策，故可稱儒、釋、道三家之學。宋代融合三家之學而超越三家，建構了形而上學本體論和道德論，為宋元明理學。鴉片戰爭以後，中國社會、思想發生深刻變化。在西方器物文化、制度文化和精神文化的衝擊下，不僅要師夷技、學西學，而且要採西制，改變固有的價值觀念、心理結構，可稱為近代新學。

之所以稱其為近代新學，這是因為：

第一、中國近代哲學的主流，是新學型的哲學運動。新學哲學思潮，是中國近代哲學思潮的主體，這時，舊的資產社會是作為新的進步的階級、集團而登上歷史舞臺，演出新場面的。所謂主流，是指時代思潮的主要傾向或導向。主流並不一定是統治思想，相反，往往與統治思想相抗衡，以正統的異端形式出現。既是主流，便具有支配、制約時代思潮導向的作用，能夠席捲人們參與時代思潮中來。人們對時代思潮也不能不做出相對的回應。主流是相對於次流而言的，次流是指清王朝所信奉的舊的統治思想，亦包括未占主流的其他思想。主流並非消滅次流，而是與次流相滙合。中國近代哲學思潮的主流是試圖融會中國傳統文化、西方文化中的優秀成份，而建構其新學體系的。在新學體系中，不僅使用西方概念來闡發自己思想，而且要用西方制度、價值觀來改革中國社會、改造人格或國民性。

第二、近代新學是相對於舊的君主社會哲學而言的。它包括早期改良主義哲學、太平天國洪仁玕哲學、洋務派哲學、戊戌變法思潮、辛亥革命思潮等近代新學哲學。中國古代哲學是作爲舊社會王朝體制的經濟基礎的上層建築，是建立在中國古典自然科學知識基礎上的，是爲維護封建主義生產方式服務的。近代新學哲學是吸收了西方近代自然科學知識，與中國傳統哲學相結合而建立起來的新的哲學體系。如西方進化論、社會契約論、天賦人權論，以及自由、平等、博愛與中國傳統儒家「泛愛衆」，墨子「兼愛」，佛教的「慈悲」，天下爲公，〈禮運〉大同思想，今文經學的「公羊三世」說，程朱的「格致」說，陸王的心學，以及黃宗羲的《明夷待訪錄》等相對應，孕育了中國近代新學。它呼喊著衝決君主、倫常等等的網羅，批判舊的倫理道德。它的出現，確實開闢了中國哲學的新局面和新階段。

第三、近代新學，是具有近代哲學特徵的思潮。嚴復翻譯赫胥黎的《天演論》，介紹了達爾文的《進化論》，在當時起了振聾發聵的作用。在康有爲、譚嗣同、嚴復，特別是在孫中山的思想中，都講進化。嚴復還介紹了斯賓塞的機械論思想。嚴復說：「斯賓塞爾之天演界說曰：天演者，翕以聚質，辟以散力」❸。宇宙界是由質力的開合運動形成的。譚嗣同引用「以太」概念，「仁以通爲第一義。以太也，電也，心力也，皆指出所以通之具」。「以太也，電也，粗淺之具也，借其名以質心力」❹。「以太」是Ether的漢譯，西方近代自然科學家假設它是光的媒介物。十

❸《天演論・導言》按語，《嚴復集》第五冊，中華書局一九八六年版，第一三二七頁。

❹《仁學・界說》，《譚嗣同全集》（增訂本），中華書局一九八一年版，第二九一頁。

九世紀八〇—九〇年代，「以太」假說隨同西方近代自然科學一起傳入中國。譚嗣同也從媒介物這個意義上使用「以太」概念。「徧法界、虛空界、衆生界，有至大、至精微，無所不膠粘、不貫洽、不筦絡、而充滿之一物焉，目不得而色，耳不得而聲，口鼻不得而臭味，無以名之，名之曰『以太』」❺。用以解釋整體宇宙間事物的聯繫。這種哲學顯然是中國古代直觀的哲學形態所不具備的，故謂之近代新學。

第四、新學的稱謂，已見於近代思想家的著作。如洪仁玕著《資政新篇》，主張學習西方，發展近代交通運輸和工礦企業。准許「有百萬家財者」，開設私人銀行，印發鈔票。准許外國商人來華進行正常貿易。在政治方面，主張加強法治，「其事大關世道人心，如綱常倫紀，敎養大典，則宜立法以爲準焉」。革除陋習，整頓社會風氣，禁止賣子爲奴、鴉片、酒等。發展西方資本經濟，而稱爲「新篇」。梁啓超爲培育和造就近代人格，撰《新民說》，提出「欲維新吾國，當先維新吾民」❻，用新思想、新道德啓蒙民衆，克服舊的習染，而成爲新民。新民是一個自愛、自治、自立、自牧、自任、自尊的人，人的獨立自由，是天賦人權。梁啓超「欲以構成一種不中不西，卽中卽西之新學派」❼。在五四運動以前，中國文化論爭的性質，是新文化與舊文化、學

❺ 同前，第二九三頁。
❻ 〈新民叢報章程〉。
❼ 《淸代學術概論》。

校與科舉、新學與舊學、西學與中學之爭，即中西古今之爭。那時所謂的學校、新學、西學，其內容基本上都是西方近代社會所需要的自然科學和政治學說，亦即新學所包含的內容。這種所謂新學思想，是舊學的反動。因此，「近代新學」的稱謂，是近代哲學思想本質特徵的概括。

二、近代新學經歷了產生、發展、成熟和轉型的階段

從鴉片戰爭到一九四九年的中國近代新學，是歷史的事實，既有外在的因素，亦有內在的根據。就外因而言，鴉片戰爭的失敗，使朝野各派政治勢力和知識分子從「天朝帝國」的美夢中驚醒。戰爭不僅是軍事、政治、經濟勢力的較量，亦是文化的全面較量。較量的失敗，使人們對「禮儀之邦」的文明社會產生懷疑，對中國文化的落後有了切膚之痛。東西方兩種不同社會制度和文化的碰撞，表現爲中國傳統農業文化與西方近代工業文化的激烈衝突。這種衝突不是文靜的滲透，而是強暴的武力。西方文化憑藉武力而湧入中國，成爲不可抗拒的潮流。恢復原來閉關鎖國的政策不可能了，抱殘守缺勢必落後挨打。面對這種新形勢，必須具有新思想、新道德、新思維，才能對西方文化的挑戰，作出回應。從回應的演變中，可以發現其差異；從差異中，以確定其發展的階段性。

第一階段，早期的改革派、改良主義者和前期洋務派的哲學思想，是近代新學的產生階段。爲了學西方，必須了解西方。改革派魏源著《海國圖志》，介紹西方各國的政治、經濟、地理，

要求變革「器」，提出「以夷爲師」，「師夷之長技以制夷」的主張。向打敗華夏的夷狄或敵人學習，承認夷狄有比華夏更文明的「長技」，它包括「一戰艦，二火器，三養兵練兵之法」❽，這是中國近代知識之士的一次痛苦自我覺醒。爲「制夷」，魏源建議開辦造船廠、火器局，聘請西方工匠、槍師到中國傳授鑄造、駕駛的技術。這樣便可「盡得西洋之長技」爲「中國之長技」，「一二載後，不必仰賴於外夷」❾。學習西方的船堅炮利，以抵禦西方的侵略。但魏源並沒有認識到「西技」與「西學」的關係，也沒有把學「西技」與中國傳統的體制、價值觀念聯繫起來考慮，而有簡單化之弊。然魏源在此中國歷史轉變的關頭，能有文化的自覺，清醒的估價，正確的對策，必要的措施，無疑有進步的積極的作用。

馮桂芬曾師事林則徐。他在第二次鴉片戰爭之際，從文化的角度，比較中西，認爲中國「人無棄材不如夷，地無遺利不如夷，君民不隔不如夷，名實必符不如夷」❿。覺悟到中國在政治民主、經濟開發、名實相符、思想人材等方面落後了。因此，在「師西技」外，必須「採西學」。「採西學」的要務，在於解決如何「出於夷而轉勝於夷」的問題，這較之魏源的思考深了一層。因爲在船堅炮利的所當然之深層，還存在製造原理和方法的所以然之故。所以必須學習西方「曆

❽ 〈籌海篇〉，《海國圖志》卷二。
❾ 同前，卷一。
❿ 〈制洋器議〉，《校邠廬抗議》卷下。

算之學，格物之理，製器尚象之法」⑪。爲有效地學習西方之長技和西學，馮氏主張在科舉中加設一種，可和舉子「一體會試」，若能「出夷制之上者」，可「一體殿試」，賞給進士⑫；並主張設立學校以傳授西學，設翻譯公所，「擇有理者譯之」。學校畢業，於諸國之書「應口成誦」，「能實見之行事者」，由通商大臣奏請「賞給舉人」。馮氏認爲，「學問」是「經濟」所從出，故把學校教育視爲第一要務。

在第二次鴉片戰爭後而展開的洋務運動的代表曾國藩、李鴻章等人，其洋務又與平太平天國所謂亂相聯繫。曾氏企圖借「夷力以助剿」，以解除內憂。主張「師夷智以造炮製船」⑬。學習西技和西學，可派學生「赴泰西各國書院，學習軍政、船政、步算、製造諸學」⑭。他認識到中西政體的不同，中國以「耕戰」爲國，西方以「商戰」爲國；一以君主與農民的關係爲主導，一以國主與商人的關係爲主導，兩者各不相同。但曾氏以中國聖人之道，是不可變的。李鴻章認爲中國要自強，必須學習西方利器和西學，在海防省設立洋學局，分「格致、測算、輿圖、火輪、

⑪〈上海設立同文館議〉，同前卷下。
⑫〈制洋器議〉，同前卷下。
⑬〈覆陳洋人助剿及採米運津析〉，《奏稿》。
⑭〈擬造子弟出洋學藝摺〉，同前。

機器、兵法、炮法、化學、電氣學諸門」⑮。學西技西學，是爲強兵富國。富強以商務爲基礎，如藉官府力量創辦輪、礦、路、電四大政，包括一些民生工業，後來李氏對改革六部和科舉也表示了關心。但曾、李二氏其思想都屬於「中體西用」範疇。

認識是步步深入的，從師西技、到探西學，再到仿西制；從西技之本在西學，到富強之本在「議院上下同心」。在西方文化的挑戰下，不能不向前移動。鄭觀應主張「以西學化爲中學」，在學西方科學技術的同時，介紹西方國家議院制度。「富強之本，不盡在船堅炮利，而在議院上下同心」⑯。陳熾認爲議院之法，「合君民爲一體，通上下爲一心」，是英美各國之所以「強兵富國，縱橫四海之根源」⑰。何啓、胡禮垣在《新政眞詮・新政論議》中說：「政者民之事而君辦之者也，非君之事而民辦之者也。事既屬平民，則主亦屬乎民」。「夫天下公器也，國事公事也。公器公同，公事公辦，自無不妥，此選議員、闢議院之謂也」。大大擴展了「西用」的範圍。儘管他們批判洋務運動是「小變而非大變」，「貌變而非眞變」⑱。這裏所謂的「大變」、「眞變」，並非「變道」。他們共同的特點是主張「變器不變道」，「器可變，道不可變」

⑮ 〈籌議海防析〉，《奏稿》卷二四。
⑯ 《盛世危言・自序》。
⑰ 《庸書・議院》。
⑱ 王韜：〈答強弱論〉，《弢園文錄外篇》卷七。

⑲。「取西人之器數，以衞我堯舜禹湯文武周孔之道」⑳。基本上是中學爲體、西學爲用的思維路數。這個口號雖後來被洋務派張之洞用來反對維新變法，但在早期改良主義和前期洋務運動那裏，卻包含著衝破封建束縛的積極進步意義。

第二階段，戊戌變法時的維新派哲學思潮，是近代新學的發展時期。晚淸政府的腐敗無能，加上不斷的內憂外患，雖有曾、李等洋務「新政」，並沒有改變中國落後面貌。一八九四年中日甲午戰爭失敗，洋務派所建立的海軍全軍覆沒，被迫簽訂屈辱的〈馬關條約〉，消息傳來，全國震動。康有爲在北京發動一千三百多會試的舉人，聯名向光緒皇帝上書，反對簽訂〈馬關條約〉，提出拒和、遷都、變法三大主張，卽「公車上書」，點燃了維新變法運動的火光。維新派以救亡圖存相號召，獲得了不少士大夫知識分子的響應和贊許。組織各種學會，出版各種宣傳維新變法的報刊，如《中外紀聞》、《時務報》、《知新報》、《湘學報》、《湘報》等，造成浩大的維新變法的呼聲。

在新學與舊學、中學與西學激烈衝突中，維新派衝決了「變器不變道」、「道不可變」的格局，認爲道也可變。康有爲說：「物新則壯，舊必老，新則鮮，舊必腐，……新則通，舊必滯，

---

⑲《盛世危言・凡例》。

⑳《籌洋芻議・變法》。

物之理也」㉑。用新陳代謝的進化論觀點來解釋宇宙自然、社會歷史的發展。當時中國已到了「能變則全，不變則亡；全變則強，小變仍亡」㉒的關頭。只有學習西方，「盡革舊俗，一意維新」㉓，才能救中國。

維新派不是停留在師西技層面上，而是以西方資本主義社會的自由、平等、博愛、天賦人權、民權、社會契約論的新思維與近代自然科學知識（如進化論），對中國傳統的舊學，進行激烈地批判。對民衆有振聾發聵、解放思想的作用。以至出現了「家家言時務，人人談西學」㉔的新形勢，學風爲之一變。特別在百日維新期間，廢八股詔下，「數月以來，天下移風，千萬之士人，……爭講萬國之故，及各種新學；爭閱地圖，爭講譯出之西書」㉕。人心激奮，西學蔚然成風。在思想、價值觀念層面上有了轉型。

維新派的全變，蘊含着對中國古代哲學、史學、文學、倫理學進行批判地改造，試圖建構一套新學，爲維新變法服務。他們所提出的「道德革命」、「史界革命」、「文界革命」、「詩界革

㉑ 〈上清帝第六書〉。
㉒ 同前。
㉓ 〈上清帝第五書〉。
㉔ 歐榘甲：〈論政變與中國不亡之關係〉。
㉕ 梁啓超：《戊戌政變記》。

命」的口號，也有深刻的影響。康有爲批判清考據學的「無用」，訓詁詞章等舊學，批判宋儒講求義理，是「鑿之過深，揚之過高，其弊將不切於人道」㉖。當然康有爲、梁啓超、譚嗣同、嚴復批判舊學，並不是否定中國傳統文化思想，而是試圖把他們所需要的中國傳統哲學思想，同西方自然科學知識、社會學說結合起來，建構了反映維新變法派需要的新的哲學體系。儘管他們的哲學超越了早期改良派的感性層面，而具有理性經驗的意味。但他們所建構的哲學體系的最高範疇，仍然是中國傳統的「仁」、「太極」等，而賦以新的時代的內涵而已。如康有爲說：「仁從二人，人道相偶，有吸引之意，卽愛力也，實電力也，人具此愛力，故仁卽人也」㉗。「不忍人之心，仁也，電也，以太也，人人皆有之」㉘。把仁解釋爲「電也」、「以太也」，實乃中國古典哲學中所未及見的。

在政治制度方面，康有爲等認爲，「中國敗弱之由，百弊叢積，皆由體制尊隔之故」㉙。提出「設議院以通下情」㉚以改變君臣官民上下之隔的大弊。主張「立憲法，開國會」，「以國會立法，以法官司法，以政府行政」㉛。向光緒介紹西方三權分立的情況，逐漸變君主專制爲君主立憲。嚴復用西方契約論的思想，在〈闢韓〉一文中解釋了君、臣、民三者的關係。上古時代，

㉖《論學・來書三》。
㉗《中庸注》。
㉘《孟子微》卷一，中華書局一九八七年版，第九頁。
㉙〈上清帝第七書〉。
㉚〈上清帝第四書〉。
㉛〈上清帝第六書〉。

人民從事生產勞動，無暇「鋤強梗」、「防患害」、「自衛其性命財產」，便依據通工易事的原則，推舉「公且賢者，立而爲之君」。君是爲民的利益服務；君並非是主，「斯民也，固斯天下之眞主也」，具有民主思想。

在經濟上，要保衞發展工商業，改變傳統的「崇本抑末」的觀念。康有爲認爲，變法以「富國爲先」，「泰西之富，多由保商，商務既盛，而國力賴之」㉜。富國便須保商，建議清政府對商界要「教誨之」、「保衞之」、「體恤之」、「獎助之」、「鼓勵之」、「利導之」、「整齊之」㉝。在中央設商部，各省設商務局，商人成立商會，維護商人權益，優惠、扶植商業，實行專利制度，促進商務發展。所謂商務，實是一廣泛意義上的商，與商有關的「商之源在礦，商之本在農，商之用在工，商之氣在路」㉞的礦業、農業、工業、交通運輸，都要相應發展。

康有爲認識到，中國要趕上新世界的潮流，就要改變中國尚農爲尚工。「夫今已入工業之世界矣，已爲日新尚智之宇宙矣，而吾國尚以其農國守舊愚民之治與之競，不亦傎乎？」他希望光緒審古今之時變，移易民心，把中國「定爲工國」㉟，發展科學技術，擯棄「輕工藝」，視其爲

㉜〈請裁撤釐金摺〉。
㉝〈條陳商務摺〉。
㉞同前。
㉟〈請勵工藝獎創新摺〉。

雕蟲小技的傳統觀念。而要「以知新爲學識，以日新爲事業」，「棄守舊，尚日新」，「採彼良規，獎導新機，講求物質」。爲此，必須「獎創造新器，著作新書」。如果中國能夠做到「爭講工藝，日事新法，日發新議」，便可以在較短時間內「民智大開，物質大進」，中國就可能「立國新世」，「無敵於天下」[36]。

在教育方面，康有爲等認爲，政治的維新變法，經濟的繁榮發展，特別是由尚農向尚工的轉型，都需要大批具有新思維、新才幹的新人。由於中國長期科舉取士的八股文，嚴重扼殺人才，束縛新思想，所以必須改革八股取士的科舉制度，按西方教育制度與辦各級各類新式學堂，大力學習西學。並制定新的教育制度，推廣至「公私現有之書院、義學、社學、學塾，皆改爲兼習中西之學校」[37]。教學內容，除「讀史、識字」外，要學習「測算、繪圖、天文、地理、光、電、化、重、聲、汽」[38]等西學，並「改武科爲藝學」，設立天文、地礦、醫、律、光重化電、機器、武備、駕駛等專門學堂。這樣，中國必將「人才大成，國勢日強」[39]。翻譯西書，或編輯中外要書，做爲學校的教材。

[36] 同前。

[37] 〈請飭各省改書院淫祠爲學堂摺〉。

[38] 〈上清帝第四書〉。

[39] 〈請飭各省改書院淫祠爲學堂摺〉。

康有爲的上書感動了光緒，光緒不甘作亡國之君，頗思有所作爲，對維新變法表示贊同，於一八九八年六月十一日下詔定國是，頒布了維新詔令，其內容是：⑴政治上，裁撤冗官，精簡機構，許士民上書言事；⑵軍事上，籌造兵船，添設海軍，以新法訓練軍隊；⑶經濟上，設立礦務鐵路總局、農工商總局，獎勵製作新法，允許專利，發展保衞農工業；⑷文化教育上，廢除八股，改革科舉制度，興辦新式學堂，翻譯西書。這些新政顯然有利於西學的傳播，有利於中國社會政治、經濟、文化的進步和發展。但維新變法僅進行了一百零三天，到九月二十一日慈禧發動政變，捕殺維新派「六君子」，戊戌維新運動失敗了。

第三階段，從辛亥革命到五四運動前夕，是中國近代新學成熟時期。戊戌維新運動的思想家、實踐家們，雖較早期改良主義前進一步，變器亦變道，變器失敗了，變道亦失敗，便把人們一步步逼到只有革命，推翻清王朝君主專制制度，才能救中國一法了。以孫中山爲代表的革命派在一八九四年成立興中會，提出「驅除韃虜，恢復中國，創立合衆政府」㊵的口號。一九〇三年孫中山又提出「驅除韃虜，恢復中華，創立民國，平均地權」㊶的口號。後被作爲同盟會的綱領，這十六字綱領孫中山概括爲民族、民權、民生的三民主義。章太炎、鄒容、陳天華等鼓吹反清革

㊵〈檀香山興中會盟書〉。
㊶〈東京軍事訓練班誓詞〉。

命，宣傳民主共和，同康有爲等改良派的「保皇黨」進行論戰，批判舊文化。章太炎在任《民報》主筆期間，撰寫文章，批判改良主義，如〈駁康有爲論革命書〉等，「所向披靡，令人神往」，鄒容的《革命軍》一書，讚揚盧梭的《民約論》和法國大革命，鼓吹「革命革命，得之則生，不得則死」。陳天華的《猛回頭》、《警世鐘》指出，中國要想免除亡國滅種，就必須起來革命，推翻清王朝，趕走外國侵略者。章、鄒、陳三氏的宣傳，對人們從改良派躍進到革命派，起了很大的推動作用。他們用西方進化論、契約論、民權觀、自由、平等、博愛思想，批判中國傳統的君權神授、帝制長存、綱常不滅、尊卑不逾、敬天法祖、尊孔崇儒等觀念。西方民主共和以及西學、西政，進一步得到傳播和深入，人們的思想面貌又爲之一新。

改良派與革命派的論戰，分清了改良與革命、民主共和與君主立憲、平均地權與封建土地所有制的界限。並對舊的綱常名教和禮儀習俗進行批判。他們揭露，「中國倫理政治，皆以壓制爲要義」㊷。名教「殺人於無形」，酷於申韓之法，其「害甚於洪水猛獸」㊸。要恢復人權，實現平等，必須廢除綱常名教。所謂「君爲臣綱」，是「荒謬絕倫的邪說」㊹。君不過是人民的公僕而

㊷ 柳亞子：〈哀女界〉。
㊸ 鐵崖：〈名說〉，憤民：〈論道德〉。
㊹ 柳亞子：〈民權主義！民族主義！〉。

已。忠也是相互的，「臣當忠君，君亦當忠臣」㊺，忠於君主一人不可謂之忠。「父爲子綱」，破壞人道平等，人類幸福。「夫爲妻綱」是壓迫、摧殘女性的枷鎖。使婦女「出入」、「交友」、「婚姻」無自由，實爲奴隸、牛馬，「禁獄之囚徒」。他們指出，「男女同生天地間，同有天賦之權利，同有爭存之能力」㊻。男女應一律平等。基於此而提出「家庭革命」的口號，要脫家族之羈軛，破家族之圈限，欲革政治之命，先必革家庭之命。

對禮儀習俗進行改革，反對跪拜禮，以西方點首鞠躬來代替㊼；厚葬「爲害人羣」，佔生人之地，應改革；反對婦女纏足；反對舊式包辦婚姻，提倡自由戀愛；剪髮易服，一切習俗、服飾以「宜時」、「便民」爲原則，男子剪除髮辮，一律改用西服等等。

批判綱常名教的深入，必然把抨擊鋒芒針對孔教、孔學。「孔子專門叫人忠君服從，這些話都很有益於君的」㊽。《論語》一書的「根本觀念蓋在防人犯上作亂，欲使天下爲忠臣孝子」㊾，是爲君主專制服務的。孔學定於一尊，造成了學術專制；學術專制，又使「今中國學界之黑暗與

㊺ 吳魂：〈中國尊君之謬想〉。
㊻ 竹莊：〈論中國不興女學之害〉。
㊼ 鞠著：〈毀家譚〉。
㊽ 君衍：〈法古〉。
㊾ 凡人：〈開通學術議〉。

進化之遲滯」❺⓪。中國文化的發展，必須衝決孔學獨尊的局面。章太炎曾揭露，「孔教最大的污點，是使人不脫富貴利祿的思想」❺①。「儒家之病，在以富貴利祿爲心」❺②。他認爲要「實行革命，提倡民權，若夾雜一點富貴利祿的心，就像微蟲霉菌，可以殘害全身，所以孔教是斷不可用的」❺③。革命黨人對於孔子和儒學的批判，標誌着中國思想界的新的覺醒，它是「五四」新文化運動的先聲。

作爲革命派理論基礎的哲學思想，大量吸收西方自然科學和哲學思想，來建構思想哲學體系。章太炎在《訄書》木刻本中用西方自然科學的原子說，來解釋自然界。他不同意譚嗣同把「以太」看成「性海」或「心力」等簡單化的比附。他說：「原質有形，卽以太亦有至微之形，固不必以邈天倪際之性海言也」❺④。並用康德哲學和佛教唯識學相結合，來解釋宇宙本體和萬物化生問題，把康德哲學生吞活剝地納入到自己的哲學體系中。孫中山比較系統地學習了西方醫學、生物學等自然科學，他用星雲說、細胞學說來構築其哲學體系。他說：「據最近科學家所考得者，

---

❺⓪ 同前。
❺① 〈東京留學生歡迎會演說辭〉。
❺② 《諸子學略說》。
❺③ 〈東京留學生歡迎會演說辭〉。
❺④ 〈菌說〉。

則造成人類及動植物者，乃生物之元子爲之也。生物之元子，學者多譯之爲細胞，而作者今特創名之曰生元」55。以生物學爲基礎建立進化論的哲學體系。「自達爾文氏發明物種進化之理，而學者多稱之爲時間之大發明，與牛頓氏之攝力，爲空間之大發明相媲美。而作者則以爲進化之時期有三：其一爲物質進化之時期，其二爲物種進化之時期，其三則爲人類進化之時期」56。把物質——物種——人類，看成是一個進化的過程。孫中山在探討物質與精神關係時，直接引用西方哲學的物質與精神概念，說明「精神雖爲物質之對」，但兩者相輔爲用，「不可分離」，「本合爲一」，不同意兩者的「絕對分離」。人與生物的區別，就在於人有精神，「世界上僅有物質之體而無精神之用者，必非人類」57，因而，孫中山比較重視人的能動作用，即精神作用的方面。他們哲學的共同特點是，帶有較多西方文化的色彩，不同於戊戌變法時康、譚哲學以中國傳統哲學思想爲主而結合西方自然科學和社會學說的狀況。

第四階段，五四運動與以後，是中國近代新學的轉型時期。一九一一年的辛亥革命打倒了帝制，趕跑皇帝，也衝擊了作爲帝制精神支柱的儒教倫理，但辛亥革命所換來的是各個軍閥政府，他們爲了一己之私利，摧殘民主，破壞共和，出賣國家民族利益，準備接受日本提出的「二十一

55 《孫文學說》第一章，《孫中山全集》，三民公司民國十六年版，第二册，第五—六頁。
56 同前，第五〇頁。
57 同前。

條」，中國面臨着亡種亡國的危機，於是在一九一九年爆發了五四運動。五四新文化運動的宗旨是提倡民主（Democracy 德先生）和科學（Science 賽先生），在中國建立一個眞正的民主共和國。爲此必須宣傳民主和科學的新思想、新文化。「西洋人因爲擁護德、賽兩先生，鬧了多少事，流了多少血，德、賽兩先生才漸漸從黑暗中把他們救出來，引到光明世界。我們現在認定只有這兩位先生，可以救治中國政治上、道德上、學術上、思想上一切的黑暗。若因爲擁護這兩位先生，一切政府的壓迫，社會的攻擊笑罵，就是斷頭流血都不能推辭」[58]。於是他們反對舊思想、舊文化、舊藝術、舊宗教，批判孔子和孔教，以及舊倫理、舊道德、舊政治、舊文學等。陳獨秀指出，以三綱和忠孝節義爲本的中國宗法社會，罪孽深重，它「損壞個人獨立自尊之人格」，「窒礙個人意志之自由」，「剝奪個人法律上平等之權利」，「戕賊個人之生產力」[59]，與今世之社會國家，根本不能相容。吳虞猛烈抨擊孔教、孔學，「孔二先生的禮教講到極點，狂是非殺人吃人不成功，眞是慘酷極了」[60]。魯迅在《新青年》（一九一八年四月）上發表了〈就人日記〉，揭露了禮教的吃人本質。所謂「仁義道德」，實乃吃人的道德；社會歷史，也是吃人的歷史。這一投向禮教的利劍，成爲民衆共同呼聲：「打倒吃人的禮教」，爾後又有「打倒孔家

[58] 〈新青年罪案之答辯書〉，《獨秀文存》卷一。

[59] 〈東西民族根本思想之差異〉，同前。

[60] 〈吃人與禮教〉，《新青年》六卷六號。

店」的口號。吳虞被胡適稱爲「隻手打倒孔家店的老英雄」。

道德革命和文學革命是五四新文化運動的重要內容。陳獨秀批判道德不變論，「道德之爲物，應隨社會而變遷，隨時代爲新舊，乃進化的而非一成不變的，此古代道德所以不適於今之世也」61。他認爲舊道德與新政治體制是不相容的。若政治上採共和立憲制，在倫理上保守綱常階級制，新舊自相矛盾衝撞，「共和立憲制以獨立、平等、自由爲原則，與綱常階級制爲絕對不可相容之物，存其一必廢其一」62。倫理的覺悟，是「歐化輸入」開端的，中西文化每經一次衝突，「國民即受一次覺悟」，道德倫理的覺悟，卻是最後之覺悟。

如果說道德革命是深層次的，觸及靈魂的，那麼，文學革命，似乎是淺層次的。文學革命反對文言文，提倡白話文；反對舊文學，提倡新文學。胡適認爲靠白話文的新形式，並不能創造出新文學。文體的解放是爲了更好地表現新內容的新文學。

五四新文化運動中，西方各種社會思潮、各派的政治主張、哲學思想，像潮水一樣湧進中國。如實驗主義（實用主義）、無政府主義、柏格森主義、馬克思主義等等。在中西文化激烈的論戰中，基本可分爲自由主義的西化派、馬克思主義派和新儒家文化保守派。三派經「問題與主義」、社會主義與無政府主義、科學與人生觀」三大論戰以及後來的中國社會性質、中國社會史等

---

61 〈答淮山逸民〉。

62 〈吾人最後之覺悟〉。

論戰，中國近代新學又深入發展，並發生轉型。

在哲學上，胡適深受實用主義哲學的熏陶，他用實用主義來觀察中國社會和自然，建立了以實用主義爲特徵的哲學體系，以此來指導他的中國哲學史研究，撰成《中國哲學史大綱》，開以西方哲學的立場、觀念、方法研究中國哲學史之端緒。惜乎胡適的《中國哲學史大綱》只作到先秦。馮友蘭先生以新實在論的立場、觀點、方法研究中國哲學，撰成一部完整的《中國哲學史》。其間熊十力先生的《原儒》、《新唯識論》、金岳霖先生的《論道》、《知識論》，馮友蘭的貞元之際六書（《新理學》、《新事論》、《新世訓》、《新原人》、《新原道》、《新知言》），賀麟的《近代唯心論簡釋》、《文化與人生》等，都是這個時期哲學代表作。從深層的思維模式來看，仍然受儒學體用觀的影響。自由主義西化派（有稱全盤西化派），實質上是「西體中用」派，文化保守主義的新儒家學派比較複雜，有「中體西用」、「中西互爲體用」。馮友蘭在《三松堂自序》中說，他的「新理學」是「接着」程朱理學講的，是「舊瓶裝新酒」[63]。正因其是「舊瓶」，帶有舊思維的痕迹，所以當熊十力先生把《新唯識論》送給馮友蘭，馮先生評價說：「毋需乎！」這個評價是中肯的，從時代的需要來說，確實《新唯識論》已不能與時代相適應了。馮先生的時代感是很強的，他對於熊先生《新唯識論》的評價用來評價他的貞元之際六書，也有適合之處。

[63]《三松堂自序》，三聯書店一九八四年版，第二五二頁。

中國近代新學經這幾個階段的發展，並未終結。人們可以從中探索其思想、哲學發展的理路和未來的趨向。現代新儒家在做轉型的工作，做了一些有益的探討，但都缺乏切實可行性。中國近代新學轉型和新開展，仍需吾輩和後來者的努力。

原載《光明日報》一九八三年一月二十四日，《哲學》第二二四期，收入時作了增補

中國近代哲學的二重性

中國近代哲學是在中西文化激烈衝突中演變的，從鴉片戰爭到一九四九年的哲學思潮的主流是「新學」運動，它經歷了產生、發展、成熟、轉型這樣的過程。由於中國社會性質和社會基本現象的規定，以及工商業發展的不充分，中國近代哲學具有二重性。本文就此作些論述，以就正於方家。

一、參合中西的哲理

中國近代哲學的根源深深地藏在物用的經濟事實之中，但就其思想淵源來說，則是中國傳統哲學，特別是儒家哲學與西方自然科學的結合，是中西哲學思想對立統一的產物。康有爲在《自編年譜》中曾說他的哲學是：「參中西之新理，窮天人之賾變，搜合諸教，披析大地，剖析今故，窮察後來」，以解答世界的本原，宇宙人物的化生以及自然、社會的變化和規律。其實，採取中、西結合的方式來建構其哲學本體論和知識論，是中國近代新學哲學的共性。

在中西結合的過程中，由於哲學體系的不同，具體歷史條件的不同，各個哲學家吸收中西思想的側重點亦不相同。譬如康有為，他以《周易》、《春秋》和《禮記》中的儒家思想為主，結合西方自然科學和社會學說而建立其哲學體系。他採取托古改制的方式，來演出維新變法運動的新場面；借助解釋儒家經典的方法，來闡述自己的哲學思想。他運用的哲學範疇，也大都是中國傳統的儒家哲學範疇，如「元」、「仁」、「氣」、「太一」、「太極」、「陰陽」、「四時」、「鬼神」等。「元」（「仁」）是其哲學的最高範疇。他說：「太一者，太極也，即元也，無形以起，有形以分，造起天地，天地之始。《易》所謂『乾元統天』者也。天地、陰陽、四時、鬼神，皆元之分轉變化，萬物資始也」❶。又說：「其道以元為體，以陰陽為用」❷。「元」，便是「太極」、「太一」，是天地萬物的本原和統一者。「元者，為萬物之本」❸。由於「元」的變化分轉，而產生天地、陰陽、四時、鬼神等。康有為有時賦予「元」以意志。他說：孔丘「推本於元以統乎天，為萬物本。……老子所謂『道』，婆羅門所謂『大梵天王』，耶教所謂『耶和華』近之，而不如言『元統天』之精也」❹。他以「元」為絕對精神或主宰者。

然而，在康有為的哲學體系中，「元」又相當於「仁」。據梁啓超在《南海康先生傳》中

❶《禮運注》。
❷《康南海自編年譜》。
❸《春秋董氏學》卷六上。
❹《春秋筆削大義微言考》卷一。

說：「先生之論理，以『仁』字爲唯一之宗旨，以爲世界之所以立，衆生之所以生，家國之所以存，禮義之所以起，無一不本於仁，苟無愛力，則乾坤應時而滅矣」。「仁」是其哲學的「大本」。他的所謂「仁」，是「不忍人之心」，是博愛之心。梁啓超說：「先生之哲學，博愛派之哲學也」。

如果康有爲哲學就此爲止，它與中國古代哲學就沒有區別了。但足以體現康有爲新學哲學特點的，是其與西方自然科學的結合，他這樣說：「仁从二人，人道相偶，有吸引之意，卽愛力也，實電力也。人具此愛力，故仁卽人也，苟無此愛力，卽不得爲人矣」❺。又說：「不忍人之心，仁也、電力、以太也，人人皆有之，故謂人性皆善。旣有此不忍人之心，發之於外，卽爲不忍人之政。若使人無此不忍人之心，聖人亦無此種，卽無從生一切仁政。故知一切仁政皆從不忍人之心生，……人道之仁愛，人道之文明，人道之進化，至於太平大同，皆從此出」❻。「力」、「電」等哲學基本概念的出現和運用，標誌着中國近代「新學」哲學的形成。當然，作爲近代新學哲學範疇的「電力」，與西方自然科學中「電力」的含義已不相同。它是指兩個事物或人與人之間的吸引力或聯結，說明近代以力學爲基礎的機械論對中國近代「新學」的影響。這是一方

---

❺《中庸注》。
❻《孟子微》卷二，中華書局一九八七年版，第九頁。

面；另一方面，「仁」的含義，亦與中國傳統儒家孔丘、孟軻、董仲舒、朱熹、王守仁所講的「仁」不同。它既不完全是孔、孟的「仁」者「愛人」之意，也不完全是朱、王以「仁」爲「五常」之首和生生之義，它是一種「電力」和「以太」。康有爲是以力學的觀點來解釋宇宙的形成的，他說：「吾地之生也，自日分形氣而來也。日體純火也，火熱至盛，則爆裂而分離焉。離心之拒力既大，故地能出日之外自爲星，而日熱之吸力極大，故地星仍繞日而不能去也，故爲繞日之游星。凡海王、天王、土、木、火、金、水諸游星皆然」❼。在這裏，他不僅運用西方自然科學知識，打破了中國古代（包括宋明理學家）的地球中心說，採取了太陽中心說，地球和羣星繞太陽而運轉；且認爲，地球的形成是太陽分「形氣」，這種分離，便是火熱的太陽爆裂而來的；同時，由於太陽的離心力（排斥力）與吸引力的作用，使地球既出太陽之外自爲星，又繞太陽運轉而不能去。由此可見，康有爲的哲學，便是在這種中、西具體結合中形成的。但是，他還沒有把「形氣」解釋爲拒力與吸力。嚴復則不然，他說：「今夫氣者，有質點有愛拒力之物也，其重可以稱，其動可以覺」❽。「愛力」即吸引力。由此可明康有爲與嚴復之間的區別。

如果說，康有爲哲學最高範疇「元」與「仁」之間的聯繫，缺乏具體解釋的話，那麼，譚嗣同則作了說明。他在《仁學·自敍》中說：「『仁』從二從人，相偶之義也。『元』從二從儿，

---

❼〈地篇第二〉，《諸天講》卷二，中華書局一九九〇年版，第一三一—一四頁。

❽《名學淺說》，商務印書館一九八一年版，第一八頁。

『儿』古人字，是亦『仁』也。……故言仁者，不可不知元，而其功用可極於元」❾。「仁」與「元」，可謂異名而同實。

在譚嗣同「仁」——「通」——「平等」的哲學邏輯結構中，「仁」是其哲學的最高範疇，「仁爲天地萬物之源，故唯心，故唯識」❿。「仁」的含義是什麼？他說：「仁以通爲第一義。以太也，電也，心力也，皆指出所以通之具」。「平等者，致一之謂也。一則通矣，通則仁矣」⓫。「仁」的重要特性是「通」，「以太」、「電」、「心力」是用以表示「仁」的所以「通」的工具。「通」的目的是通過「破對待」，達到同一（「仁」），卽「平等」。把「以太」、「電」納入「仁」的體系，具有與康有爲相似的融中、西爲一的特徵。

如果說，康、譚的哲學思想是以中國傳統儒家思想爲主而吸收西方近代機械論、進化論、天賦人權論以及自然科學來建立的「新學」；那麼，嚴復和孫中山的哲學思想中則較多地吸收、容納了西學而與中國傳統思想相結合而構築的。嚴復說：「化學所列六十餘品，至熱度高時，皆可以化氣。而今地球所常見者，不外淡（氮）、輕（氫）、養（氧）三物而已」⓬。用西方自然科

---

❾《譚嗣同全集》（增訂本），中華書局一九八一年版，第二八九頁。
❿ 同前，第二九二頁。
⓫ 同前，第二九一、二九三頁。
⓬《名學淺說》，第一八頁。

學知識來改鑄「氣」，此「氣」已非中國傳統哲學中的範疇，「所謂氣者，非迷蒙騰吹塊然太虛之謂」，而是「如電、如物質愛拒」等的意思，是西方自然科學中的氮、氫、氧等氣體，具有較多的西學的內容。這與嚴復原學海軍而較多接觸近代自然科學有關。

孫中山原學醫，接觸了較多的近代西方的生物學、化學、物理學、藥物學、解剖學、數學等知識，他如饑似渴地吸收西學來構造其哲學體系。他說：「自達爾文之書（指《物種起源》）出後，則進化之學，一旦豁然開朗，大放光明，而世界思想爲之一變。從此各種學術，皆依歸於進化矣」⑬。此後，世界各種學術，都歸依於進化論，影響很大。他說：「自達爾文氏發明物種進化之理，而學者多稱之爲時間之大發明，與牛頓氏之攝力，爲空間之大發明相媲美。而作者則以爲進化之時期有三：其一爲物質進化之時期，其二爲物種進化之時期，其三則爲人類進化之時期。元始之時，太極（此用以譯西名以太也）動而生電子，電子凝而成元素，元素合而成物質，物質聚而成地球，此世界進化之第一時期也」⑭。他以物質進化時期的元始是「太極」（「以太」），由「太極」→電子→元素→物質→地球，構成了物質進化的序列。儘管他借用「太極」這個範疇，但主要是用西方自然科學的概念來說明世界的進化是由無生命到有生命的過程。

嚴復、孫中山哲學這種不同於康有爲、譚嗣同的特徵，是與時代的發展以及嚴、孫本人所受

⑬《孫中山選集》，人民出版社一九五六年版，第一四一頁。
⑭同前。

的教育和經歷等等相聯繫的。然而，不論康、譚或是嚴、孫，也都是融中、西哲學爲一體，而具有二重性的。儘管這樣，中國近代「新學」哲學，無疑已突破了中國古典哲學的藩籬，其重要的標誌是：一以中國古代自然科學爲基礎，一與近代西方自然科學相結合。因此，無論是早期具有改良主義思想的鄭觀應、馬建忠和洪仁玕，還是康有爲、譚嗣同、嚴復和章炳麟、孫中山等的思想，都反映了時代的精華。

二、物質與精神的結合

就哲學基本問題上看，近代「新學」哲學，往往既具有物質性成份，又具有精神性的成份，兩者相互交錯，以至並蒂而生，呈現出複雜而又錯節的情形。但在哲學家中，多數走向精神理性的殿堂，而只有少數是始終站在時代潮流的浪尖上，克服了其不足的成份，建立了具有進化論性質的哲學。這是中國近代這個獨特社會條件下的特產，離開了這個歷史條件和社會基本矛盾，是不能正確評價近代「新學」哲學的。

所謂其哲學基本問題上的二重性，有這樣兩層意思：一層意思是，一個哲學家對同樣一個哲學概念、範疇的解釋，有既作物質解，又作精神解等矛盾的現象，如康有爲對「元」這個範疇的詮釋：「何君（何休）箋述微言曰：元者，氣也。無形以起，有形以分，造起天地，天地之始也。

……蓋天地之本，皆運於氣」⑮。「元者，氣之始也。無形以始，有形以生，……元氣，知氣，精氣，皆理之至，蓋盈天下皆氣而已」⑯。他同意何休關於「元者，氣也」的解釋，故或稱爲「元氣」，以至把「元氣」看成天地萬物的本原，天地之間充塞「氣」，「盈天下皆氣而已」。可謂對「元」作了物質性的解釋。

但是，他把「元」解釋爲「知氣」、「精氣」則又具有精神、意識的意思，而非物質。他說：「神者有知之電也，光電能無所不傳，神氣能無所不感。神鬼神帝，生天生地，全神分神，惟元惟人。……無物無電，無物無神。夫神者，知氣也，魂知也，精爽也，靈明也，明德也，數者異名而同實」⑰。「知氣」、「魂知」、「精爽」、「靈明」、「明德」，異名同實。在中國古代哲學中，「魂知」指靈魂有知，「明德」即「明明德」，指道德意識，「靈明」便是指「心」。因古人以「心之官則思」，所以「魂知」、「知氣」都是指主觀精神或意識活動。由於意識活動具有感應的功能，而稱其爲「神氣」。並由此而將「神」名之「有知之電」。「電之有知」，豈非謬誤？它說明，康有爲不僅在吸收西方自然科學知識時，對其作了精神性的改造；而且由於其自身自然科學水平的限制，不理解電流的感通作用，而對電具有神秘感。因此作了曲

⑮《春秋筆削大義微言考》卷一。
⑯《孟子微》卷二，中華書局一九八七年版，第四〇頁。
⑰《大同書》，中華書局一九五六年版，第三頁。

解，將其與「神」相等同。而對「元」作了精神性的解釋。

又如譚嗣同對「以太」這個範疇的解釋，一方面認爲「以太」是物質。他說：「徧法界、虛空界、衆生界，有至大、至精微，無所不膠粘、不貫洽，不筦絡、而充滿之一物焉，……名之曰『以太』」⑱。「更小之於一葉，至於目所不能辨之一塵，其中莫不有山河動植，如吾所履之地，爲一小地球；至於一滴水，其中莫不有微生物千萬而未已；更小之又小以至於無，其中莫不有微生物，浮寄於空氣之中，曰惟以太」⑲。「以太」是指光輻射和熱輻射的媒介體，由於它充滿宇宙，太陽和其他星球上的光才能傳播到地球上來。「以太」學說作爲西方十九世紀初的一種宇宙物質質點的假說（近代化學家徐壽曾把原子"atom"譯爲「質點」），隨着西方自然科學的傳入，而被譚嗣同、孫中山等所採用。譚嗣同接受了這種觀點，認爲「以太」既至大，而無所不在，無所不膠粘；又至精微，是一種最小的微生物或構成物體最小顆粒。在這裏，譚嗣同基本上是依據「以太」的原意，而解釋爲物質的。

另一方面，譚嗣同又把「以太」作爲精神或道德意識。他說：「由一身而有夫婦、有父子、有兄弟、有君臣朋友；由一身而有家、有國、有天下，而相維繫不散去者，曰惟以太」⑳。在這

⑱《譚嗣同全集》，第二九三頁。
⑲同前，第二九四—二九五頁。
⑳同前，第二九四頁。

裏，「以太」是一種「目不得而色，耳不得而聲」的超感覺的東西；是維繫君臣、父子、夫婦、兄弟、朋友等倫常關係的道德精神。甚至有時將「以太」與孔丘的「仁」、「性」，墨翟的「兼愛」，佛教的「性海」，耶穌教的「靈魂」相類比。「以太」便具有鮮明的道德意識或精神的涵義。

對一個哲學概念、範疇尚且有精神、物質這樣截然相反的解釋，而體現了其二重性；在一個哲學體系中，精神、物質的矛盾就更突出了，如康有爲、譚嗣同、嚴復以至章炳麟、孫中山的哲學，概不例外，這是所謂哲學基本問題上二重性的第二層意思。

嚴復曾熱情地把西方近代的經濟、政治、哲學學說和社會思想介紹到中國，使中國學者知道，西方除了船堅炮利之外，還有精到的哲學思想供我們採用。康有爲說：「《天演論》爲中國西學第一者也」㉑。確在當時思想界引起了巨大的反響。嚴復在接受西方哲學的過程中，形成了他自己的哲學思想。他認爲萬物的本原是「氣」，「通天地人禽獸昆蟲草木以爲言，以求其會通之理，始於一氣，演成萬物」㉒。把「氣」看成是天地、禽獸、草木以及人類的統一性，不過嚴復所說的「氣」，已賦予西方自然科學中吸力與拒力等內涵。由於「氣」的進化，而演成萬事萬

㉑《戊戌變法》第二册，第五二五頁。

㉒〈原強修訂稿〉，《嚴復集》第一册，中華書局一九八六年版，第一七頁。

物。「氣」的所以運動進化，是「氣」自身的吸力與拒力的相互作用。他說：「大宇之內，質、力相推，非質無以見力，非力無以呈質」㉓。宇宙之內，唯有物質和物質運動，兩者相互依存而不可分離，沒有「質」不能體現「力」，沒有「力」亦不能呈現「質」。宇宙間物體千千萬萬，但毫無例外地都是客觀存在的物質。嚴復並把這種「氣」的變化，稱爲「天演」：「一氣之行，物自爲變，此近世學者所謂天演」㉔。他似乎超出十八世紀法國機械唯物論，不把物質看作僅具機械的運動，而是一種由簡單到複雜的不斷地進化。可謂是進化論的物質論。

但是，當嚴復把西方自然科學知識與中國傳統哲學相結合時，有時往往出現混亂。如他把西方自然科學的「名」、「數」、「力」、「質」與《周易》相附會。並說：「老謂之道，《周易》謂之太極，佛謂之自存，西哲謂之第一因，佛又謂之不二法門。力化所由訖而學問之歸墟也」㉕。把「力」、「質」等概念與佛、老的「不二法門」、「道」相類㉖，便具有客觀精神的性質。後來，他又承認靈魂的存在，正因爲有靈魂的存在，所以祭祀亦爲必要㉗，並告誡他的兒子說：「人生閱歷，實有許多不可純以科學通者，更不敢將幽冥之端，一概抹煞，迷信者言如是，固差；不迷信者，言其必不如是，亦無證據。故哲學大師如赫胥黎、斯賓塞諸公皆於此事謂之 Unknow-

㉓《天演論》，商務印書館一九八一年版，第二頁。

㉔《評點莊子》，第三頁。

㉕《評點老子》。

able（不可知），而自稱為 Agnostie（不可知論者）。蓋人生智識至而無窮，不得不置其事於不論不議之列，而各行其心之所安而已」㉘。嚴復對神信而無疑。一年大旱他率家人求雨，他說：「仲春以還，北方苦旱，首夏炎歊，殆同三伏，乃率家人齋三日求雨，發願之晨，曉雨霢霂，次日雨稍大，其三日雷雨沛然。詩以紀之。」

匡君閔然憂耕耘，仰天叩頭斷腥葷。
微意乃為神所動，曉涼記酒氣氤氳。㉙

這樣嚴復又陷入了有神論。

如果說在嚴復哲學體系中，存在精神與物質二重性的話，那麼，在一個哲學家前期、後期的哲學思想中有精神與物質的矛盾，便莫過於章炳麟了。章炳麟前期在《訄書》中，具有鮮明的進化論的物質論傾向。後來他吸收西方近代唯心論哲學融合中國佛教唯識宗哲學，而建造了一個精神論的哲學體系。

㉖ 見《穆勒名學》，商務印書館一九八一年版，第二七六頁。

㉗ 見《法意》卷二四，商務印書館一九八一年版，第五九六頁。

㉘ 〈（一九二〇年）陰八月六日致嚴璇〉，《嚴幾道先生遺著》，新加坡一九五九年版，第一六〇—一六一頁。

㉙ 《瘉壄堂詩集》卷下，第一九頁。

承認在哲學基本問題上具有二重性，並不等於抹煞哲學的理路及一個哲學體系的基本傾向或性質。這是根本不同的兩個問題，不可混淆。

三、精華與糟粕的矛盾

中國近代「新學」哲學，既具有糟粕、亦具有民主性的精華。這種封建性與民主性，糟粕與精華的矛盾或二重性，既是近代中國社會性質和基本矛盾的反映，亦是近代工商力量軟弱性的表現。儘管在各人的哲學體系中比重不一，各有差別，但均無例外。

康有爲、譚嗣同、嚴復都曾抨擊過當時的官方哲學——宋明理學，特別是程朱「道學」。他們旗幟鮮明地批評過程朱在「理氣」觀上的顚倒。「朱子以爲理在氣之前，其說非」。主張「凡物皆始於氣，既有氣，然後有理」㉚。天地之理，便是陰陽二氣。「理」作爲規律只能通過自然界的事物來體現。嚴復亦說：「宋儒言天，常分理氣爲兩物。……朱子主理居氣先之說，然無氣又何從見理？赫胥黎氏以理屬人治，以氣屬天行，此亦自顯諸用者言之。若自本體而言，亦不能外天而言理也」㉛。這說明近代哲學企圖衝決封建舊哲學網羅的努力，表示要與傳統哲學分道揚

㉚《萬木草堂口說》。
㉛《天演論》卷下，第八五頁。

鑣，體現了時代精神，而具有某種精華。

在「理欲」觀上，康、譚、嚴等亦批判了宋明理學家的「天理人欲」、「道心人心」之論。反對禁欲主義，主張「天理在人欲之中」。康有為說：「若耳目百體，血氣心知，天所先與，嬰兒無知已有欲焉，無與人事也。故欲者，天也」㉜。小孩無知便有「欲」。因此「人欲」和耳目血氣一樣，是天生之自然。「人生而有欲，天之性哉」㉝！既然人生有「欲」，是「天性」。那麼，人就不能沒有「欲」，有「欲」便是合「理」的。理學家所謂「去人欲」，便違背「天之性」。

譚嗣同則進一步批判了理學家「天理」為「善」、「人欲」為「惡」的說法：「世俗小儒，以天理為善，以欲為惡，不知無人欲，尚安得有天理！吾故悲夫世之妄生分別也。天理，善也；人欲，亦善也」㉞。他還引王夫之的話說：「王船山曰：『天理郎在人欲之中，無人欲，則天理亦無從發見。』最與《大學》之功夫次第合；非如紫陽人欲淨盡之誤於離」㉟。紫陽郎指朱熹。

㉜《內外篇·理氣篇》。
㉝《大同書》，第四一頁。
㉞《譚嗣同全集》，第三〇一頁。
㉟同前，第三三三頁。

他的錯誤就在於，把本來與《大學》相符合的「天理即在人欲之中」的命題，硬將其分離開來。康、譚對「存天理、滅人欲」的批判，反映了中國近代要求個性解放和發展工商業經濟的需求。

在倫理觀上，戊戌變法的維新派，於舊道德倫理進行了激烈的抨擊。康有爲說：「君之專制其國，魚肉其臣民，視若蟲沙，恣其殘暴。夫之專制其家，魚肉其妻孥，視若奴婢，恣其凌暴」[36]。在他看來，理學家的「義理」乃是「亂世」的大經，囚人之囹圄。

譚嗣同用西方天賦人權論、契約論作武器，對「三綱」進行了全面的鞭撻。在「網羅重重」的封建社會裏，他英勇地喊出了衝決網羅的口號：「非精探性天之大原，不能寫出此數千年之禍亂（據手迹改『象』爲『亂』），與今日宜掃蕩桎梏衝決網羅之故，便覺刺刺不能休」[37]。譚嗣同認爲，在「三綱」中，君臣一倫，最爲黑暗。他說：「二千年來君臣一倫，尤爲黑暗否塞，無復人理，沿及今茲，方愈劇矣」[38]。他呼喊「廢君統，倡民主，變不平等爲平等」[39]。要求以西

[36]《大同書》，第四三頁。
[37]《譚嗣同全集》，第四九三頁。
[38] 同前，第三三七頁。
[39] 同前，第三三七頁。

方民主、平等思想，廢除不平等的「君統」。他用天賦人權論來反對「父爲子綱」、「夫爲妻綱」，而主平等。認爲「視父命爲天命」是「泥於體魄之言也」，是不妥的。「孝父」與「忠君」一樣，是君父爲箝制臣子而編造出來的，「君父以責臣子，臣子亦可反之君父，於箝制之術不便，故不能不有忠孝廉節等一切分別等衰之名」㊵，作爲封建統治者奴役人民的道德倫理依據。因此，譚嗣同認爲「孝則不可」，反對「孝」。至於封建時代的夫婦，「本非兩情相願，而強合漠不相關之人，縶之終身」，故「夫既自命爲綱，則所以遇其婦者，將不以人類齒」。其實「男女同爲天地之菁英，同有無量之盛德大業，平等相均」㊶。因此，他反對重男輕女：「重男輕女者，至暴亂無禮之法也」㊷。反對婦女纏足：「纏足之酷毒，尤殺機之暴著者也」㊸。他揭露了「貞節」的吃人的封建道德，說：「自秦垂暴法，於會稽刻石，宋儒煬之，妄爲『餓死事小，失節事大』之瞽說，直於室家施申、韓，閨闥爲岸獄，是何不幸而爲婦人，乃爲人申、韓之，岸獄之」㊹！他認爲，最不合乎倫常的則莫過於君主了。「君者，乃眞無復倫常。……已則瀆亂夫婦之

㊵ 同前，第二九九頁。
㊶ 同前，第三四八—三四九、三〇四頁。
㊷ 同前。
㊸ 同前，第三〇三頁。
㊹ 同前，第三四九頁。

倫，妃御多至不可計，而偏喜絕人之夫婦，如所謂割勢之閹寺與幽閉之宮人，其殘暴無人理，雖禽獸不逮焉」㊺。在他看來，封建君主的殘暴，連禽獸都不如。

譚嗣同用西方的天賦人權論和自由、平等思想作武器，對「舊學」或宋明「理學」、「三綱五常」的批判，不僅是時代精華的體現，而且具有民主性，這是中華民族的優秀文化遺產。但是，由於中國近代社會的特殊條件，因此，中國近代「新學」，又蘊含著糟粕的一面。

康有爲、譚嗣同等人，在批判宋明「理學」在哲學上顚倒的同時，亦吸收了「理學」精神性的思想資料。康有爲曾說：「物卽己而己卽物」，「己與物皆性之體，物我一體無彼此之界，天人同氣無內外之分」㊻。以爲天地萬物與我一體，以致認爲「故天地我立，萬化我出，宇宙在我」㊼。誇大主觀精神的作用，而導致「人爲天地之心也」㊽。他認爲，天地萬物都是「不忍人之心」——「仁」的轉化。「爲萬化之海，爲一切根，爲一切源，一核而成參天之樹，一滴而成大海之水」㊾。這種思想實與宋明理學中陸王「心學」一脈相承。

㊺ 同前。
㊻《中庸注》。
㊼《戊戌輪舟中絕筆書及戊午跋后》。
㊽《禮運注》。
㊾《孟子微》卷一，中華書局一九八七年版，第九頁。

譚嗣同在《仁學・界說》第二十五條中明確說：「凡為仁學者，於佛書當通《華嚴》及心宗、相宗之書；……於中國書當通《易》、《春秋公羊傳》、《論語》、《禮記》、《孟子》、《莊子》……陸子靜、王陽明、王船山、黃梨洲之書」㊿。「仁學」哲學是繼承心宗、唯識宗及陸、王思想的。他曾這樣說：「自此猛悟，所學皆虛，了無實際，唯一心是實。心之力量雖天地不能比擬，雖天地之大可以由心成之、毀之、改造之，無不如意。……嗣同既悟心源，便欲以心度一切苦惱衆生，以心挽劫者，不惟發願救本國，並彼極強盛之西國與夫含生之類，一切皆度之」51。不僅以心挽劫，而且要普渡衆生，這樣便入「心學」。在這裏，他把「心力」，即主觀戰鬪精神發揮得淋漓盡致！這就使近代「新學」哲學背負沉重的舊哲學的包袱。不看到「新學」對宋明理學的批判，是不對的，但認為對宋明理學只有批判，而無繼承，亦不全面，事實上，他們對宋明理學既有批判，又有繼承。

在倫理觀上，他們既對「三綱五常」進行了深刻全面的批判，也帶有濃厚的封建道德倫理思想；他們儘管抨擊君主專制，而對光緒皇帝又感激涕零，其「忠君」思想根深蒂固，因而，其中有些人後來成為保皇派，決非偶然。這與維新派的仁人志士很多是從官僚轉來，不無關係。他們

㊿《譚嗣同全集》，第二九三頁。

51 同前，第四六〇頁。

既有反對舊體制、舊思想、舊道德，企圖建立新思想、新道德的一面，又有與舊體制、舊思想、舊道德妥協的不徹底的一面。這種對宋明理學既批判又繼承，對舊文化、舊思想既反對又妥協的二重性，便構成了近代「新學」哲學具有民主性與封建性、精華與糟粕並存的特點。

四、理性與感性的並存

從近代「新學」哲學的思維形式來看，亦具有二重性。他們既具理性形式，又具感性形式，是理性形式和感性形式的交融。因此，在他們的哲學體系中，存在著超經驗、超感覺的抽象理性精神與具體感性經驗的矛盾。

康有為在《自編年譜》中描述自己的情況說：「大攻西學書，聲、光、化、電、重學及各國史志，諸人遊記皆涉焉。於是欲輯萬國文獻通考，並及樂律、韻學、地圖學，是時絕意試事，專精學問，新識深思，妙悟精理，俛讀仰思，日新大進」。注重西方聲、光、化、電等自然科學知識的學習，而重視實際的、具體的、應用科學。不管是康有為、譚嗣同、嚴復，還是章太炎、孫中山，他們都是面向客觀世界，揭露現實社會的不合理，呼喊衝決網羅，以改造社會的腐敗，建立新社會、新制度為己任。這便啓廸了他們對西方具體國情、制度的研究，而且注意國內政治制度的探討。因此，他們在認識論上均具有感覺論的因素，康有為說：「之京師者能為燕語，入吳越者能作吳言，遊於貴人之門者其輿服甚睹矣，其外有以灌輸也」52。人們與外界的環境相接觸，客觀事物刺激人們的感官，而引起感性認識，這便是從外面灌輸進來的，而不是主觀自生或腦子裏有的。「譬之食苦瓜，覺其苦，知也，必食而後知」53。食而後知苦瓜，知識來自經驗。

嚴復亦然，不過他把經驗名之曰「閱歷」。他說：「智慧之生於一本。心體爲白甘，而閱歷爲采和，無所謂良知者矣。即至數學公例，亦由閱歷，既非申詞之空言，而亦非皆誠而無所設事」54。嚴復受洛克白板說影響，以認識主體爲白紙，「心」爲「白甘」，可塗上各色顏料「采和」，「閱歷」猶如「采和」。因此，認識來源於「閱歷」，沒有「閱歷」也就無所謂認識，亦無所謂科學和哲學，他認爲，哲學亦是「閱歷」即經驗的積聚，「吾國古之李耳（老子）、司馬遷，非純由諸思想也，積數千年之閱歷，通其常然，立之公例」55。

章太炎在《訄書》中亦認爲，認識必須經過人的感官與外界事物相接觸：「黃赤碧涅修廣以目異，徵角清商叫嘯喁於以耳異，酢甘辛鹹苦澀雋永百旨以口異，芳苾腐殠腥螻羶朽以鼻異，溫寒熙濕平棘堅疏枯澤以肌骨異。是以人類爲公者也」56。顏色、聲音、味道、香臭、冷熱、燥

52 《長興學記》。
53 《康先生口說》。
54 《穆勒名學》部乙商務印書館一九八一年版，第二三〇頁。
55 《法意》卷一〇，第八頁。
56 〈公言〉，《訄書》（重訂本），上海人民出版社一九八四年版，第二三三頁。

濕、軟硬等要依賴視覺、聽覺、味覺、嗅覺、觸覺去分別，感覺是外物作用於人們感官的結果。

中國近代「新學」哲學，之所以重視感性經驗，與他們面臨著帝國主義對中國的侵略和中國將有亡國亡種的危機相聯繫。因此，他們最緊迫的任務是挽救中華民族的危亡，而不是首先進行形而上的哲學的建構，他們絕沒有爲哲學而哲學的意味，而哲學是爲了解決國家民族的生存的，卽中國向何處去的問題。所以，他們主張認識世界、認識社會，並認爲通過人們的眼、耳、鼻、舌、身是能夠認識客觀世界和現實社會的。這就使他們的哲學體系具有豐富的感性思維形式，卽具有生物的現實內容和連續的政治運動相交融。

但是，僅有感性思維形式，還不能建立其哲學體系，因而他們又進行了形而上的探討，以圖回答世界的本原問題。儘管在這個問題上的探討還是膚淺的、粗糙的、不嚴密的，以致有的哲學家沒有建立起完整的哲學體系，然而爲解決社會問題而進行這種理性的探討，乃是十分可貴的。梁啓超在《清代學術概論》中總結說：「康有爲、梁啓超、譚嗣同輩，卽生育於此種『學問饑荒』之環境中，冥思枯索，欲以構成一種『不中不西，卽中卽西』之新學派，而已爲時代所不容，蓋固有之舊思想，既深根固蒂，而外來之新思想，又來源淺觳，汲而易竭，其支絀滅裂，固宜然矣」。「冥思枯索」，乃當時實際情況的寫照。但在當時，要進行形而上自身哲學體系的構造，他們遇到了兩方面的困難：一是外來的新思想淺觳而又不能源源而來，汲而易竭；二是中國傳統的舊思想，根深蒂固，很難淸除，這就爲近代「新學」哲學的理性的構造帶來困難。正因爲生育在這「學問飢荒」之時，因而只得借用中國傳統哲學中的抽象的「太極」、「仁」、「唯識」、「唯心」等範疇，來進行理性的形而上的構造。

儘管西方自然科學知識很貧乏，但在理性形式和感性形式相結合的過程中，似乎理性思維形式更爲欠缺，戊戌維新派的哲學家們，雖然他們採用了「以太」、「力」、「熱濕」等西方自然科學知識來解釋中國傳統哲學範疇，但沒有提出更多新的哲學範疇來代替中國儒家固有範疇，相反帶有很多舊哲學的痕迹。

總之，在中國近代「新學」哲學形成、發展、轉型的全過程中，這樣的二重性是貫穿始終的，它構成了中國近代哲學的主要特點。當然這樣的二重性在一個哲學體系中的比例成份、主次地位是有變化的，但這種變化都是在二重性的基礎上演進的。那種認爲近代「新學」哲學不具二重性，而只有單一性，是與客觀實際不符的，是不合近代中國社會性質和社會基本現象的，亦不符合中國近代新學的特殊性格及其歷史作用。

原載《哲學研究》一九八四年第六期，收入時，作了修改並恢復了第四部分

中國近代開風氣的人物

——龔自珍評傳

「一事平生無齮齕，但開風氣不爲師」❶。這是龔自珍的自白，也是歷史發展的實際。龔自珍作爲一個近代著名的哲學家、思想家、政治家、文學家，是時代的產兒。他對近代的許多重大政治、思想、問題都鮮明地表示了意見，在近代史上是一位承前啓後的過渡性的重要人物，在思想上對後代有着積極的影響。

一、龔自珍的時代、家世和經歷

龔自珍，字璱人，號定盦，又名鞏祚。晚年曾住在昆山的羽琇山館，因之別號羽琇山民。浙江仁和（今杭州市）人。他生於清乾隆五十七年（一七九二），卒於道光二十一年（一八四一）。

龔自珍出身在一個仕宦地主的家庭，也是書香門第。祖父龔敬身，號匏伯，曾任內閣中書，後來任雲南楚雄知府，迤南兵備道。著《桂隱山房遺稿》。他的從祖父龔禔身，號吟臞，官至內

❶ 〈己亥雜詩〉，《龔自珍全集》，中華書局一九五九年版，第五一九頁。

閣中書，在軍機處行走。著有《吟臞山房詩》。同官同居，人稱「兩龔」。父親麗正，號闇齋，原是禔身的親生兒子，過繼給大伯敬身。曾任徽州知府，江南蘇松太兵備道，置江蘇按察使，著有《國語補注》、《兩漢書質疑》等。母親段馴，字淑齋，是有名的經學家、文字學家，江蘇金壇段玉裁的女兒，著有《綠華吟榭詩草》。少年的龔自珍便受經學、文學的薰陶，對他以後的成長有很大的影響。

龔自珍生活於一個「山雨欲來風滿樓」的時代，中國君主社會已經走向沒落，瀕臨崩潰。當他降生的時候，「康乾盛世」已走到了它的盡頭；而臨終時，已是鴉片戰爭爆發的第二年。這期間清王朝內政腐敗，外患迭至，眞是內外交困、岌岌可危，上下交征和種族糾紛都空前地激烈起來。大貴族、大官僚、大地主肆意兼幷土地，而無地少地的農民受着沉重的賦稅、地租、勞役的剝削和壓榨，瀕臨破產的絕境。因而，激起了各地的農民起義。嘉慶元年（一七九六）的白蓮教起義，席捲湖北、河南、四川、陝西、甘肅五省，長達九年，成爲清朝由盛到衰的標誌。嘉慶十八年（一八一三）又發生了天理教的起義，起義的一支隊伍，潛入北京，攻進皇宮。農民起義嚴重地威脅着清朝的統治。地主和農民的衝突已達到無法調和的地步。清王朝對知識分子一向採取籠絡和鎮壓的兩手政策。自雍正、乾隆以來，更加強了文化專制，大興文字獄，對稍有不滿的知識分子就監禁、流放，乃至屠殺，廣大知識分子噤若寒蟬，只好埋頭於故紙堆中。

正當清王朝國勢衰微的時期，西歐資本主義國家強大起來。英國用可耻的鴉片走私，敲開了中國的大門。十九世紀頭二十年，鴉片的輸入嚴重腐蝕着清王朝，統治階級更加腐敗。農民賦稅負擔更加沉重，白銀大量外流，造成財政緊張，市場紊亂，經濟凋敝，民族危機加深了。隨着鴉片日益成爲中國人的統治者，皇帝及周圍墨守陳規的大官們也就日益喪失自己的權力。歷史的發展，好像是首先要麻醉這個國家的人民，然後才有可能把他們從歷來的麻木狀態中喚醒似的。

中國人民正是從這種麻木狀態中覺醒起來。封建士大夫階層中的一些有識之士，他們開始正視現實，提出改變現狀的建議。好像長期在黑洞洞的房間裏，被人鑿開了一個小孔，射進一縷光線，使人看清了房間裏那些積滿塵垢和腐臭霉爛的東西。這個鑿孔者就是龔自珍。

龔自珍的一生可分三個時期。

(一)銳意革新政治的青年時期

龔自珍幼年受到母親很好的教育。七歲時吳梅村的詩、方伯川的文、宋左彝的《學古集》，都是「慈母帳外燈前」親授，「吳詩出口授，故尤纏綿於心」❷。

嘉慶七年（一八〇二），他十一歲，隨父親麗正到北京。從宋魯珍學習。第二年，從外祖父段玉裁學習《說文解字》。龔自珍從十二歲便受着他外祖父對經文訓詁的嚴格訓練。

但以「科目起家，簪纓文史」的龔家，其子孫當然得走科舉致仕的道路。可是龔自珍的仕途

---

❷〈三別好詩・序〉，《龔自珍全集》第四六六頁。

卻並不順利。嘉慶十五年（一八一〇）應順天鄉試考中副榜第二十八名，嘉慶十八年（一八一三）、嘉慶二十一年（一八一九）參加省試未被錄取。嘉慶二十三年（一八一八）鄉試中舉第四名。之後，自嘉慶二十四年（一八一九）至道光六年（一八二六）五次參加會試，先後落第。這是因爲他的思想比較灑脫奔放，不受八股文的束縛，同時他楷書寫得不好，大概也有些關係。由於屢考屢敗，悲憤的心情愈來愈重。頭次鄉試落第時，他寫了一首〈金縷曲〉，開頭幾句是：

> 我又南行矣！笑今年鸞飄鳳泊，情懷何似？縱使文章驚海內，紙上蒼生而已❸。

這裏已經流露出懷才不遇的心情。此後他屢以詩賦表達這種心迹。特別是道光六年（一八二六）會試不中，他寫道：「氣塞西北何人劍？聲滿東南幾處簫。斗大明星爛無數，長天一月墜林梢」❹。自比落月，極言被埋沒的遭遇。

嘉慶十七年（一八一二），龔自珍二十一歲，父親麗正任徽州知府。他幫助父親編纂《徽州府志》，負責〈人物志〉部分。這時，外祖父段玉裁已是七十八歲高齡，對外孫的學業仍很關心。他讚賞龔自珍的詩詞寫得很工整，「才之絕異，與其性情之沈逸」。但是也告誡龔自珍不要沉溺於詩詞，說詩詞這種東西，有害於治經史之性情，「爲之愈工，去道且愈遠」❺。希望他鑽研經

---

❸《龔自珍全集》第五六五頁。

❹〈秋心〉，《龔自珍全集》第四七九頁。

❺〈定盦先生年譜〉，《全集》第五九七頁。

史，努力成爲名儒、名臣，勿願爲名士。然而龔自珍是另有看法的。他到了南方。眼見官場吏治腐敗，貪污橫行，民生困苦，感到憤慨。他的〈明良論〉四篇、〈尊隱〉、〈乙丙之際箸議〉十一篇、〈平均篇〉等文，直言無隱，對時政進行了尖銳的抨擊。段玉裁讀了〈明良論〉四篇，加墨矜寵，很高興地說：「耄矣，猶見此才而死，吾不恨矣」。但又擔心地說：「皆古方也，而中今病，豈必別製一新方哉」❻！

嘉慶二十年（一八一五），他父親任江南蘇松太兵備道，他隨父親到任所，和門下文人搜集書籍，究心經世時務。嘉慶二十二年（一八一七），他以詩文集一冊送請吳中尊宿王鐵夫提意見，王回信說：龔「詩中傷時之語，罵坐之言，涉目皆是，此大不可也」。「甚至上關朝廷，下及冠蓋，口不擇言，動與世迕，足下將持是安歸乎」❼？由此可以看出龔自珍孤傲的性格和政治態度。

龔自珍的青少年時期，學有淵源，他於文字學深有研究，但不爲其所限，他愛好詩詞，但不沉溺其中，他注意的是官場的黑暗，社會的危機，清王朝的腐敗。

(二)議論時政的京華二十年

❻《龔自珍全集》，第三六頁。

❼〈定盦先生年譜外記〉，《全集》第六四八頁。

「少年攬轡澄清志」❽，龔自珍年輕時有很大的政治抱負，敢於批評時政，揭露清王朝的政治黑暗。但是，這樣直截了當的批評，雖然能求得一時的痛快，然很容易「動與世迕」，而遭到時忌和禍害，覺得應收斂一些，需要尋找一種更合適的表達他的政治見解的思想形式。

嘉慶二十四年（一八一九），龔自珍二十八歲，他同魏源一起向今文經學家劉逢祿學習《春秋公羊傳》。他很高興他所要找的形式終於找到了。「昨日相逢劉禮部，高言大句快無加；從君燒盡蟲魚學，甘作東京賣餅家」❾。此後，龔自珍便以今文經學的繼承者自詡，「一脈微言我敬承」❿，他的學術思想發生了很大的變化。

今文經學是儒家的一個學派，始於西漢。他們認爲五經《詩經》、《尚書》、《易經》、《禮》、《春秋》是由孔子刪定的，經書中反映了孔子的政治思想。並根據經書文字推測其微言大義，用以敎育後代，爲萬世準則。他們說孔子是托古改制，於是特別注意《春秋公羊傳》一書。當時今文經學是官學，是帝王支持提倡的，他們用「讖緯」推衍人間的禍福災異，用以欺騙人，統治人。

---

❽《龔自珍全集》，第五一九頁。
❾〈雜詩〉，《全集》第四四一頁。
❿〈己亥雜詩〉，《全集》第五一四頁。

古文經學盛於東漢，他們以民間發掘出來的，用籀文寫的經書爲根據，稱爲古文經學。其經文篇目、內容和今文經學派有些不同，解釋也不同，「惟讀者人不同，故其說不同」⑪。他們認爲孔子是史學家，「五經」是保存下來的古代史料，孔子述而不作，信而好古，特別重視《周禮》，偏重名物訓詁，考證字句，他們當時是在野派。

今文經學派和古文經學派經過激烈的鬪爭，及至魏晉玄學興起，今文經學日益衰落了，幾乎成了絕學。

清代中葉，漢學興起（即古文經學），梁啓超說：「家家許鄭，人人賈馬。東漢學爍然如日中天」⑫，人們都崇許愼、鄭玄、賈逵、馬融的經學。及至中後期，隨着清王朝的衰落，今文經學又重新擡頭。其倡導者是莊存與。他要求青年「長以通於治天下」，發揮聖人眞言，揭露社會病痛，影響後世。莊存與的學生劉逢祿（字申受），是龔自珍、魏源的今文經學的導師。莊的孫子莊綬甲，莊的外孫宋翔鳳，都是龔自珍的好友。他們都是常州人，稱爲常州學派。因此龔自珍與常州學派關係很深。龔自珍對經的理解，都從今文經學立場加以闡釋和發揮，於是他的政治見解塗上了一層經學色彩，比年輕時的文章含蓄、沉着了些。可見，清代今文經學的興起，是對

---

⑪ 〈大誓答問第二十四〉，《全集》第七五頁。

⑫ 《清代學術概論》，《飲冰室合集》專集之三十四，第五三頁。

當時埋頭考據，脫離現實，避開政治鬪爭的古文經學的一種挑戰，是企圖用經學的形式來議論時政的一種嘗試。後來廖平、康有爲等的今文經學的論著，也都遵循着龔自珍這條路子，不過發揮得更透徹罷了。

嘉慶二十五年（一八二〇），龔自珍以舉人任內閣中書。從此，在內閣做事十多年。他有機會看到內府的檔案，熟悉內府的掌故和典章制度的沿革演變。他參加國史館重修《大清一統志》，任校對官。搜羅異書，鑽研極是勤奮。

道光六年（一八二六），龔自珍參加會試。這一年，劉逢祿任考官，他看到有兩份卷子，經策奧博，估計一定是龔自珍、魏源的卷子，並極力推薦，結果沒有成功。劉逢祿曾寫詩嘆惜這些人才的被埋沒。由於前輩的推薦和讚賞，龔自珍、魏源雖未考取，卻出了名，世稱「龔、魏」，約起於此時。隔了三年，道光九年（一八二九），龔自珍三十八歲時，第六次會試才中式第九十五名。主考官就是大學士曹振鏞。參加殿試時，他的對策，效法王安石〈上仁宗皇帝言事書〉的故事，提出改革主張，撰上〈御試安邊綏遠疏〉，「臚舉時事，灑灑千餘言，直陳無隱，閱卷諸公皆大驚，卒以楷法不中程，不列優等」⑬。不過總算中了進士，殿試三甲第十九名，賜同進士出身，奉旨以知縣用，呈請仍歸內閣中書原職，從此仍爲京官。由於他在中央政府機構呆的時間

⑬〈定盦先生年譜〉，《全集》第六一八頁。

很長，而且，他父親、祖父、從祖父也都是京官，因此，他對清朝的政治機構的演變和掌故非常熟悉。

這一時期，他寫了許多政治論文，同年輕時比更老練了。他深知在君主專制制度下，在文網嚴密的控制下，是不能暢所欲言的，因此，他的文章採用了考釋經文，研究歷史典章制度，甚至用寓言形式。如〈壬癸之際胎觀〉、〈乙丙之際箸議〉、〈大誓答問〉、〈尊史〉、〈古史鈎沉論〉、〈五經大義終始答問〉以及〈農宗〉諸篇，像〈古史鈎沉論〉據說三十四歲寫時有七千言，具稿七年，而後來寫定只存四篇，不足五千言，可知刪掉了很多⑭，雖然如此，他還是尖銳地抨擊政治黑暗，無情地批評那班庸碌無爲的、官居高位的大臣，把他們寡廉鮮耻、貪婪殘忍的醜惡嘴臉刻劃得原形畢露，維妙維肖。甚至於對清貴族的最高統治者皇帝，也作了淋漓盡致的諷刺和譴責。他希望皇帝、大臣能振作起來，扭轉頹風，但是，任他呼喊「蒼茫六合此微官」，又有誰能傾聽呢？

他經常交往的同僚和好友，也是一班封建士大夫中的有識之士，道光初年（一八二一），姚瑩⑮、湯鵬⑯、魏源、張際亮⑰等人和龔自珍相處甚密。他們有時借賞花、祭祀聚會、飲酒賦詩、

⑭《龔自珍全集》，第六一〇頁。
⑮姚瑩：字石甫，安徽桐城人，鴉片戰爭時任臺灣總備道，曾擊退來犯的英艦。
⑯湯鵬：字海秋，湖南益陽人。
⑰張際亮，字亨甫，福建建寧人，是有名的詩人。

以文會友，抒發胸中的塊壘，議論國家的興亡。如道光十年（一八三〇），徐寶善、黃爵滋⑱約同人到北京三官廟中花之寺欣賞海棠花，聚會的人有龔自珍、魏源、湯鵬、潘曾瑩等人。道光十二年（一八三二），龔自珍招會諸名士，也在花之寺，有宋翔鳳、包世臣⑲、魏源、端木鶴田等人參與。還有楊懋建、陳慶鏞⑳、何紹基、潘諮等人也和龔自珍相過從。這一批同僚和好友與龔自珍志同道合，敢於正視現實社會問題，敢於揭露黑暗，勇於議論時政。

龔自珍喜爲要渺之思，在哲學上有許多獨到見解，寫了許多富有哲理的文章，探求人性善惡，探討歷史發展規律，批判讖緯迷信，尋求宇宙變化的辯證關係；同時，他又很喜歡研究佛經，在佛經的浩瀚卷帙中尋求人生的眞諦。江沅（名鐵君）是他佛學的導師，他還同貝鏞、錢東甫、慈風和尚等研討佛學哲理。

在京二十年，是他的思想發展和成熟時期，他根據耳聞目染，深感清王朝統治的昏庸無能，主張改革吏治，倡導關心時務。當然，他雖然不滿於現實，但並不要求根本觸動君主統治，他的改革主張，只是一種救時補弊的方案。

---

⑱ 黃爵滋：字樹齋，江西宜黃人。鴻臚寺卿，主張刷新吏治，掃除貪汚，整頓軍備，鞏固邊防，曾上奏摺主張嚴厲禁煙。

⑲ 包世臣：字愼伯，安徽涇縣人。以經世之學名於世，曾在陶澍、裕謙、楊芳等人下任過幕僚。

⑳ 陳慶鏞：字頌南，福建晉江人。曾在道光二十三年上〈申明刑賞疏〉，彈劾權貴，名震一時。

(三)關注東南沿海抵禦外侮的晚年時期

道光十八年十一月（一八三九年一月），湖廣總督林則徐進京，道光帝命林為欽差大臣，到廣東查禁鴉片。龔自珍作〈送欽差大臣侯官林公序〉贈行。信中主張用嚴刑禁煙，積極備戰，林則徐回信表示感謝，贊揚龔自珍「謀識宏遠」。

這年春天，龔自珍因忤其長官，動觸時忌，遭到首席軍機大臣穆彰阿的排擠，感到在京都呆不下去了，於是借故辭官南歸。四月二十三日出都，載文集百卷以行，到揚州訪大學士阮元和他的好友秦敦夫和魏源。過鎮江時，龔自珍寫下了「九洲生氣恃風雷」的名句，一路來他寫了許多抨擊弊政、抒發個人抱負的作品。七月九日返杭州。杭州人早已流傳他出都的留別詩，有詩先人到的說法。九月龔自珍到北方接家眷，年底回家。寫了七言絕句共三百十五首，總名曰：〈已亥雜詩〉，這一組詩是他的自傳詩，既是社會風貌的深刻寫照，又是他精神世界的眞情流露。

道光二十一年（一八四一），龔自珍就丹陽雲陽書院講席。他的父親在三月去世後，他又兼任了杭州紫陽書院講席。七月到丹陽，他還同駐防上海的江蘇巡撫梁章鉅通信，準備辭去教館職務，到上海共同商討，抗擊英國侵略者事宜（參看梁章鉅：《師友集》卷六）。八月得急病，「暴疾捐館」。

一位退職的官員，一位書院的講席，在丹陽寂寞地去世了，而他所遺留下來的宏文和詩篇卻在近代發生了深刻的影響。

二、龔自珍的政治思想

龔自珍勇敢地揭露了清朝政治制度的黑暗和腐敗，要求改革。

(一)對清王朝腐敗現象的看法

對當時政治形勢如何估計？不同地位的人，有着完全不同的見解，歷來如此。大官僚大地主認爲當時仍是盛世，天下恬然，一片鶯歌燕舞的昇平景象。而龔自珍則以敏銳的眼光，極大的勇氣，指出嘉慶以來國勢陵夷，已經到了日之將夕的衰敗之世。他說：

承乾隆六十載太平之盛，人心慣於泰侈，風俗習於游蕩，京師其尤甚者。自京師始，概乎四方，大抵富戶變貧戶，貧戶變餓者，四民之首，奔走下賤，各省大局，岌岌乎皆不可以支月日，奚暇問年歲㉑？

這是一個突出的問題。在龔自珍看來，到了衰世，人材也都埋沒了。他說：

左無才相，右無才史，閫無才將，庠序無才士，隴無才民，廛無才工，衢無才商㉒。

㉑〈西域置行省議〉，《全集》第一〇六頁。

㉒〈乙丙之際箸議第九〉，《全集》第六頁。

他更指出在京師「醜類窳呰，詐僞不材，是輦是任，是以爲生資」㉓，那些品質惡劣的傢伙，欺詐無能的庸人，則高官厚祿；他們坐着華貴的車子，窮奢極欲，腐蝕國家，皇帝卻把他們作爲賴以生存的力量。地方上司法制度極其腐敗，幕僚勢力很大，他們在地方上形成一種勢力，「豺踞而鴞視，蔓引而蠅孳」，像豺狼那樣盤踞着，像貓頭鷹那樣死盯住你，像毒藤那樣到處伸展，像蒼蠅那樣遍地繁殖，他們這批人「狎富久，亦自富也。狎貴久，亦自貴也。農夫織女之出，於是乎共之，宮室車馬衣服僕妾備」㉔。這種現象，十八行省皆有之，相當普遍。於是整個國家處於「俄焉寂然，燈燭無光，不聞餘言，但聞鼾聲，夜之漫漫，鶡旦不鳴」㉕的狀態。鶡，是畏寒鳥，也不啼叫了。這就是嘉慶、道光朝政治形勢的眞實寫照。龔自珍感慨地說：「然而起視其世，亂亦竟不遠矣」㉖。他預言：「山中之民，有大音聲起，天地爲之鐘鼓，神人爲之波濤矣」㉗。一定要發生一場大的變動。果然，在龔自珍逝世後不到十年，太平天國的起義風暴猶如驚雷，震撼着整個中國。

㉓〈尊隱〉，《全集》第八七頁。
㉔〈乙丙之際箸議第三〉，《全集》第三頁。
㉕〈尊隱〉，《全集》第八八頁。
㉖〈乙丙之際箸議第九〉，《全集》第七頁。
㉗〈尊隱〉，《全集》第八八頁。

為什麼會造成衰世這種景況呢？嘉慶十八年（一八一三），鎭壓天理敎農民起義以後，嘉慶帝下了一道罪己詔，責備羣臣昏庸無能，寡廉鮮恥，把政治腐敗的責任推在大臣身上，這是統治者慣玩的手法。龔自珍卻對此提出了異議，他以爲清朝的腐敗責任首先在皇帝，上不正，下何以正？皇帝不把大臣和具有憂患意識的士大夫當人看待，大臣無法履行自己的責任，皇帝不聽大臣、下民的意見，只能充當皇帝的奴婢。在這種情況下，政事只能日益敗壞。龔自珍尖銳地指出清皇帝爲了樹立至高的權威，「未嘗不仇天下之士，去人之廉，以快號令，去人之恥，以嵩高其身」㉘。於是，「積百年之力，以震蕩摧鋤天下之廉恥，既殄，既獮，既夷」㉙，廉恥心都給消滅、殺戮、鏟除乾淨了。大臣只知道「朝見長跪，夕見長跪」，只「知車馬，服飾，言詞捷給而已」㉚。他說：

> 官益久，則氣愈媮；望愈崇，則諂愈固；地益近，則媚亦益工。至身為三公，為六卿，非不崇高也，而其於古者大臣巍然岸然師傅自處之風，匪但目未覩，耳未聞，夢寐亦未之及。臣節之盛，掃地盡矣。非由他，由於無以作朝廷之氣故也㉛。

㉘〈古史鉤沉論〉，《全集》第二〇頁。

㉙ 同前。

㉚〈明良論二〉，《全集》第三一、三二頁。

㉛ 同前，第三二頁。

大臣們以退縮爲老成，察皇帝臉色行事，只想保住自己的榮華富貴，這一切都是專制制度皇帝淫威的結果。「顧乃席虎視之餘蔭，一旦責有氣於臣，不亦暮乎」㉜！君主政體的原則總的說來，就是輕視人，蔑視人，使人不成其爲人，這是專制政體的共性。龔自珍的揭露卻敢於觸及了這一問題的實質。

龔自珍根據對古代社會歷史的研究，認爲原來皇帝也是務農的普通人。人類本來是平等的，皇帝把自己神化，遠離普通人，高居於普通人之上，而製造不平等的等級制度，並把一切歸於「天」意，把自己說成天意的代表，而不依據人民的意志辦事，一切的腐敗正是來自這裏。

(三)提出緩和社會矛盾的治國方案

龔自珍並不滿足於對清王朝的政治性的抨擊，他還想從經濟領域，探求朝代興衰的原因。他認爲一個朝代興起，土地分配一定比較均勻，例如，帝王取一盂(大碗)、大臣取一勺(大勺)，衆民取一卮(小酒盅)，大體上相齊。到了這個朝代衰敗時，土地高度集中，貧富相距越來越大，這個朝代便會滅亡。他說：

浮不足之數相去愈遠，則亡愈速，去稍近，治亦稍速。千萬載治亂興亡之數，直以是券矣。……貧者日愈傾，富者日愈壅……其始，不過貧富不相齊之為之爾。小不相齊，漸至

㉜〈古史鈎沉論一〉，《全集》第二〇頁。

大不相齊;大不相齊,卽至喪天下㉝。

由於土地兼併,大官僚大地主大貴族財富積累,揮霍無度,拚命搜刮民脂民膏,農民大量破產,流亡,以至發生兵燹,一直到「生民噍類,靡有孑遺,人畜悲痛,鬼神思變置」。他說,這是「千萬載治亂與亡之數」,這是一個不可抗拒的歷史趨勢。所以,他說:「有天下者,莫高於平之之尙也」㉞。他的理想,是要做到大體平均,貧富相距不太大。其辦法:「挹彼注此」,進行調劑。他設計了一種按宗法授田的土地分配方案。他把家族中的人分爲大宗、小宗、羣宗、閒民四個等級,照宗法社會制定一個授田分配方案㉟。他預計這樣做可以限制大地主土地兼併,可以吸收無地的閒民成爲佃戶,從事生產,他希望靠人們的智慧、力量從事農業生產和農業經營,使農業生產發展,田賦增加,國基鞏固,達到修家園,保家族,捍國家,無災禍的太平盛世。他的這種思路,卽以經濟領域尋求朝代興衰的原因,是很可貴的。但是他的方案同農民階級的均田思想有本質上的不同,他並沒有觸動地主階級土地占有制,因此,他想挽救農民日益陷於破產的境地,其方案只是販賣古方,仍然是不能實現的幻想。

龔自珍在揭示了社會的病痛、腐朽和黑暗之後,向統治階級發出呼號:要趕緊變法。他認爲

㉝〈平均篇〉,《全集》第七八頁。
㉞前引均見〈平均篇〉。
㉟〈農宗〉,《全集》第四八—五〇頁。

「自古及今，法無不改，勢無不積，事例無不變遷，風氣無不移易」㊱。既然如此，「奈之何不思更法」㊲？變法有兩種：一種是皇帝自己改革法令、政策；一種是農民起來推翻王朝。龔自珍害怕和仇視農民起義，「悖悍者則蚤夜號以求亂」㊳。所以他作爲具有進步思想的知識分子，「才者……則蚤夜號以求治」㊴，便勸說皇帝自己起來改革，「與其贈來者以勁改革，孰若自改革」㊵。他的理想是天下出一個賢明的皇帝，實現改革。他警告說：如果固執不改革，一意孤行，採取高壓政策，那末，人才便會流散到四野，首都空虛了，山中之民（在野派），就會「多暴侯者，過山中者，生鐘簴之思矣」㊶。他甚至鼓動說：

居廊廟而不講揖讓，不如臥穹廬；衣文繡而不聞德音，不如服橐鞬；居民上，正顏色，而患不尊嚴，不如閉宮庭；有清廬閒館而不進元儒，不如闢牧藪……㊷。

㊱〈上大學士書〉，《全集》第三一九頁。
㊲〈明良論四〉，《全集》第三五頁。
㊳〈乙丙之際箸議第九〉，《全集》第七頁。
㊴同前。
㊵〈乙丙之際箸議第七〉，《全集》第六頁。
㊶〈尊隱〉，《全集》第八八頁。
㊷〈乙丙之際塾議第二十五〉，《全集》第一二頁。

意思是說，如果你（指清貴族最高統治者皇帝）還照老樣子實行霸道，摧殘人材，那就下臺到關外去，回到游牧民族的落後狀態中去吧！

他還建議改革中央禮部的條例，主張官吏要振作圖治，主張取消八股文，改為策論；主張與修水利，打擊占民田的地主豪紳；主張嚴禁鴉片，自造銀元；主張向西北邊疆移民，淘汰游民閒民（包括旗丁）；建議北方栽種水稻，養蠶植桑；婦女參加生產勞動，廢除婦女纏足的惡習等等。龔自珍以「後史氏」即（預言家）自詡，他以為他的任務是向皇帝獻計獻策，他自己則處在觀察世變的地位，「探世變也，聖之至也」㊸，他是沒有也不可能採取任何行動的。

㈢主張抵禦外國侵略者

龔自珍對內要求改革，振作圖治，在外交上，也要求自主、自立。他和林則徐、黃爵滋、魏源都是禁烟派，主張嚴禁鴉片，嚴懲吸烟者。他說：

鴉片烟則食妖也，其人病魂魄，逆晝夜，其食者宜繯首誅㊹！淫巧易至，食妖服妖易至，公必杜其習以豐其聚矣㊺。

㊸〈乙丙之際箸議第九〉，《全集》第七頁。

㊹〈送欽差大臣侯官林公序〉，《全集》第一六九頁。

㊺〈送廣西巡撫梁公序三〉，《全集》第一六七頁。

> 誅種藝食妖辣地膏者，梟其頭於隴，沒其三族為奴㊻。

鴉片不准進口，內地不准種植，種植者要斬首，並沒其家族爲奴。龔自珍主張用這種嚴刑來杜絕鴉片。他的禁烟主張是從國家富強獨立的長遠利益考慮的。這種主張對英國侵略者是一大抵制，對吸食鴉片，靠鴉片走私發財的一批官僚地主商人也是一個打擊。龔自珍對英國侵略者的狡詐是有覺察的。他說：「近惟英夷，實乃巨詐，拒之則叩關，狎之則蠹國」㊼。所以，他對英國侵略者並不抱幻想，他囑咐林則徐「火器宜講求」「多帶巧匠」，「以便修整軍器」。他主張對投降妥協派中的狡詐者要「殺一儆百」，他說明反對英國侵略者的戰爭是「此驅也，非剿之也」，「此守海口，防我境，不許其入」，是把敵人從我們的國土上趕出去，根本不是什麼「開邊釁」㊽。伸張了自衞戰爭的正義性，駁斥了投降派的種種非難。同時，他對西北邊疆也十分關注，要人們警惕沙俄，加強防衞，進行開墾定居。他認爲只有這樣，「國運盛益盛，國基固益固，民生風俗厚益厚」㊾，「我國家萬年有道之長，實基於此」㊿。龔自珍說：

㊻〈農宗〉，《全集》第五〇頁。

㊼〈阮尚書年譜第一序〉，《全集》第二二九頁。

㊽以上均引自〈送欽差大臣侯官林公序〉，《全集》第一六九頁。

㊾〈西域置行省議〉，《全集》第一一二頁。

㊿〈對策〉，《全集》第一一七頁。

北面事人主，而不任叱咄奔走，捍難禦侮，而不死私讎51。

對內表現爲不甘願當奴僕的倔強性格，而對外，則表現了不爲清貴族一姓盡忠，而爲民族尊嚴進行保衞戰的可貴精神。

總之，他揭露了清朝政治上的許多弊病，提出了改革的治國方案。但是，他的政治思想從基本上來說是「補天」，卽補君主制度之天，而不是觸動封建專制制度。他的主張客觀上有利於資本主義萌芽的發展，但是，他仍是不自覺地站在農本主義的立場，他對貨幣的觀察只限於流通的範圍，並要限制它的作用。他對農民生活痛苦和沉重負擔表示了深切的同情。「不論鹽鐵不籌河，獨倚東南涕淚多，國賦三升民一斗，屠牛那不勝栽禾」52。但是，他又反對農民起義，認爲這是驕悍者犯上作亂，會造成戰爭和禍災。他積極捍衞民族利益，反對外國侵略者，是一個愛國主義者。這些政治思想對以後資產主義改良派產生了積極的作用和深遠的影響。

三、龔自珍的哲學思想

龔自珍的哲學思想是當時社會存在的反映。隨着社會的急劇變化，龔自珍的哲學也有一個轉

51 〈古史鈎沉論四〉，《全集》第二七頁。

52 〈己亥雜詩〉，《全集》第五二一頁。

化的過程。當他改鑄「今文經學」這個思想武器，作爲譏切時弊、改革現實政治的理論基礎時，表露了他重客觀事實的思想因素，但仍沒有擺脫主觀論的窠臼，後又皈依佛教。

(二)重客觀事實的思想

龔自珍的重客觀事實的思想，主要體現在他依據歷史的發展和時代需要，對「今文經學」的改造上。

首先，他反對以吉凶休咎、陰陽災異，附會今文經《春秋》。在漢代，《公羊春秋》經董仲舒的穿鑿附會，成爲神秘主義的「天人感應」目的論。東漢時便與讖緯神學相結合，思想更顯荒誕，它經王充等人的批判，已失去了維繫人們思想的作用，在人們心目中也失去了原有權威。所以，當龔自珍運用「今文經學」這個思想形式時，就不得不進行一定的改造和修補。以圖剔除其荒誕不經的部分。他這樣說：

> 梓愼、裨竈之流[53]，無能推日食者，況月食！近世推日月食精矣，惟彗星之出，古無專書，亦無推法，足下何不請於鄭親王，取欽天監歷來彗星舊檔案彔查出，推成一書？則此事亦有定數，與日食等耳。自珍最惡京房之《易》，劉向之《洪範》，以為班氏〈五行志〉不作可也。此書成，可以摧燒漢朝天士之謬說矣[54]。

---

[53] 梓愼，春秋時魯國大夫，以善占候稱著；裨竈，春秋時鄭國大夫、占星家，也以善占候稱著。

[54] 〈與陳博士箋〉，《全集》第三四六頁。

在這裏，龔自珍一方面認爲，日食、月食和彗星的出現，是一種自然的現象，是有「定數」的，不是什麼「天人感應」的緣故。梓愼、裨竈等占星家並不能按照自然的運行，推算出日、月食來；另一方面，他明確表示討厭讖緯化了的京房的《易傳》、劉向的《洪範五行傳》和班固的〈五行志〉；再一方面，他主張可依據歷代記載彗星的檔案，找出彗星活動的規律，作出總結，這樣就可以摧毀漢儒們宣揚「天人感應」、讖緯迷信等謬說。表明了他依自然界本來面貌來解釋自然界的災異，反對讖緯迷信的思想。

其次，他認爲不能以《公羊春秋》附會一切，通釋羣經。「如欲用《春秋》災異說《洪範》者，宜爲《洪範庶徵傳》，不得曰《五行傳》」55。主張還《周易》、《洪範》、《春秋》以本來面目。他說：「以《易》還《易》，《範》還《範》，《春秋》還《春秋》」56。這樣，才避免以災異迷信解《洪範》、或《周易》，而眞正發揮《周易》、《洪範》、《春秋》中的微言大義。

再次，龔自珍爲了剝掉《春秋》等經的神秘主義的外衣，倡導「六經皆史」說，他寫道：

55 〈非五行傳〉，《全集》第一三〇頁。
56 同前。

《易》也者，卜筮之史也；《書》也者，記言之史也；《春秋》也者，記動之史也[57]。

他以言災異的《春秋》爲記動之史，反對以災異附會羣經，反映了他的尊重事實的思想。如以「六經皆史」而論，則與章學誠的看法有相似之處。就這點而言，他又似乎與「今文經學」相違背。雖然他在評論《詩經》時，主張按照詩本身的意義去分析，並不獨尊「今文經學」，他說，對古文、今文、毛詩，「無所尊，無所廢」[58]，並不能由此得出對「今文經學」無所尊。

龔自珍對於自己在學術思想上崇尙「今文經學」是很自負的。他自命自己是眞正懂得孔子學說的眞諦的人。他說：「自珍於大道不敢承，抑萬一，幸而生其世，則願爲其人歟！願爲其人歟」[59]！他寫下了〈資政大夫禮部侍郎莊公神道碑銘〉、〈五經大義終始論〉、〈尙書・大誓答問〉、〈六經正名〉、〈春秋決事比〉等。可見他對「今文經學」的發揮。此外，還有〈尙書大義〉、〈尙書馬氏家注〉、〈左氏春秋服、杜補義〉、〈左氏決龐〉、〈羣經學官答問〉、〈詩非序〉、〈非毛〉、〈非鄭〉等，這些著作可惜已散失了。正因爲他自以爲在「今文經學」方面有自己的著述，所以在路過孔廟時，他感到可以謁孔林、孔廟，對孔子可以問心無愧了。「仕幸

---

[57] 〈古史鉤沉論二〉，《全集》第二一頁。
[58] 〈己亥雜詩〉，《全集》五一五頁。
[59] 〈古史鉤沉論二〉，《全集》第二五頁。

不成書幸成，乃敢齋祓告孔子」⑥⓪。

龔自珍畢竟開了一代之風氣。他衝破了埋頭考據，不識時務的局面，開創了「今文經學」與「經世致用」相統一的形勢，對改變學術界的研究方法，起着積極的作用。

然而，儘管龔自珍反對災異迷信，但不能由此而斷定他爲反「天命論」的思想家，其實，龔自珍始終沒有擺脫作爲儒家思想的「今文經學」的藩籬，也沒有根本改造《公羊春秋》的思想核心——有意志的「天」。這不僅是因爲他作爲一個封建士大夫本身經濟地位的軟弱；而且他不可能也找不到可以依靠的力量。對當時日益掀起的農民起義運動，既沒有認識，又持反對的態度。因此，他只得借助於超現實的「天」的力量，來實現他改變現實的主張。所以就其哲學思想來說，仍然繼承了公羊董氏學的「天人感應」思想。

(二)天人關係論

任何一個哲學家，卽使他沒有完整的哲學體系，但總歸要回答世界的本原問題。龔自珍在給魏源的一封信中有這樣一段話：

> 一物一名之中，能言其大本大原，而究其所終極；綜百氏之所譚，而知其義例，徧入其門徑，我從而筦鑰之，百物為我隸用⑥①。

---

⑥⓪ 〈己亥雜詩〉，《全集》第五三五頁。

⑥① 〈與人箋一〉又題〈與魏默深箋一〉，《全集》第三三七頁。

那麼，什麼是他所說的「大本大原」和「終極」呢？龔自珍有這樣一個解釋：以天爲極，「天故爲羣言極」[62]，把「天」看作是最高的主宰，是世界萬物的創造者，「天生物，命官理之。有所潰，有所鬱，鬱之也久，發之也必暴」[63]。是說，「天」生萬物，授命官吏來治理。

在龔自珍看來，「天」不僅能生世界萬物，而且是能降禍福，能與人相感通的人格神，「天也者，福之所自出也」[64]。人的貧賤和富貴都是天命，都是「天」的有意志有目的地作出來的。因此，龔自珍說：

貧賤，天所以限農畝小人；富貴者，天所以待王公大人君子[65]。

對於「天」的這種命令，人是無能爲力的。他說：「天命終難奪，授命何其恭」[66]。這就是說，人的貧與富，貴與賤都由「天」早已安排好了，是不可予奪，不可改變的。

「天」是有意志的。那麼，「天」如何體現自己的意志呢？龔自珍認爲，「天」在通過傳語於人的時候，表達了自己的意志。他這樣寫道：

---

[62] 〈壬癸之際胎觀第八〉，《全集》第一九頁。
[63] 〈乙丙之際箸議第一〉，《全集》第一頁。
[64] 〈五經大義終始論〉，《全集》第四六頁。
[65] 〈明良論一〉，《全集》第二九頁。
[66] 〈嗚嗚硜硜〉，《全集》第四四七頁。

天與人，旦有語，夕有語。萬人之大政，欲有語於人，則有傳語之民，傳語之人，後名為官。……後政不道，使一人絕天不通民，使一人絕民不通天，天不降之，上天不降之，上天所天，又不降之。……比其久也，乃有大聖人出，天敬降之。……民昂首見之者，天之藉也。衆人以為天，大政之主必敬天㊿。

天人是相通的。天人感通的標誌在於「天」能否傳語於人；如果統治者施政有「道」，「天」就傳語於人；反之，施政無「道」，天人就不能感通。這時，無「道」的社會就到了它的末日，只有等到大聖人出現，「天」才重新降命於他，與他相通。

龔自珍確立「天」的權威，一方面，是爲了假借「天」對於爲政「有道」、「無道」的不同態度，勸誡封建統治者皇帝要施政有道，否則，天可以任命別人來治理天下；另一方面，是爲了假借「天」的力量來實現他的變革現實的主張，爲改革尋找理論依據。他說：「天道十年而小變，百年而大變。人亦小天，古今朝市城邑禮俗之變，以有形變者也，聲之變，以無形變者也」㊱。又說：「天運十年而小變，人事亦然」㊲。既然「天道」是變化的，「人道」也應該變革。

㊿〈壬癸之際胎觀第一〉，《全集》第一三頁。

㊱〈擬上今方言表〉，《全集》第三〇八頁。

㊲〈在禮曹日與堂上官論事書〉，《全集》第三二七頁。

這就叫做與「天相配」，他說：「我仁皇帝革二千年之苛政，此配天之實也」⑳。他贊揚康熙的施政是與天意相符合的。

其實，人格的「天」，乃是人們自己的虛構，人們把人的道德、意志加到「天」的身上，把「天」人格化，把它說成是最高的本體。龔自珍也是把自己的意志對象化爲「天」的意志，然後倒過來用它去主宰社會人事，並借托「天」的力量來爲他的改革現實的政治主張服務，其用心良苦，雖爲改革找到客觀的理論依據，但卻是虛幻的。然而，在當時，儘管這是一種顚倒了的宇宙意識，但對於軟弱的封建知識分子來說，他們又有什麼強有力的武器可以去和君主勢力較量呢？又有什麼更好的東西來喚起自己對於變革現實的信心呢？

龔自珍只能求助於「天命」。他用「天命」一方面勸君，一方面安民。借儒家之名以立言，他這樣說：

儒家之言，以天為宗，以命為極，以事父、事君為踐履。君有父之嚴，有天之威；有可知，有弗可知，而範圍乎我之生㉑。

以「天命」爲「宗極」，就把「天命」擡高到了至高無上的地位。他既要君相信「天命」，以此來約束自己，管制人民；又要民相信「天命」，尊君事父，而不要悍然反抗。

⑳〈地丁正名〉，《全集》第九八頁。
㉑〈尊命〉，《全集》第八三頁。

他認爲做君的要「通古今之故」，「燭萬物之隱」，「欲君之賞罰予奪，不爽於毫髮，實欲以自償其功」[72]。君在禮、樂、刑、政、賞罰予奪方面，既要明察秋毫，又要適當。只有這樣，才能「使君無日不與天下相見以尊君」[73]，君主自己知道自己不行，而聽取別人的意見，便是懂得天命，人民尊君，也是懂得天命，這就是「覺世而牖民」的意思，卽是以天命來誘導人民，開通民智，使其相信一切是由天命的安排，這是最好的辦法。因此，他連連稱讚道：「莫善於此，莫善於此」[74]！

對於人民來說，儘管有憎恨、有憤慨、有感嘆，但不能由怨恨進而反抗。他這樣說：

其言有嫉焉，有懣焉，抑亦有欷歔焉，抑亦似有憾於無如何之命而卒不敢悍然以怨焉[75]！

只有使人民懂得「天命」，才能使人不會由怨恨而造反。因此，他說：「《傳》曰：『發乎情，止乎禮義』。」而他認爲：「夫我也，則發於情，止於命而已矣」[76]。「止乎禮義」，是用封建的道德倫理來約束人民的手腳。在龔自珍看來，這還不足以使其不反抗，只有使人「止於命」，相

---

[72] 〈尊命〉，《全集》第八四頁。
[73] 〈尊命〉，《全集》第八四頁。
[74] 〈尊命二〉，《全集》第八五頁。
[75] 〈尊命二〉，《全集》第八五頁。
[76] 同前。

信「天命」的安排，才能更好地使人民不起來造反。「尊命」便是尊天命，恐怕不能說是提倡非命的，也不能說是尊命的反命題非命，既有〈尊命〉的文章在，又何必抹煞呢？

(三)「先知先覺」的先驗論

在認識論上，龔自珍認為，認識不是對於客觀事物的反映，而是天賦的。他以聖人為「先知先覺」者；把凡人說成是「知而不覺」者。他在〈辨知覺〉這篇文章中寫道：

知者，人事也；覺，兼天事言矣。知者，聖人可與凡民共之；覺，則先聖必俟後聖矣[77]。

在這裏，他把「知」與「覺」割裂開來，認為「知」是聖凡共之的；「覺」是先聖俟後聖的。這樣，就把「覺」神秘化了。所謂「先知先覺」，他這樣解釋：

堯治曆明時，萬世知曆法；后稷播五穀，萬世知農；此先知之義。古無曆法，堯何以忽然知之？古無農，后稷何以忽然知之？此先覺之義[78]。

凡民是不能「覺」的，只能認識一般人可以認識的事情；「覺」，只有聖人才具有，必須「先聖」接着「後聖」，一脈相傳。聖人的知識是天賦的，不待學、不待教，卻能上知千年，是一個

---

[77] 〈辨知覺〉，《全集》第一二七頁。
[78] 〈辨知覺〉，《全集》第一二七頁。

「先知先覺」者。《語錄》載有：

聖人神悟，不恃文獻而知千載以上之事，此之謂聖不可知，此之謂先覺[79]。

這就使他陷入了「生而知之」的先驗論的知覺論。當然，「先知先覺」者是沒有的，人們的知識只能來源於實踐，是客觀對象的反映，脫離客觀對象的先知先覺，只能是龔自珍頭腦中的主觀的虛構。

聖人之所以是「先知先覺」者，龔自珍認爲，這是因爲他能兼知「天事」。他說，因爲「民之耳目，不能皆肖天。肖者，聰明之大者也，帝者之始也」[80]。「聰明之大」的聖人或帝王，他們的耳目像天；而人民的耳目不能都像天。因此，聖人能天上通，人上通，成爲「天」傳語於人的溝通者和「先知先覺」者。這顯然是他的「天命論」在知覺論上的貫徹。

既然認識是天賦的，那末，「名」（卽概念和名稱）就不是對於客觀事物的反映，而是人們主觀加於客觀事物的稱謂。他在〈壬癸之際胎觀第一〉中這樣說：

名字之始，各以其人之聲，聲為天而天名立，聲為地而地名立，聲為人而人名立[81]。

最初「名」的命名，是人叫出來的。人們叫它爲天、地、人，才有天、地、人的「名」。在這

[79] 《全集》第四二一頁。
[80] 〈五經大義終始論〉，《全集》第四一頁。
[81] 《全集》第一三頁。

裏，龔自珍否認「名」是客觀實際的反映，顚倒了「名」與「實」的關係。因此，他這樣說：

萬物不自名，名之而如其自名。是故名之於其合離，謂之生死；名之於其生死，謂之人鬼；名之於其聚散，謂之物變；名之於其虛實，謂之形神；名之於其久暫，謂之客主；名之於其客主，謂之魂魄⑫。

萬物的名稱不是「自名」的，是有一定的標準的，人們給事物起一個名稱，必須符合這個事物實際的名稱，卽「名之而如其名」。譬如，人的名稱與實際的活人相合，就稱之曰「生」，人的名稱與實際的人相離，就稱之曰「鬼」；人的名稱以精氣的「聚散」來說，「聚」則生物，「散」則游魂爲變；人的名稱從「虛實」來說，「虛」則爲「神」，「實」則爲「形」，人的名稱從「久暫」來說，「久」爲「主」，「暫」爲「客」；人的名稱從「客主」來說，「客」爲「魂」，「主」爲「魄」。龔自珍在「名實」關係問題上的失足，是片面強調「名」的作用，以「名」符合於「名」，於是有「生死」、「聚散」、「虛實」、「形神」、「久暫」、「客主」、「魂魄」之別，而不是先有事物的「生死」、「形神」、「魂魄」的差異，而有不同的名稱（概念），不是以「名」符「實」，「名之而如其實」，而是以「名」符「名」，「名之而如其名」。這樣，就是概念與概念的相符，而不是以概念與實際相符，概念（「名」），是客觀實際的反映。因而導

---

⑫ 〈壬癸之際胎觀第八〉，《全集》第一九頁。

致先驗論的知覺論。

（四）「變」的辯證法思想

在龔自珍的思想中，最富生氣的要稱他的「變」的思想。首先，龔自珍認為，古往今來，一切客觀事物、典章制度、風俗習慣都是不斷變化的。他在〈上大學士書〉中寫道：

> 自古及今，法無不改，勢無不積，事例無不變遷，風氣無不移易。……如此，法改胡所弊？勢積胡所重？風氣移易胡所懲？事例變遷胡所懼[83]？

倡導「法」、「勢」、「事例」、「風氣」都要隨着時勢的發展而改變。只有這樣，「法」才不弊，「勢」才不重。主張「變法」的思想是很鮮明的。

就拿典章制度來說，前一個朝代衰敗了，新興的朝代就要改變它，並起而代之，這恐怕是變化的客觀事實。他這樣說：

> 一祖之法無不敝，千夫之議無不靡，與其贈來者以勁改革，孰若自改革？抑思我祖所以興，豈非革前代之敗耶？前代所以興，又非革前代之敗耶[84]？

[83] 《全集》第三一九頁。
[84] 〈乙丙之際箸議第七〉，《全集》第六頁。

在那樣一個「燈燭無光」，「夜之漫漫」的黑暗的社會中，他敢於大膽地提出了變法的主張，這豈不是對「天不變，道亦不變」的傳統思想的挑戰，豈不是對「祖宗之法不可變」的勇敢的否定？這也是對統治者的警告：「一祖之法無不敝」，哪有不變法之道理，「我祖」之所以興，是由於革前代之敗的結果，依次而不斷改革，如果不「自改革」，那便重蹈歷史的覆轍，而被新興的朝代所代替。因此，與其被人所革，不如「自改革」。

其次，龔自珍認爲，社會歷史的發展也在不斷更迭。他依據「公羊三世說」的「據亂世」——「昇平世」——「太平世」，把社會歷史的發展分爲三個階段：「治世」——「亂世」——「衰世」。他在〈五經大義終始論〉中把上古作爲「據亂世」，商朝爲「昇平世」，周朝爲「太平世」。儘管他認爲人類歷史是變化的、進化的，但他又把這種發展變化引向了由亂到治，由治到亂的循環。

從這種「三世說」的歷史觀出發，他認爲當時的社會就是一個沒有黑白、沒有是非、沒有善惡、扼殺聰明才智、扼殺人們思想的腐敗黑暗的衰世。它已經到了「將萎之華，慘於槁木」的時候，一個新的社會卽將到來。他吶喊：

九洲生氣恃風雷，萬馬齊瘖究可哀！我勸天公重抖擻，不拘一格降人材[85]。

中國只有進行激烈的變革，打破死氣沉沉叫人悲哀的局面，才能獲得生氣。他希望天公振作精

---

[85] 〈己亥雜詩〉，《全集》第五二一頁。

神，蕩滌黑暗；他呼喚風雷，想望着一個生氣勃勃的新社會出現在中國的大地上！

正是在這裏，閃現出他的辯證法思想的火花。但由於龔自珍根本不想觸動封建專制制度本身，因此，他就不能把「變」的思想貫徹到底。他說：「體常靜，用常動」[86]。所謂「體」，就是指事物的本質特徵，是決定事物性質的東西；「用」是指事物本質特徵的作用和表現。這就是說，作爲封建根本制度的「體」是不動的，也是不變的；而動者、變者，只是「用」而已。所以，他認爲「變」也只是一種單純數量增減的「漸變」，而不是根本性質的突變或驟變。他在〈平均篇〉中說：「可以更，不可以驟」[87]。又說：「風氣之變之必以漸也」[88]。這就是說，作一些變更的「漸變」是可以的，必要的，但驟變是不可以的。

龔自珍由於否認了事物的突變，就不可避免地使它陷入循環論。他這樣說：

萬物之數括於三：初異中，中異終，終不異初。一匏三變，一棗三變，一棗核亦三變[89]。

「初」與「中」不同，「中」與「終」不同，「終」返回「初」，與「初」相同。這就是：「萬物一而立，再而反，三而如初」[90]。「立」——「反」——「初」。在這裏，「三而如初」就是

---

[86] 〈壬癸之際胎觀第七〉，《全集》第一九頁。
[87] 《全集》第七九頁。
[88] 〈與人箋〉，《全集》第三四四頁。
[89] 〈壬癸之際胎觀第五〉，《全集》第一六頁。
[90] 〈壬癸之際胎觀第五〉，《全集》第一六頁。

與「一而立」相合，可以說是一個合的命題。龔自珍抓住事物在其運動過程中所出現的某些彷彿向舊東西的回復的現象，說成是三變的循環運動。

(五)「無善無不善」的人性論

人性的善惡問題，往往是統治階級進行統治的理論依據。龔自珍爲了突破程朱按照孟軻「性善論」而區別天命（本然）之性與氣質之性的藩籬，而採取了告子的性無善惡論。他說：「龔氏之言性也，則宗無善無不善而已矣，善惡皆後起者」[91]。如果說，龔自珍的人性論止於此，以人性的善惡爲後天，而非固有，「善非固有，惡非固有，仁義、廉恥、詐賊、恨忌非固有」[92]。其本則無善無惡，則具有合理性的因素，而衝破了人性論先驗論的束縛。然而，當他在闡發告子的性無善惡時，又使他墜入先驗論的網羅。他有這樣一段話：

> 夫無善也，則可以為桀矣；無不善也，則可以為堯矣。知堯之本不異桀，荀卿氏之言起矣；知桀之本不異堯，孟氏之辯興矣。為堯矣，性不加菀；為桀矣，性不加枯。為堯矣，性之桀不亡走；為桀矣，性之堯不亡走；不加菀，不加枯，亦不亡以走。是故堯與桀互為主客，互相伏也，而莫相偏絶[93]。

[91] 〈闡告子〉，《全集》第一二九頁。
[92] 〈壬癸之際胎觀第七〉，《全集》第一八頁。
[93] 〈闡告子〉，《全集》第一二九頁。

這段話有這樣幾層意思：其一是龔自珍以堯桀喻「善惡」，堯代表「善」，桀代表「惡」。如果認爲堯與桀在根本上是一樣的，則是荀況的「性惡論」。若認爲桀在根本上不異於堯，便是孟軻的「性善論」；其二，「性善」爲堯，「性惡」爲桀，兩者都有片面性，而揚雄主張「善惡混」，雖有可取之處，但「不能引而申之」❾❹，否則「善惡」無別，「雄也竊言，未湮其源；盜言者雄，未離其宗」❾❺。如果說，孟、荀的「性善」、「性惡」爲先驗，則揚雄的「善惡混」亦爲先驗；其三，告子主張「性無善，無不善」，乃是「知性」，但是「發端未竟」❾❻，沒有進一步發揮。因此，龔自珍以告子「性」無「善惡」的闡發者自詡，把佛教的「自性清淨心」與告子的「性」無善、無不善圓通起來。他這樣寫道：

真心耶？妄心耶？答以妄心為依止，全妄卽真故❾❼。

「眞心」與「妄心」，自無差別；「善」與「惡」亦無差別，它們統一於人人具有的「自性清淨心」中。在這裏，龔自珍把無善無不善的人性當作不眞不妄、亦眞亦妄、「無善無惡」、「亦善亦惡」的「自性清淨心」，這樣，人性便成了永恒不變的精神本質。這是荒謬的。

---

❾❹ 同前。

❾❺ 同前。

❾❻ 〈闡告子〉，《全集》第一二九頁。

❾❼ 〈定盦觀儀〉，《全集》第三七七頁。

龔自珍雖闡發了告子「無善無不善」的人性論，但他認爲人性應該是「自私」的。他說：

天有閏月，以處贏縮之度，氣盈朔虛，夏有涼風，冬有燠日，天有私也；地有畸零華離，為附庸閒田，地有私也；日月不照人床闥之內，日月有私也。聖帝哲后，……究其所為之實，亦不過曰：庇我子孫，保我國家而已。何以不愛他人之國家，而愛其國家？何以不庇他人之子孫，而庇其子孫⑱？

「天有私」，「地有私」，「日月有私」，「聖帝哲后有私」，於是人人有「私」，「私」不僅存在於人心之中，而且存在於天地、日月之中；「私」不僅具有普遍性，而且具有永恆性。龔自珍肯定「自私」觀念，並把它作爲思想的普遍形式，而加到自然和社會身上，好像天地、聖哲都具有這種「自私」的觀念。以「自私」爲天經地義、顚撲不破的眞理，而具有近代思想的特徵。在龔自珍看來，「自私」與「大公無私」的區別是「人與禽」的區別！他這樣說：

禽之相交，徑直何私？孰疏孰親，一視無差。尚不知父子，何有朋友？若人則必有孰薄孰厚之氣誼，因有過從讌游，相援相引，款曲燕私之事矣。今日大公無私，則人耶？則禽耶⑲？

⑱ 〈論私〉，《全集》第九二頁。
⑲ 〈論私〉，《全集》第九二頁。

「禽」不知親疏，亦無差等，是徑直無私的。人知親疏厚薄，因此，有私。龔自珍以「私」爲天地、日月、人類的本性，是當時資本主義萌芽所帶來的人與人之間關係，在觀念形態上的反映。

在龔自珍看來，依據《詩經》的說法，人們對於「公」與「私」的關係的認識，基本上有這樣四種情況：一是「先私後公」，他說：「〈七月〉之詩人曰：『言私其豵，獻豜於公。』先私而後公也」[100]；二是「先公後私」，他說：「〈大田〉之詩人曰：『雨我公田，遂及我私。』〈楚茨〉之詩人曰：『備言燕私。』先公而後私也」[101]。三是公私並舉，他說：「〈采蘋〉[102]之詩人曰：『被之僮僮，夙夜在公，被之祁祁，薄言還歸。』公私並舉之也」[103]。四是公私互舉，他說：「〈羔羊〉之詩人曰：『羔羊之皮，素絲五紽，退食自公，委蛇委蛇。』公私互舉之也」[104]。龔自珍從「私」出發，基本上把「公」與「私」兩者的關係概括了。說明了「私」的合理性和永恆性，爲資本主義生產關係的出現製造輿論。

[100] 〈論私〉，《全集》第九二頁。
[101] 〈論私〉，《全集》第九二—九三頁。
[102] 〈采蘋〉疑是〈采蘩〉之誤。
[103] 〈論私〉，《全集》第九三頁。
[104] 同前。

從人性「有私」出發，他駁斥了宋明理學家把「情」看作「人欲」，看作惡的表現，而放入滅去之例，提出了「宥情」的「尊情」主張。他這樣說：

情之為物也，亦嘗有意乎鋤之矣；鋤之不能，而反宥之；宥之不已，而反尊之[105]。

對「情」由「鋤之」（即去情欲），而「宥之」（即寬容情欲），進而「尊之」。這個認識過程，就是他對理學漸漸違戾的過程。他認爲，「情」是一種自然的眞實情感流露，它在「一切境未起時，一切哀樂未中時，一切語言未造時，當彼之時，亦嘗陰氣沈沈而來襲心」[106]。這種「情」（「人欲」）是與生俱來的，人人具有的，因此是不能去之的、消滅的。龔自珍倡導，對於這種眞實的「情」，應該任其發展。他說：「夫我也，則發於情，止於命而已矣」[107]。不應該用各種辦法去限制每個人的性情，使每一個人的性情都得到充分的發揮。他說：「於是各因其性情之近，而人才成。高者成峰陵，碓者成川流，嫺者成阡陌，幽者成蹊逕，駛者成瀧湍，險者成峒谷，平者成原陸，純者成人民，……皆天地國家之所養也」[108]。成爲各各具有個性的各方面人材。這種「宥情」的思想，在當時具有要求個性解放的意義，富有時代的特徵。

[105] 〈長短言自序〉，《全集》第二三二頁。
[106] 〈宥情〉，《全集》第九〇頁。
[107] 〈尊命二〉，《全集》第八五頁。
[108] 〈與人箋五〉，《全集》第三三八—三三九。

（六）由相信「天」到求助於「心」

龔自珍原想借「天」的權威來推行自己的改革社會理想，但殘酷的現實使他的美好理想成爲泡影。因而，他從對外在「天」的權威的信賴，轉而求助於主觀的精神世界。企圖在佛教的宗教世界裏找到個人精神的終極解脫和普渡衆生。他這樣寫道：

所願佛加被我，佛證知我，佛提撕我，佛成就我，使我盡此一形，乃至千形萬形無量形，盡諸後有⑩⑨。

他把自己的嚮往寄托在佛的身上，祈求得到佛的啓示，依靠佛法的幫助，來實現自己的宿願。但是，歷史發展的辯證法並不是依龔自珍的「不可驟」而進行的，也不是依「立」—「反」—「初」的模式而轉動的。客觀社會在急劇地變化著，歷史到了一個大轉變的重要時刻。然而，龔自珍挽救社會危機的方案，又那樣軟弱而無生氣，他想望的那些改革措施，毫無付諸實現的希望。社會的出路在那裏？前途的渺茫、苦悶的心情，使他轉而於佛學的研究，企圖從佛的殿堂裏，找到精神的寄記和慰藉。

龔自珍對於佛學是進行過認眞研究的，江沅是他第一個佛學導師。他在一首詩中說：「先生讀書盡三藏，最喜《維摩》卷裏多淸詞」⑪⓪。他與江沅重刻《圓覺經略疏》，重輯《六妙門》。並

⑩⑨ 〈發大心文〉，《全集》第三九六頁。
⑪⓪ 〈西郊落花歌〉，《全集》第四八九頁。

對佛經進行校讎，「乃爲《龍藏考證》七卷，又以《妙法蓮華經》爲北涼宮中所亂，乃重定目次，分本迹二部，刪七品，存廿一品」⑪。作成於道光十七年(一八三七)春。他在詩中記道：「歷劫如何報佛恩？塵塵文字以爲門。遙知法會靈山在，八部天龍禮我言」⑫。又撰《龍樹三桠記》，詩說：「龍樹靈根派別三，家家榔栗不能擔，我書喚作《三桠記》，六祖天台共一龕」⑬。他經常讀佛經，甚至日誦「三普」，詩道：「車中三觀夕惕若，七藏靈文電熠若，懺摩重起耳提若，三普貫珠纍纍若」⑭。所謂「三普」，就是《普賢》、《普門》、《普眼》的文字。因此，在他的詩中，佛教的術語、名詞，順手拈來，十分貼切。梁啓超在《清代學術概論》中說：「龔自珍受佛學於紹升，晚受菩薩戒」⑮。這話是可信的，但於受佛學於彭紹升，而龔自珍自說受佛學於江沅，稍有出入。

龔自珍竟以自己是一個虔誠的佛教徒，他甚至把自己說成前生是信奉天台宗、日誦《法華經》的老和尚，由於還有夙因，因此，這個老和尚便轉生爲現世的自珍。因此可見他對佛教因果

⑪〈己亥雜詩·自注〉，《全集》第五一七頁。
⑫〈己亥雜詩〉，《全集》第五一七頁。
⑬〈己亥雜詩〉，《全集》第五一七頁。
⑭〈己亥雜詩〉，《全集》第五二〇頁。
⑮商務印書館舊版，第六〇頁。

報應、三世輪迴說的篤信。他在〈發大心文〉中也說：「我自諸劫以來，佛加被我，佛敎誨我，佛憶念我；我有眼根不見，耳根不聞，意根不覺；流轉生死，旋出旋沒，至於今生，今生更遲，何生可待？」[116]

龔自珍既以自己爲天台宗老和尚轉世，而他對天台宗的研究也很有造詣。他把客觀物質世界的諸現象（「法」），一律視爲虛妄不眞，而把「心」當作純然絕對的實體。在他看來客觀世界的千差萬別的諸現象都由「心」的「一念」所產生。龔自珍終於從迷信外在的「天」發展到對於內心的主觀精神的信仰。這個從「外」到「內」的轉變，在一定程度反映了封建社會沒落時期一個士大夫階層知識分子的內心的空虛。這是一個有啓發性的敎訓。

完成了上述轉變之後的龔自珍，認爲「心」是最眞實，最根本的。他寫道：「或問聖衆以何爲依止？答以心爲依止」[117]。就是說，客觀世界的一切都是由「心」所產生，依賴「心」而存在的。這樣，「心」就成爲龔自珍哲學中的本體了。

那麼，如何達到對於本體「心」的體認呢？在龔自珍看來，這種體認的過程也就是宗敎修煉的過程。在天台宗那裏叫做「止觀」。龔自珍這樣說：「欲知觀心（按卽「止觀」）三千具，觀

[116] 《全集》第三九二頁。
[117] 〈定盦觀儀〉，《全集》第三七七頁。

心卽假、卽空、卽中」[118]。所謂「空」、「假」、「中」(「中道」)是指「止觀」的體認方法。這是天台宗開創者智顗依據《中論》的「三諦」所闡發的思想。它原來的含義是說:「因緣所生法,我說卽是空。亦爲是假名,亦名中道義」。認爲一切事物都是沒有它存在的客觀基礎的,事物都是由因緣和合(各種關係條件的和合)所生起的假象,因爲它是一種不眞實的存在,所以叫做「空」;對於這種不眞實的存在的假象所立的名,就是「假名」;認識了這種「空」、「假」的道理,就達到了對於佛敎眞理的認識,叫做「中道」。其實,這三者說的是一碼事。它是以客觀事物(認識對象)的物質性爲虛空,然後達到主體「心」和本體「心」的結合和一致。

龔自珍認爲「止」(定)和「觀」(「慧」)都有三點(「空」、「假」、「中道」),並且相互分配。他在〈釋二門三點同異〉中寫道:

止門有三點者何?體眞止是止中空,隨緣分別止是止中假,息二邊分別止是止中中。觀門三點者何?空觀第一番說,假觀第二番說,中道正觀第三番說。心無前後,說須次第。……止配空,觀配假,止觀合配中[119]。

「禪定」的修煉和「智慧」的修煉都有三點:「空」、「假」、「中道」。所謂「禪定」的修煉,就是愛養「心識」,就是斷煩惱的初門[120]。龔自珍說:「我今先願斷種種心。何謂種種心?

[118] 〈最錄禪波羅蜜門〉,《全集》第四〇三頁。
[119] 《全集》第三七四—七五頁。
[120] 參見〈修習止觀坐禪法要〉,《大正藏》卷四六,第四六二頁。

瞋心差別有三：曰嫉惡心，曰怨懟心，曰難忍辱心。貪心差別有三：曰樂世法心，曰羨慕心，曰憶世法心。痴心差別有五：曰善感心，曰纏綿心，曰疑法心，曰疑因果心，曰昏沈心」⑫。所謂「觀」（智慧），就是策發「神解」的最好的方法。只有「止」、「觀」相配，才能達到對本體眞心的證悟。

其實，這是一種通過自我意識修煉的途徑，達到與本體合一，從而使自我意識的主體成爲本體。

因爲無人身的理性在自身之外既沒有可以安置自己的地盤，又沒有可與自己對置的客體，也沒有自己可與之結合的主體，所以它只得把自己顚來倒去：安置自己，把自己跟自己對置起來，自相結合，——安置、對置、結合。

龔自珍的「自我意識」相當於「無人身的理性」。這個「無人身的理性」的安置就是「眞心」；本體把自己跟自己對置起來，於是「心」有「眞心」和「妄心」的對立；然後本體自己跟自己結合，卽通過「止觀」或「觀心」，使「妄心」回復到作爲它自己本體的「心」，「全妄卽眞故」。其實，所謂「眞心」和「妄心」，都是一個自我意識在那裏顚來倒去。

但是，佛學也並沒有使得龔自珍解脫苦惱，找到出路。相反，中國封建社會的危機更加深

---

⑫ 〈發大心文〉，《全集》第三九三頁。

重，清朝統治者仍然昏庸腐爛，不可救藥。當他逝世的前一年，英國資本主義挑起了侵略我國的鴉片戰爭，使我國走向被侵略、被壓迫、被奴役的半封建半殖民地的道路，這就宣告了龔自珍所憧憬的那種補封建主義之「天」的方案的破產！

四、龔自珍思想的歷史地位和影響

自十九世紀中葉以來，對於龔自珍的評價，有譽之者，有貶之者。他死後不久，張維屛就說：

> 近數十年來，士大夫誦史鑒，考掌故，慷慨論天下事，其風氣實定公開之[122]。

由龔自珍所開的詩風、文風和政治風氣，在當時確有振聾發聵的作用。因而，後來梁啓超在《清代學術概論》中說：「晚清思想之解放，自珍確與有功焉；光緒間所謂新學家者，大率人人皆經過崇拜龔氏之一時期；初讀《定盦文集》，若受電然」[123]。晚清以來的政治家、思想家、文學家大都膺服龔自珍的詩文而受其一定影響。康有爲在光緒十四年（一八八八）寫的《廣藝舟雙楫》中，推「定盦之散文」爲有清之第一人，並由不喜《公羊解詁》的「今文經學」而成爲作《新學

---

[122]《國朝詩人徵略》。
[123]《清代學術概論》商務印書館舊版，第四四頁。

僞經考》、《孔子改制考》及《董氏春秋學》的今文經學家，可見其受龔自珍的影響。南社詩人柳亞子最推崇龔自珍的詩，譽稱爲「三百年來第一流」[124]，可謂貼切。

但是，作爲洋務派代表之一的張之洞在光緒二十九年（一九〇三）在一首詩中寫道：

理亂尋源學術乖，父仇子刦有由來。劉郎不嘆多葵麥，只恨荊榛滿路栽[125]。

張之洞在這首詩的自注中說：「二十年來，都下經學講《公羊》，文章講龔定盦，經濟講王安石，皆余出都以後風氣也。遂有今日，傷哉」[126]！其實對龔自珍來說，何止文章。今文、經濟無不爲張之洞所痛恨的風氣之先。龔自珍變法的理論思想形式是《公羊春秋》的今文經學，而其經濟政治思想猶如王安石倡導變法。他在〈己亥雜詩〉中說：「何敢自矜醫國乎？藥方只販古時丹」。自注云：「己丑殿試，大指祖王荊公（安石）上仁宗皇帝書」[127]。張之洞的指責倒是以正反面說著了龔自珍所開創的一代「風氣」的影響。

清朝大地主大官僚代表張之洞以龔自珍爲「父仇子刼」的「由來」，目爲「亂階」的禍首，自不足怪，值得注意的是曾經是進步思想家的章炳麟亦以龔自珍爲禍首，他針對龔自珍寫了這樣

---

[124] 〈論詩三絕句〉，《柳亞子詩選》。
[125] 〈咏學術〉，《張文襄公全集》卷二二七。
[126] 同前。
[127] 〈己亥雜詩〉，《全集》第五一三頁。

的話：

> 文辭側媚，自以取法晚周諸子，然佻達無骨體，視晚唐皮、陸且弗逮；以較近世，猶不如唐甄《潛書》近實。後生信其詐耀，以爲巨子；誠以舒縱易效。又多淫麗之辭，中其所嗜，故少年靡然嚮風。自自珍之文貴，則文學塗地垂盡，將漢種滅亡之妖邪[128]！

章炳麟攻擊之激烈，更甚於張之洞。這應該作何解釋呢？筆者看來原因有二：一是章炳麟推崇古文經學，力排今文經的「公羊學」，龔自珍的今文經學引起了章炳麟的不滿；二是作爲革命派代表的章炳麟，對於不排滿的改良是不能容忍的。章從排滿的民族主義立場出發以爲龔自珍主張對清王朝「補天」是妖邪，是使「漢種滅亡」的禍首是完全可以理解的。儘管章炳麟和張之洞對龔自珍所開的一代「風氣」作出了幾乎是同樣的結論。但是其出發點與立場卻是不同的。

「但開風氣不爲師」。他確實開了一代詩風、文風和議論政治、抨擊時弊的風氣。作爲文學家，他以一種無法遏止的激情、縱橫奔馳的調子、深刻犀利的筆觸，傾訴著對生活的無限的希望，鞭撻著社會政治的黑暗和腐敗，他那委婉而沉痛、失望而悲涼的精神世界，他那疾惡如仇而又處處碰壁的苦痛心情，既是近代社會存在的反映，也是封建專制主義統治下逐漸覺醒的知識分子不滿情緒的表露。猶如程金鳳說：「天下震矜定盦之詩」，「其聲情沈烈，惻悱遒上，如萬玉

---

[128] 出〈說林・下〉，《太炎文錄初編》卷一。

哀鳴，世鮮知之」⑫⑨。詩的思想內容與藝術表現，竟是那樣的高度融合，而又那樣的豐富多姿！

作爲經學家，龔自珍「旣受訓詁學於段（玉裁），而好今文，說經宗莊（存與）劉（申受）。……喜爲要眇之思，其文辭俶詭連犿，當時之人弗善也」⑬⓪。龔自珍之所以採取「今文經學」的形式，是因爲：「龔魏之時，淸政旣漸陵夷衰微矣；舉國方沈酣太平，而彼輩若不勝其憂危，恆相與指天畫地，規天下大計」⑬①。由於他們利用今文經學的思想形式是爲了挽旣倒之狂瀾，指天畫地以救時弊，梁啓超有這樣一句話，把問題的實質揭示無遺，他說龔自珍「往往引《公羊》義譏切時政，詆排專制」⑬②。正因爲這樣，所以，龔自珍的經學並不是正統的今文經學，他不僅反對讖緯靈異，用天文學知識說明日月蝕，而且好談政治、經濟，注意研究邊事。梁啓超說：

其精神與正統派之為經學而治經學者則旣有以異。（龔）自珍、（魏）源皆好作經濟談，而最注意邊事：自珍作〈西域置行省議〉，至光緒間實行，則今新疆也；又著《蒙古圖志》，研究蒙古政俗而附以論議（未刻）⑬③。

---

⑫⑨ 〈已亥雜詩·跋〉，《全集》第五三八頁。
⑬⓪ 《清代學術概論》商務印書館舊版，第四四頁。
⑬① 同前，第四五頁。
⑬② 同前，第四四頁。
⑬③ 同前，第四六頁。

以「經學」與「經濟」相結合，實是經世致用之學的貫徹，「故後之治今文學者，喜以經術作政論，則龔、魏之遺風也」[134]。梁啓超的這個評論是公允的。

作爲哲學家，龔自珍既沒有建構完整的哲學體系，也沒有提出超越前人的重要的哲學主張。在清朝統治者極力推崇理學和幾百年的文化專制統治下，在龔自珍的心目中，對王夫之等人的思想是並不很熟悉的。他要求變法和打破思想界一潭死水的局面，他要求個性解放和思想的自由，主體的「心力」，對他們更具有吸引力和便於接受。龔自珍曾這樣說：

> 天地，人所造，衆人自造，非聖人所造。聖人也者，與衆人對立，與衆人為無盡。衆人之宰，非道非極，自名曰我。我光造日月，我力造山川，我變造毛羽肖翹，我理造文字言語，我氣造天地，我天地又造人，我分別造倫紀[135]。

天地、日月、山川、人物以至文字言語、倫理綱紀都爲「我」所造。這是對自我價値的重視，亦是自我功能、作用的自覺。其實，自我發現、自我自覺的過程，便是哲學的自覺。但龔自珍在現實生活中的碰壁，改革希冀的無望，不得不轉自向內，以充分發揮主觀的能動作用來彌補外在現實力量的不足。但由於滄桑速變，命途短促，他沒有時間來構造較系統的哲學體系，也沒有深入

[134] 〈壬癸之際胎觀第一〉，《全集》第一二—一三頁。
[135] 同前。

研究哲學概念和範疇。因而，他的哲學思想顯得那樣的零碎、膚淺而又粗俗！

然而；龔自珍的逝世宣告了他的補君主社會之「天」的思想的破產，中國開始進入一個受帝國主義侵略、奴役的痛苦的歷史時期，它要求必須具有新的思維，能提出新的建國方案的集團來領導，進行民主革命，這是客觀歷史發展的必然，由此，便出現了向西方尋求眞理的一大批先進人物，他們用西方的進化論、天賦人權論作爲思想武器，同堅持君主專制制度的守舊頑固派作鬪爭，但是這些東西與「今文經學」的思想武器一樣，不久又敗下陣來，宣告失敗了。中國必須振作起來，實行變革，使先烈們的理想得到實踐。

原載《中國近代著名哲學家評傳》（上册），齊魯書社一九八二年版，第一—五三頁，與桑咸之先生合寫

中學爲體西學爲用論

——張之洞評傳

一、張之洞的生平

張之洞，字孝達，一字香濤，號壺公，晚年自號無競居士。直隸南皮人（今河北南皮），生於道光十七年（一八三七）的貴州興義府官舍，卒於宣統元年（一九〇九）。他出生於一個官宦家庭：曾祖父張怡熊，曾任浙江山陰縣知縣；祖父張廷琛，曾任福建古田知縣；父親張鍈，曾任貴州興義知府。其父因追擊、鎮壓遵義地區農民起義軍楊鳳的隊伍有功，死後清政府追贈他貴東兵備道、太僕寺卿。張之洞兄弟六人，他排行第四。

張之洞的一生可分爲三個階段。

(一)第一階段 清流派首領時期（一八三七—一八八一）

張之洞於同治二年(一八六三)中進士，是年二十七歲，授翰林院編修。之後，他曾擔任浙江鄉試的副考官、湖北學政、四川鄉試的副考官和四川學政等職務。同治六年（一八六七）他任浙江鄉試副考官時，許多著名的學者如袁昶、許景澄、陶模、孫詒讓、譚廷獻、王棻等都中舉。張之洞在湖北時講求經學，整頓學風，建立「經心書院」，提拔獎勵有眞才實學的人，頗得衆望。他在四川建立「尊經書院」，延聘名儒，分科講授，仿照阮元杭州「詁經精舍」、廣州「學海堂」的例規，手訂條教，並撰《輶軒語》和《書目答問》，作爲指導士子們讀書做學問和修養品德的讀本，曾產生較大的影響。在學政任上，他聘請通才宿士如繆荃孫、樊增祥、王文錦、王懿榮、鄭知聞、蒯光典、左紹左、易順鼎、袁寶璜、林國賡等教士子以治經門徑、通達時務。以後成爲戊戌變法運動六君子之一的楊銳就是「尊經書院」的優異生❶。

光緒五年（一八七九）補國子監司業，補授左春坊中允，轉司經局洗馬。這一年，俄國佔領新疆伊犁，清政府派崇厚去辦外交，崇厚簽訂了喪權辱國的條約，消息傳來，輿論大嘩。張之洞彈劾崇厚，提出了籌兵籌餉等建議，被兩宮召見，敕隨時赴總理衙門，以備諮詢。他同張幼樵（卽張佩綸）共同起草奏摺十九件，宣佈崇厚罪狀，使朝廷改派曾紀澤赴俄，重訂伊犁條約。據《抱冰堂弟子記》說：「時舉朝士大夫無一知外國交涉情形者，自此以後，京朝官始講求洋務矣」❷。這些話是他的弟子記述的，不免有些阿諛之詞，但總是一件好事。當時張之洞、寶廷、張幼樵、黃體芳稱翰林四諫，成爲清流派，張之洞爲清流派首領。他們慷慨論天下事，彈劾權貴，

❶ 見〈與王廉生談五少年〉，《書札一》，《張文襄公全集》卷二一四，以下簡稱《全集》。
❷ 《全集》卷二二八。

抵御外侮，是一股重要的輿論力量。慈禧也想利用這一輿論力量以箝制李鴻章。

(二)第二階段　後期洋務派時期（一八八一—一九〇七）

在這個階段中，張之洞先任山西巡撫，繼任兩廣總督，後任湖廣總督，其間曾任兩江總督一年零四個月。這是他作爲後期洋務派活動的主要時期，這一時期的活動主要是：

1.整頓山西吏治、嚴禁鴉片

光緒七年至十年（一八八一—一八八四）張之洞任山西巡撫。當時山西吏治腐敗，人民困苦，鴉片流毒非常嚴重。張之洞給友人書云：

> 山西官場亂極，見聞陋極，文案武營兩等人才乏極。吏事民事兵事應急辦之事多極。晋患不在災而在煙。有嗜好者四鄉十人而六，城市十人而九，吏役兵三種幾乎十人而十矣。人人枯瘠，家家晏起，堂堂晋陽一派陰慘敗落氣象，有如鬼國，何論振作有為，循此不已，殆將不可為國矣❸。

張之洞企圖扭轉風氣，整頓吏治。他一上任就勤考吏屬，振作革弊，劾罷貪縱害民的縣官，獎勵好的官吏，嚴禁鴉片，臚舉人材，編練軍隊，清查倉庫。山西的鐵運銷奉天、上海等地，陸運成本很高，改由天津出海，降低運費，在產鐵地籌辦煉鐵局講求冶煉。又創辦「令德堂」，聘請

---

❸〈與張幼樵〉，《書札一》，《全集》卷二一四。

王軒為主講，楊篤為襄校，楊深秀為襄校兼監院。關於此事的宗旨，張之洞曾有說明：「襄校責近經師，以漢學為本，監院責近人師，以宋學為本，務須體用兼勖，由淺及深，尤須嚴守規矩，禁絕嗜好，不准絲毫沾染書院惡習」❹。楊深秀後來成為戊戌變法運動六君子之一。「令德堂」仿照阮元「學海堂」、「詁經精舍」的規矩，專治經史古學，比起一般為考科舉、專學時文的書院要進步一些。

光緒十年（一八八四）法國侵略越南，邊疆告急，張之洞曾上疏建議戰守，請嚴督滇桂之戰，急修津廣之防。李鴻章、奕訢等主張妥協，左宗棠、張之洞和李鴻藻、張佩綸、黃體芳等都主戰。是年四月，清政府召張之洞晉京。張陳抗法事，多所贊畫。為了抵抗法國侵略軍，當時張之洞被調任兩廣總督。

2. 籌劃抗法，開辦洋務

光緒十年至十五年（一八八四—一八八九），張之洞任兩廣總督。他到廣州後，便加強防務，飭沿海督撫，嚴密防守。雲貴總督岑毓英，廣西巡撫潘鼎新出師督軍，六月，法國侵略軍佔臺灣基隆，張之洞奏請飭吏部主事唐景崧，往會劉永福，合軍擊法急越。張之洞認為「緩臺惟有急越，請爭越以振全局，又言牽敵，以戰越為上策，圖越以用劉為實濟」❺。朝廷採納張之洞的

❹ 許同莘輯：《張文襄公年譜》卷二，以下簡稱《年譜》。
❺ 《年譜》卷三。

建議，加劉永福爲提督，唐景崧五品卿銜。劉永福原是太平天國起義軍的一支，他是黑旗軍的首領，由於受清政府壓迫，退到越南，他這支黑旗軍驍勇善戰，屢創法國侵略軍。這次，劉永福接受了清政府的官職，抗擊法軍。在八月、九月連續打敗法國侵略軍。

光緒十一年（一八八五）三月，廣西軍在越南打了敗仗，潘鼎新也被免職，由蘇元春統其軍，張之洞奏請調提督馮子材，總兵王孝祺等援桂，駐鎭南關（現在的睦南關）。七十歲的老將馮子材到了鎭南關，制止了士兵潰散的現象，整頓各軍，激勵將士，共同抗擊侵略者，結果獲得大勝。而李鴻章卻於勝利之際，匆匆忙忙地同法國簽訂中法新約。

在中法戰爭中，「五月十一日上諭，廣西關外各軍，屢獲大勝，張之洞撥軍籌餉，用奏膚功，著賞戴花翎」。「八月，傳皇太后懿旨，張之洞在廣東辦事認眞，甚肯用心」❻。張之洞籌餉軍械，並設廣東水師陸學堂，創設槍炮廳，開礦務局。疏請大治水師，專款購兵艦等。這一時期，張之洞於光緒十二年（一八八六）在廣東設廣東繅絲局，於光緒十三年（一八八七）廣州設機鑄製錢局及銀元局，於光緒十五年（一八八九）在廣州設廣東織布局、廣東製鐵廠，這是張之洞辦洋務企業的開始。

光緒十二年（一八八六）張之洞創設了「廣雅書院」。廣東原有「端溪書院」，地址在肇

---

❻《年譜》卷三。

慶，張之洞聘請梁鼎芬主持「端溪書院」。後來總督衙門移到廣州，梁鼎芬率師生來到「廣雅書院」。後又聘請朱一新主講「廣雅書院」。當時，梁鼎芬因彈劾李鴻章主降獲罪，李一新奏請豫防宦寺流弊，彈劾李蓮英獲罪。而張之洞爲了激勵風氣，扶持正氣，不避非議而延聘梁、朱爲山長，主講。梁鼎芬、朱一新原是些守舊的學者，但是他們因彈劾權貴而獲罪期間，張之洞卻不念前隙予以延聘，顯出了他的氣度。

光緒十五年（一八八九）張之洞奏議建築蘆（溝橋）漢（口）鐵路。亟陳建築鐵路的好處，說是「中國大利之所萃也」❼。這個奏摺說動了德宗載湉。得旨報可。計劃北段由直隸總督主持，南段由湖廣總督主持，南北分段修，於是清政府調他任湖廣總督。張之洞到了湖北，便將原準備在廣東用的機器、經費挪到湖北，辦起漢陽鐵廠、湖北織布局、槍炮廠等。張之洞成爲後期洋務派的著名人物。

3. 積極辦洋務，鎮壓反洋教運動和義和團運動

光緒十五年（一八八九）至光緒三十三年（一九〇七），任湖廣總督。光緒十五年（一八八九）十一月底，張之洞到了湖北。張之洞到湖北後便積極辦起漢陽鐵廠、湖北織布局、槍炮廠等等民族工業，張之洞除創辦工廠外，還興修水利，改革幣制，使「財賦稱饒，土木工作日興」

---

❼《光緒十五年三月初二日兩廣總督兼廣東巡撫張之洞奏》，《洋務運動》第六册，第二五四頁。

❽。雖然由於政治制度腐敗，官僚機構管理人員不懂科學和管理以及貪污中飽，揮霍浪費，這些官辦企業相繼失敗，但是興辦民族企業的積極影響，則是不能抹煞的，它在客觀上還是移植了資本主義先進生產技術，訓練了技術人員和工人，促進了資本主義經濟的發展，爲近代中國新的生產方式的產生準備了條件。

張之洞既辦了槍砲廠，也編練過江南自強軍。早在光緒二十年（一八九四）調任爲兩江總督期間，光緒二十一年（一八九五）他就編練江南自強軍，地點在徐州，軍官全用德國將校，軍隊人數達到一萬人。全用西法操練。光緒二十七年（一九〇一），江南自強軍奉旨調紮山東，歸了袁世凱。

隨着帝國主義勢力的入侵內地，洋教士也滲透到各大中小城市，他們霸佔田地，欺壓人民，爲非作歹，橫行鄉里，激起了中國人民的憤怒，反洋教運動不斷在各地興起。對於中國人民這場反對帝國主義侵略的鬪爭，張之洞從始至終扮演着一個不太光彩的角色。他在湖廣總督任內，堅決鎭壓了人民羣衆的反洋教運動，竭力保護帝國主義在華的利益，維持清朝的封建統治。光緒十七年（一八九一）六月發生武穴教案，張之洞調兵彈壓，捕捉監禁十多人，殺死二人。七月發生

---

❽《清史稿·張之洞列傳》。

宜昌教案，張之洞令地方官捕獲十二人，十月殺死哥老會首領高德華等。光緒十八年（一八九二）五月發生麻城教案，結果判兩人死罪。光緒二十四年（一八九八年）發生了利川、長樂、石門三縣的人民大規模的反洋教運動，打出「滅洋」大旗，攻陷縣城，擄去知縣，燒毀教堂。運動遭到殘酷鎭壓。但是，屠殺鎭壓並不能使人民屈服。張之洞在致友人信中說：「湖北一省教案疊出，情形皆甚重要，纏擾不休。……會匪蘗芽長江下游一帶，幾成巨患，幸嚴緝敗露，誅渠魁數人，近已解散，然根株已深，終爲江湖五省日後之患」❾。這裏透露了張之洞的憂慮及無可奈何的哀嘆。

甲午戰爭失敗後，張之洞上了〈籲請修備儲才摺〉，提出了練陸軍，治海軍，造鐵路，分設槍砲廠，開學堂，講商務，講工政，多派游歷人員，預備巡幸之所等項建議❿。希望朝廷變法圖治，又〈密陳結援要策片〉提出要聯合俄國，企圖聯俄來對付別的帝國主義國家，不啻爲異想天開。

由於張之洞在甲午戰爭後慷慨激昂議論國事，人們便誤認爲他是變法派，當時維新派首領康有爲於光緒二十一年（一八九五）十月，曾到南京，見張之洞，希望他能支持強學會。當時張之

❾〈上閻丹初先生〉，《書札二》，《全集》卷二一五。

❿參見〈奏議三十七〉，《全集》卷三七。

洞則表示贊同，並準備捐款資助。但是當他看到慈禧下決心排除帝黨後，他就借口康有爲談論今文經學主張孔子改制說，和他平素學術主張不合，拒絕捐款，退出學會。

光緒二十四年（一八九八）是維新派發動戊戌變法運動的一年，張之洞早在三月份便動手寫《勸學篇》，要旨在「正人心，開風氣」。翰林院編修黃紹箕⑪以此進呈，上諭「持論平正通達，於學術人心，大有裨益……各省督撫、學政……廣爲刊布，實力勸導，以重名教，而杜卮言」⑫。這本書風行海內。此書所謂的「正人心」就是排除維新派鼓吹的民權觀，而「開風氣」是指學習西方的鐵路、礦務、商務、學堂等。戊戌變法失敗後，凡是與維新運動有牽連的官吏、人士一個個遭到懲處，唯獨張之洞免議，其原因便是《勸學篇》作了他的護身符。張之洞和維新派是有些關係的，也參加了一些活動，但張之洞對維新派鼓吹民權觀，一直持反對態度，這說明張之洞是一個保皇派。

光緒二十六年（一九〇〇），北方掀起了義和團運動。義和團還在山東、河北剛發動時，張之洞便主張堅決鎮壓，採取「剿」的方針。清廷對義和團的態度分爲兩派：一派是端王載漪、莊王奕勛，大學士徐桐、剛毅等主張招撫，利用它來消滅洋人勢力；另一派是軍機大臣王文韶，

⑪ 黃紹箕是張之洞的好友黃體芳的兒子，張之洞的三兄張之淵的女婿。

⑫ 〈上諭〉，《全集》卷二〇二。

戶部尚書立山，兵部尚書徐用儀，吏部侍郎許景澄，太常寺卿袁昶主張鎭壓。許景澄、袁昶是張之洞的門生，後來在義和團運動中被殺。當時的兩廣總督李鴻章、兩江總督劉坤一、山東巡撫袁世凱也都主張鎭壓，而張之洞則以鎭壓湖北人民的反洋教運動進行配合對義和團的鎭壓，他先後鎭壓了湖北天門縣，荆州府等地人民焚燒教堂、醫院的行動，還會同沿江各省奏請「力剿邪匪，嚴禁暴軍，安慰各使館」⑬，致電各國道歉，請美國調停。英帝國主義爲了保護長江流域一帶既得利益，便同張之洞等這批大官僚聯絡。上海富賈盛宣懷從中牽線搭橋。劉坤一、張之洞於是年同英帝國主義簽訂了東南互保章程，兩廣總督李鴻章，四川總督奎俊，閩浙總督許應騤也加入了東南互保的行列。經過一番爭執，清廷最終也承認了這個章程。自此張之洞對於一切危及帝國主義和旣得階級利益的行爲，都採取否定的態度。章程簽訂不久，張之洞就將自立軍的首領唐才常、林圭等二十等人捕獲，秘密殺掉⑭。同時，在張之洞指揮下，湖北其他各處也捕殺自立軍、哥老會多人，湖南安徽各地也爲此捕殺了不少人。張之洞就靠這樣的鎭壓獲得了慈禧的更大寵信。他還起草了一篇〈勸戒上海國會及出洋留學生文〉，勸在日本的留學生不要受康、梁邪說的迷惑，不要隨聲附合，而應悔悟歸正，留日學生推舉沈翔雲寫了〈覆張之洞書〉，批駁張之

---

⑬《年譜》卷七。

⑭唐才常（一八六七—一九〇〇）與譚嗣同一起，在湖南推進維新運動。譚嗣同被殺，唐決心推翻那拉氏統治。一九〇〇年初唐、林圭等在上海建立「正氣會」，後改爲自立會。在漢口設武裝起義機構，事被張之洞偵知，被捕後殺害。

洞：「既懼亡國大夫之誚，又羞蒙殺士之名」，「公誠狼狽不堪」，這話擊中了張之洞的心理狀態，是一下重錘。沈翔雲進一步揭露張之洞說：「公之定此獄也，一則曰領事恨之，再則曰教士恨之，三則曰洋官、西士無不恨之，公以爲領事、教士、洋官、西士，其爲中國乎？其爲彼國乎？何大惑不解爲是也」⑮。把張之洞卑躬屈膝的面目刻畫得入木三分。

清廷在義和團運動和八國聯軍侵略北京的戰爭以後，一方面更加投靠帝國主義，推行「量中華之物力，結與國之歡心」的投降外交政策，出賣中國主權，以維持那卽將崩潰的政權；另一方面，又宣布要改弦更張，實行新政，以緩和中國人民的反抗，欺騙羣衆。光緒二十七年（一九〇一）五、六月張之洞、劉坤一會同連續上了三道奏摺：〈變通政治人才爲先遵旨籌議摺〉、〈遵旨籌議變法謹擬整頓中法十二條摺〉、〈遵旨籌議變法謹擬採用西法十一條摺〉，這就是有名的「江楚三摺」。第一摺講關於學堂科舉的事，如設文武講堂等；第二摺言整頓中法，如崇節儉等；第三摺採用西法，如廣派遊歷、練外國操等。「江楚三摺」乃是張之洞《勸學篇》「中學爲體，西學爲用」的綱領的具體化。力行新政，不背舊章。但是，其中有些項目如廢科舉、與學堂、勸留學、設商部、學部、辦實業等還是有利於資本主義發展，有利於資本主義文化思想的傳播的。

⑮《辛亥革命前十年時論選集》第一卷，下册，第七六四、七七〇頁。

光緒二十九年癸卯十二月（一九〇四年一月）清政府批准張之洞等〈奏定學堂章程〉，這是近代第一個以法令形式公布並在全國推行的學制。當時稱爲癸卯學制。即把普通教育分爲初等、中等、高等三級，修業期長達二十五年。早在光緒二十七年（一九〇一）清政府將各省城書院改設大學堂、各府及直隸設中學堂，各縣改設小學堂。與此相聯繫，光緒三十一年（一九〇五）九月張之洞奏請停止科舉，以興學校，政府詔准，自光緒三十二年（一九〇六）開始。所有鄉試會試及各省歲考一律停止，一切士子皆由學堂出身，結束了延續一千多年的科舉制度。

庚子以後，張之洞的政治地位愈加顯要，光緒二十七年（一九〇一）清廷中央成立政務處，張之洞和劉坤一以封疆大臣遙領督辦政務大臣。十月張之洞、袁世凱，加太子少保。光緒二十八年（一九〇二）張之洞以湖廣總督兼督辦商務大臣。上年李鴻章卒，本年劉坤一卒，張之洞再任兩江總督，光緒二十九年（一九〇三）張之洞到北京，欽定爲經濟特科閱卷大臣，後回到湖廣總督任。他後來的精力放在鐵路的興建上。光緒二十四年（一八九八）開始的蘆漢鐵路到光緒三十一年（一九〇五）三月完成，全長一千二百一十四公里。接着籌建粵漢鐵路、川漢鐵路。

(三)第三階段　任軍機大臣時期（一九〇七—一九〇九）

清朝政府眼看着革命派勢力愈來愈大，立憲派積極爭取更大的權利，工農羣衆反帝制反封建運動日益高漲，爲了延長清政府統治，拉攏民族主義分子，欺騙全國人民，慈禧假惺惺地宣佈「預備立憲」，光緒三十一年（一九〇五）派出五位大臣出國考察，光緒三十二年（一九〇六）宣佈官制改革，編纂憲法大綱，削弱地方官吏的勢力，於是便把當時權力最大的袁世凱、張之洞調來北京，爲軍機大臣。這是明升暗降。把張之洞調來北京，也包含着限制、牽制袁世凱的用意在內。朝廷的深意，張之洞也能體會到。這時張之洞年已七十一，衰老了。本來，有人議論，大局稍爲安定，張之洞在京可以從容端居，不料想，前有北京吳樾炸五大臣案，後有安徽徐錫麟刺恩銘案，沿江人心浮動，岌岌不可終日，清王朝已處於四面楚歌，萬分危險的政治局勢之中。張之洞到了北京，還沒有來得及對清朝補苴罅漏，光緒三十四年（一九〇八）慈禧、德宗載湉相繼死去。當時溥儀只有三歲，醇親王奕環攝政。本來，隆裕皇后準備殺掉袁世凱，由於張之洞反復開陳，才命袁回籍養痾。張之洞退語人曰：「主上沖齡踐祚，而皇太后生殺黜陟之漸，朝廷有誅戮大臣之名，非國家之福。吾非爲袁計，乃爲朝廷計也」[16]。這樣，袁世凱暫時潛伏下來。宣統元年（一九〇九）張之洞任督辦粵漢、川漢鐵路大臣，與英、德、法銀行團簽訂了借款條約，保路運動在全國達到了高潮。保路運動到了宣統三年（一九一一）成爲辛亥革命爆發的導火線。張之洞卻在宣統元年（一九〇九）八月便去世了。他一生的勞碌掙扎並沒有挽救清王朝的覆滅。

[16]《年譜》卷一〇。

張之洞的著作，後由許同莘編爲《張文襄公全集》二百二十九卷，王樹楠於戊辰民國十七年（一九二八）仲春刊刻，北平文華齋刊。

二、張之洞的政治思想

(一)維護清朝專制統治的思想

張之洞仕途順利，官運亨通，成了後起的洋務派要人，與李鴻章並駕齊驅。這種政治地位決定了他的政治思想的核心是忠君。這種思想體現在《勸學篇》中，該篇有一章叫〈敎忠〉，通篇是粉飾太平的話，明明是朝廷苛捐雜稅，官吏敲詐勒索，民不堪命，他卻粉飾說薄賦，寬民；明明是濫施刑法，草菅人命，他卻美化說「立法平久，其仁如天」；明明是大興文字獄（如詩案沈德潛遭到剖棺戮屍。史禍案莊廷鑨株連七十多人），文化思想界噤若寒蟬，一片沉寂，他卻硬說：「本朝對士大夫最厚」，「待士有禮，既不失刑，亦不辱士」[17]。張之洞的辯護是徒勞的，它掩不住人民的耳目。

甲午戰爭失敗後，維新派康有爲自發動公車上書起，曾連續向皇帝上書，要求變法，設制度

[17] 以上均引自〈敎忠第二〉，《勸學篇上》，《全集》卷二〇二。

局、設十二部，實行君主立憲制，挽救民族危亡。張之洞對改良派所宣傳的民權、議會進行了猛烈的攻擊。他說：

今日憤世疾俗之士，恨外人之欺凌也，……於是倡為民權之議，以求合羣而自振。嗟乎，安得此召亂之言哉！民權之說，無一益而有百害⑱。

在他看來，「中國華商素鮮鉅貲，華民又無遠志」，根本不需要議院，資本家開辦工廠，建立公司，紳商開辦學堂，書院，也不必「有權」，練兵制械屬於國家專營，人民更不必插手。張之洞認爲從與辦各業來看，還是君主專制制度最好。他說：「民權之說一倡，愚民必喜，亂民必作，綱紀不行，大亂四起」⑲。他認爲用民權觀來鼓吹變法，是莠民邪說。還認爲人們對西方的議會，自由等都理解錯了。他說：

考外洋民權之說，所由來，其意不過曰國有議院，民間可以發公論，達衆情而已，但欲民申其情，非欲民攬其權，譯者變其文曰民權，誤矣⑳。

所謂人人有自主之權的說法，按照西方基督教的教義來看，其意是「言上帝予人以性靈，人人各

⑱《正權第六》，《勸學篇上》，《全集》卷二〇二。
⑲同前。
⑳《正權第六》，《勸學篇上》，《全集》卷二〇二。

有智慮聰明，皆可有爲耳，譯者竟釋爲人人有自主之權，尤大誤矣」㉑。維新派從上帝的兒子，人人平等，引伸到在社會上人人應平等，人人有自主之權。張之洞又從人人有自主之權還原爲上帝給予人的性靈。

還有里勃而特（Liberty）「猶言事事公道於衆有益，譯爲公論黨可也，譯爲自由，非也」㉒。張之洞經過這麼一番語意學的訓詁，認爲中西翻譯意義的差誤，這樣一解釋，倒眞的把原意弄得面目全非了。

他認爲法國「承暴君虐政之後，舉國怨憤，上下相攻」，不得已才改爲民主。而「我朝深仁厚澤，朝無苛政」，根本不需要「倡此亂階，以禍其身，而並禍天下哉」㉓！

在維新派看來，中國君主專制制度的弊病在上下相絕，君民塞而不通，意見反映不上去。而照張之洞看來，中國一套官僚機構卻也可全按舊制，暢通得很，「但建議在下，裁擇在上，庶乎收羣策之益，而無沸羹之弊。何必襲議院之名哉」㉔。已是十全十美，政治何須改革？

早期改良主義者何啓、胡禮垣專門寫了《勸學篇·書後》，指出「終足以阻新政之行者，莫

㉑ 同前。
㉒ 同前。
㉓ 同前。
㉔ 〈正權第六〉，《勸學篇上》，《全集》卷二〇二。

若《勸學篇》」。這是有道理的。

他認爲維新派、革命派爭取民權的運動大逆不道。他誣維新派「無非襲康梁之唾餘，曰人人有自主之權，曰不受朝廷壓力，曰流血以成大事，所談無非慘礉凶險之辭，所傳無非誣罔不道之語，所謀無非犯上作亂之事」㉕。在張之洞看來，康黨也好，孫中山也罷，起來改革、革命，中國一定要亂，所以要堅決鎮壓。他說：

康黨尚熾，孫文又與合夥，目下孫黨潛入長江助之勾煽，正在密詗嚴防㉖。

又說：

今日沿江沿海無人敢昌言聲罪攖康之鋒者，昌言攻討者獨鄙人耳㉗。

他對自己鎮壓革命的行動是頗爲自豪的。

張之洞對太平天國運動懷着刻骨仇恨，曾咒罵太平天國洪秀全、楊秀清是「發賊」，「毒天下」，汚蔑太平天國「殺害同種如草莽」㉘。他認爲外國侵略和農民起義，兩者比較起來，農民運動是心腹之患，外國侵略是肢肘之患，他說：「邪說暴行，橫流天下……吾恐中國之禍，不在

㉕〈咨出使日本國大臣送勸戒國會文及示稿〉，《公牘十九》，《全集》卷一〇四。
㉖〈致鹿滋軒〉，《書札》四，《全集》卷二一七。
㉗同前。
㉘〈學堂歌〉，《公牘二十一》，《全集》卷一〇六。

四海之外，而在九州之內矣」㉙。

上世紀七十年代到九十年代，人民羣衆反洋教鬪爭興起，張之洞身爲湖廣總督，幾乎在他所管轄的地區，反洋教案件層出不窮。他認爲：「要在修政，不在爭教」㉚。「查西人傳教，乃條約所准行，久已中外相安，民人入教與否，聽其自便，西人亦不強人必從其教，教堂如實有不近情理，不合條約之事，盡可稟官照會查辦，何得揑造不根之言，惑衆生事」㉛？他以傳教自由，而行爲侵略者，辯護之實，他的行爲實際效果，是准許外國傳教士進行文化侵略，而不許中國人民進行抵制和反抗。

歷史發展的必然邏輯是不可抗拒的。人民羣衆的革命風暴，終於於一九一一年推翻了腐朽的清王朝，結束了君主專制制度，有意思的是，張之洞近二十年竭盡全力撲滅羣衆革命的火焰的兩湖地區，卻成了辛亥革命武昌首義的地區。這是張之洞所始料不及的，也是歷史給張之洞高壓政策的一個嘲笑。

(二)謀富求強的「洋務」思想

外國資本主義入侵中國，使中國日益淪爲半封建半殖民地社會。清王朝主權喪失，政治腐

㉙《勸學篇·序》，《全集》卷二〇二。

㉚〈非攻教第十五〉，《勸學篇下》，《全集》卷二〇三。

㉛〈查辦湖南刊布揭帖僞造公文一案摺〉，《奏議三十二》，《全集》卷三二。

敗，國勢衰弱，張之洞也感到局勢嚴重：「今日之世變，豈特春秋所未有，抑秦漢以至元明所未有也」㉜。與西方資本主義的發展相比，中國「於是相形見絀矣」㉝。那末，如何使中國富強呢？按照洋務派的觀點，中國政治制度無容懷疑，是文明的，先進的，所以趕不上西方，只是由於器械落後。因此，洋務派提出要學習西方的船堅炮利以及開礦、修鐵路、發展商業，還有外語、國際公法等等，以便通商、交涉、制器。設同文館，翻譯西書，就是爲了上述目的。張之洞就是沿着這條路走的。

張之洞在《勸學篇下》所說的「西學」實際上還是辦洋務。他分爲士、農、工、商、兵五學。士，要廢科舉，辦學堂，學西方科學技術、商務、外交，派留學生出國；農，採用化學肥料，精製農器，辦農務學堂，推廣新法耕作，提出對茶絲棉麻都用機器製作，以抵制外國；工，搞工業，培養技術人才；商，設商會，訂商律，設商務大學堂。他說：「外國工商兩業，相因而成，工有成器，然後商有販運，是工爲體，商爲用也」㉞。對工業資本主義的作用和地位稍有認識；兵，學習西方先進軍器及機械的使用，西方操練訓練士兵的方法，辦武備學堂等。還有礦務和鐵路。他認爲鐵路是貫通五學，促進五學發展的工具。他舉例說：「如人之一身，氣脈暢通而後有運動，耳目聰明

㉜《勸學篇・序》，《全集》卷二〇二。
㉝〈益智第一〉，《勸學篇下》，《全集》卷二〇三。
㉞〈農工商學第九〉，《勸學篇下》，《全集》卷二〇三。

而後有知覺，心知靈通而後有謀慮。耳目者，外國報也；心知者，學堂也；氣脈者，鐵路也」㉟。

在這種思想指導下，他辦了槍炮廠，紡紗、織布、繅絲、製麻四局，鐵廠、鐵路以及相應的辦了武備，農、工、商、軍、醫、鐵路，方言諸學堂，派選學生出國，注意翻譯外國書籍等等。他的經營煞費苦心，而成效卻甚微。這是爲什麼？這個問題，張之洞是無法回答的，他不懂得資本主義與君主專制是不相容的，不廢除君主專制制度，要發展工商業，是不可能的。他既嚮往西方的資本主義經濟和發達的科學技術，又要保住中國的君主專制，那就只有失敗一途。

三、張之洞的哲學思想

當張之洞成爲洋務派代表人物之日，也是改良派維新變法運動高漲之時。正如他在政治上對改良派運動採取圓滑態度一樣，張之洞在思想理論上也採取偷樑換柱的手法，在不否認學「西學」的情況下，提出「中學爲體，西學爲用」的主張，堅持、維護封建主義舊文化。這雖與頑固派抱着「祖宗之法不可變」的態度有異，但能殊途同歸。那麼，張之洞爲什麼提出「洋務中興」的治國方案？反對改良派新文化的理論基礎是什麼？「中學爲體，西學爲用」的實質何在？回答這些問題，便需要從張之洞的哲學思想中去尋找答案。

㉟ 〈鐵路第十二〉，《勸學篇下》，《全集》卷二〇三。

(一)天能示儆論

「天命」論是一個古老的哲學範疇，殷代卜辭中，就把其建國的原因，歸結爲「天命」。卜辭記載：「帝其乍(作)王禍。帝弗乍(作)王禍」㊱。先秦時，天道觀成爲哲學上論爭的重要問題，荀況提出「明於天人之分」，較正確地解決了天人關係問題，董仲舒提出「天人感應」目的論，而盛行於漢代。後經歷代元氣論者王充、劉禹錫、王安石、王廷相等的批判，天命論可以說已是體無完膚。張之洞拾「天命論」之牙慧，作爲他對抗資產階級維新變法的工具。他認爲，世間的一切是由「天」支配、主宰的。他這樣說：

> 星辰交異，正由上天仁愛人君，因事垂象，俾得早為之備……《春秋傳》曰：齊有彗星，晏嬰曰：君無違德，方國將至，何憂於彗。……若不加儆豫防則為禍，若因此而增修政事，益臻治安則轉可為福㊲。

彗星出現於參宿與井宿之間，而且入紫微垣(五月現，十月方退)，古人以紫微垣象徵皇帝所住的地方，這是不吉利的現象。盡管距垣區漸近，而彗星尾巴漸短，但卻是一種「彗星示儆」。由於「上天」仁愛人君，出現彗星以示垂象，告誡人君早爲防備，雖然「方今皇太后(慈禧)仁聖

㊱《殷虛文字乙編》一七〇一。

㊲〈星變修省勿過憂慮片〉，《奏議三》，《全集》卷三。

恭明勤勞庶政，皇上（德宗載湉）敦孝典學，日就月將，斷無失德，上干祲沴」㊳。太后、皇帝都沒有失政失德的地方，但按照「古來遇變修省之義，不外乎修德修政」㊴的傳統，還是應該「加儆豫防」的。如果不「加儆豫防」便會得禍，若「加儆豫防」，「修政事」就會得福。在這裏可以看出：一是「天」有意志、有人格，它可以通過天象變異的方法，或「示儆」，或「譴告」，來表達「天」的意志。這實是董仲舒「天人感應」目的論的繼承；二是人君要依據「天」的「示儆」，修德修政，避禍得福。否則，「天」便降禍，懲罰人君。在張之洞眼裏，「天」不僅具有賞善罰惡的職能，並且支配、主宰人事。

當然，「天」「示儆」的不同，「垂象」的有別，在張之洞看來，表示了「天」的不同意思：譬如，彗星的出現，是「天」要人君「除穢布新」，他這樣說：

蓋彗之取義，在於除穢布新，澄汰不職，滌蕩積弊，卽除穢也。登進賢良，奮發振作，卽布新也。㊵

彗星「應」在「除穢布新」。因此，張之洞陳三事：一曰用人，二曰武備，三曰禁衞。以用人而論，要「進賢退不肖，然不肖不去，雖有賢不得而用也。……而激濁揚清自大臣始，擬請聖明獨

㊳〈請修政弭災摺〉，《奏議三》，《全集》卷三。
㊴同前。
㊵〈星變修省勿過憂慮片〉，《奏議三》，《全集》卷三。

斷，默加審察，並飭軍機大臣，切實秉公考核，內而部院卿寺各堂官，外而將軍督撫諸大臣，其有蠹國害民，曠官廢事，庸昏鄙劣，物論不孚者，擇尤請旨，立予罷黜數人，以儆其餘」㊶。以照「天」意行事，趨福免禍。

又如，金星晝見發生地震，是「天」要「臣工指陳闕失」。張之洞寫道：

竊六月以來，金星晝見，雲氣有異。五月中旬，甘肅地震為災，川陝毗連，同時震動，東至西安以東，南過成都以南，縱橫二千里，臣惟金星主占，迥非歲星為福德者可比。……占候家言雖不可泥，然天象地理赫赫明明，合觀兩事，不可謂非上蒼之示儆也㊷。

康熙七年（西元一六六八）的時候，也曾出現金星晝見，復兼地震的情況，當時康熙皇帝下詔修省，令臣工指陳闕失，而史不絕書。方今，雖然太后、皇帝「敬天愛民，憂勤圖治，凡具有耳目心知者，無不深知，無不感戴，實不應有召致災沴之事。然而臣職未盡修，民困未盡蘇，外患未盡息，伏望聖心益加寅畏，堂廉交儆，敕戒羣臣，洗心奉職，以迓天庥」㊸。也應指陳闕失。於是，張之洞便陳四事：一曰納直言。修德之實在於修政，而修政必從善於納言開始。「伏望朝廷遇有直言，俯加優容，以來忠讜，此修政之首務也」㊹；二曰肅臣職，「臣聞地道，臣道也。春

㊶〈請修政弭災摺〉，《奏議三》，《全集》卷三。
㊷《奏議一》，《全集》卷一。
㊸㊹〈請修省弭災摺〉，《奏議一》，《全集》卷一。

秋地震必謹書之傳義，以為責在臣下，邇來中外臣工習為罷玩，或上有德意而不能宣布，或詔令已下而未見奉行，或屢蒙教戒而怙過不改」㊺。必須大整紀綱；三曰厚民生，養民為邦本，養民生有兩方面：一是選拔廉潔的官吏，二是省釐稅；四曰謹河防，「史傳所載，太白為變，亦或主水，今年黃河伏汛甚猛，河南省城外險工可危」㊻。因而，必須築堤防以防秋汛。

如果說，董仲舒的「天人感應」神學目的論有假天威以勸戒君主的意思，那麼，張之洞的「天人感應」論也有這個味道和作用。但是，慈禧和德宗已不是漢武帝，「天」的「示儆」也不能改變清王朝的腐敗；「天變」，儘管可以使皇太后「寢食不怡」，但已不能改變慈禧太后的既定政策。因此，張之洞借「星辰變異」、「因事垂象」的「天人感應」說，其客觀作用之微小，已是可想而知了。

但是，張之洞並沒有認識這種客觀效果的微弱，而他自己卻是那樣的虔誠和認眞，以至人們不能不相信他是信奉「天人感應」的。既然，「天」是世界的主宰者，支配着人間的禍福。那麼，只要人們虔誠地祈禱上「天」以乞福，上「天」是可以降福於人間的。他在〈祭伏羲文王周公孔子祈雨文〉中寫道：

㊺ 同前。

㊻ 〈請修省弭災摺〉，《奏議一》，《全集》卷一。

竊念晉省承饑饉薦臻之後，乃創痍未起之時，杼軸早竭其蓋。……某等職膺牧養，目怵孑遺，政事不修，和甘莫迓，己羣望之並走，盈罐未占，念光天而弗違。奉威以告，躬率長吏，同省咎愆，蘄資生資始之元功，紓不耕不菑之急難，於戲吏慶於庭，商歌於市，惟期閭澤之旁流，雷出於地，雲上於天，仰賴神明之幽贊，尚饗㊼。

祈禱「上天」降雨，而「天」固然下了雨。於是又有〈祭伏羲文王周公孔子謝雨文〉之作，可見，「天」不僅有意志，而且是能「感應」的。

在張之洞看來，所謂「天人感應」目的論，應包含兩方面的意思：一方面，從「天」來說，仁愛人君，因事垂象，譴告人們，要人君修政修德，以避凶趨吉；另一方面，從「人」來說，只要人們眞誠祈禱「天」以降福，「天」也會感人之誠，而降福人間。旣然「天」掌握了「人事」，也支配着人的命運，便是功名得失，也是「天命」所定，人們是無能爲力的。他說：

功名得失，自有命存，幸而得之，鄉里訢病，不足為榮。挾持誅求，毀家破產，亦不償失，不幸而敗，苟校罹刑，辱莫甚矣㊽。

得功名和不得功名，自有命定，卽使不該得而僥倖得到，也不爲榮。因此，人們應該應「天命」，而不要違「天命」。

㊼〈駢體文二〉，《全集》卷二二三。

㊽〈輶軒語・語行第一〉，《全集》卷二〇四。

在天命論思想支配下，他還相信世俗的風水迷信，當他的六弟由於吐血和瘧疾而死時，他在〈致兄文竹〉書中寫道：

> 不審家鄉塋地有何疾，以致連年人口傷損，深可慘駭。擬物色一精於堪輿者，明春同其回家一看方妙，大約是先太僕新塋或有不甚完全處，真令人不解也㊾。

以六弟的早亡，歸之爲祖墳墓地的風水有毛病，想找一個風水先生重新愼審一番。這當然是荒謬的。假如說擇「善地」能「福蔭於子孫」的話，爲什麼同一祖宗的墳地，其子孫有富貴貧賤、死生夭壽之別呢？倘若以塋地有疾，而擇風水寶地，便能改變生死壽夭，改人禍福、貴賤，豈不是專靠風水，就能得到一切嗎？這種風水塋地之論，雖經有識者揭露其自身與客觀現實之間的矛盾，但張之洞是相信風水的。從心理學上說，人們尋求偶然事件的原因，而相信風水，亦情有可原。

「天命論」，儘管是一個古老的哲學範疇，但由於近代中國社會的急劇發展，所以不論是進步的思想家還是保守的思想家，往往都匆匆忙忙地抓住它附會以自身的思想，表達自己的哲學觀點。因此，不同哲學家的天命論的內涵和意圖也是不同的。如果說，龔自珍曾假借「天」的權威，爲其改革政治尋找根據的話，那末，張之洞則用「天命論」以勸誡皇帝、太后，維護清統治，反對改革。張之洞認爲，清王朝不僅按「天意」行事，而且不斷「修政修德」，厲行「仁政」。他

㊾〈家書一〉，《全集》卷二二九。

說：「竊自夏間彗星示儆，省愆修德，下詔求言，乃邇日星象復有變異，上蒼仁愛，告誡如此，深切著明，若猶不急思弭災防患之道，則眞可懼矣」㊿。「上天」仁愛淸王朝，而沒有改變「天」授命於淸的命令，當然淸代的制度是不需要改革的，卽使改革，也只是根據「天意」而改；況且皇太后因星變而憂焦，以至寢食不怡，對「天」誠敬如此，「天」是會保佑我朝的。他說：

我朝邦基深固，天之所佑，必有與立51。

上天仁愛之懷，卽如近年俄事方棘，而俄主自斃，中華安如磐石，是天之眷顧中國，福祚我朝，信而有徵52。

「天」既然這樣福祚淸朝，眷顧中國，哪有什麼可改革的？如果改革，就是違「天意」。這便是張之洞「天命論」的實質所在。

㈡「道不變」論

「道之大原出於天，天不變，道亦不變」，歷來爲因循守舊、反對改革者奉爲至理名言，金科玉律。張之洞也加以引述，而且在《勸學篇》中予以發揮。這裏所謂「道」就是指君主制度、倫理綱常。他有這樣一段話：

㊿〈彊寄虛懸請早處置摺〉，《奏議三》，《全集》卷三。

51〈同心第一〉，《勸學篇上》，《全集》卷二〇二。

52〈星變修省勿過憂慮片〉，《奏議三》，《全集》卷三。

夫所謂道本者，三綱四維是也。若並此棄之，法未行而大亂作矣；若守此不失，雖孔孟復生，豈有議變法之非者哉[53]！

「三綱」就是君爲臣綱，父爲子綱，夫爲妻綱；「四維」便是禮、義、廉、恥。「道」就是「三綱四維」的抽象。在張之洞看來，「道」是根本，「道者，所以立本也，不可不一，此變法而悖道之藥也」[54]。「道」是不變的，一切都要統一到「道」上來，若變法，則是悖「道」之藥，是要不得的。

但是，張之洞知道在改良派維新變法的高潮中，一味負隅頑抗，不僅不能阻止變法的潮流，而只能被淹沒。所以，他耍了個花招，力圖把變法納入自己劃定的軌道。他甚至這樣說：

孔孟二子，亦將因所遇之時，所遭之變，而為當世之法，使不失乎先王之意而已。法者，所以適變也，不必盡同[55]。

孔、孟尚且根據當時所遭遇的時勢變化，改變舊法，「而爲當世之法」。既是「法」，何必盡同呢？意思是說，如今也是可以變法的，而且是「變而無弊」[56]的。打出一副擁護變法的樣子。

---

[53] 〈變法第七〉，《勸學篇下》，《全集》卷二〇三。
[54] 〈變法第七〉，《勸學篇下》，《全集》卷二〇三。
[55] 同前。
[56] 同前。

但他又說：

夫不可變者，倫紀也，非法制也；聖道也，非器械也；心術也，非工藝也[57]。

這就是說，具體的規章制度和器械工藝，是可變的；封建主義的「倫紀」、「聖道」、「三綱」、「四維」則是不可變的。「倫紀」、「聖道」之不變是為應「法制」、「器械」之萬變；「法制」、「器械」之萬變是衞護「倫紀」、「聖道」之不變。這便是張之洞所講究的以「不變應萬變」、以「萬變保不變」的方法。

何謂「變」與「不變」？從歷史上來考察，「變」，「徵之史，封建變郡縣，辟舉變科目，府兵變召募，車戰變步騎，租庸調變兩稅，歸餘變活閏，篆籀變隸楷，竹帛變雕版，籩豆變陶器，粟布變銀錢，何一是三代之舊乎」[58]。法制、文字、器械、貨幣都是可以變的，而「倫紀」、「聖道」則不可以變。變「倫紀」、「聖道」就導致失敗：

商鞅變法，廢孝弟仁義，秦先強而後促；王安石變法，專務剝民，宋因以致亂，此變而失者也[59]。

凡變「倫紀」、「聖道」的如「廢孝弟仁義」、「專務剝民」，都失敗。在這裏，張之洞是假借

---

[57] 〈變法第七〉，《勸學篇下》，《全集》卷二〇三。
[58] 〈變法第七〉，《勸學篇下》，《全集》卷二〇三。
[59] 〈變法第七〉，《勸學篇下》，《全集》卷二〇三。

歷史以爲「變」與「不變」之鑒，爲變法劃定範圍。

「變」與「不變」，不僅可徵之於史，而且可徵之於本朝（清王朝）。張之洞說：「關外用騎射，討三藩用南懷仁大炮，乾隆中葉，科場表判改五策，歲貢以外增優貢拔貢。嘉慶以後，綠營之外創募勇。咸豐軍興以後，關稅之外抽釐金。同治以後，長江設水師，新疆、吉林改郡縣。變者多矣。即如輪船電線，創設之始，訾議繁興，此時器若廢之，有不攘臂而爭者乎」[60]！在器械、科舉、兵制、稅收、郡縣等等方面具體制度有所改變。在張之洞看來，清朝不僅不斷地進行變法，而且是成功的。

張之洞認爲，「救時必自變法始，變法必自變科舉始。或曰：若變科舉，廢時文，則人不讀五經四書可乎？於是有獻學校貢舉私議者曰，變科舉者，非廢四書文也，不專重時文，不講詩賦小楷之謂也。竊謂今日科舉之制，宜存其大體，而斟酌修改之」[61]。小改而不大改，以培養人才，並「詔設學堂，以造明習時務之人才」[62]。以解決「人才益乏，無能爲國家扶危御侮」[63]的

[60] 〈變法第七〉，《勸學篇下》，《全集》卷二〇三。

[61] 〈變科學第八〉，《勸學篇下》，《全集》卷二〇三。

[62] 同前。

[63] 同前。

問題。

如果僅以此來看，張之洞似乎是個變法維新者。然而，張之洞之所謂「變法」，「窮則變，變通盡利，變通趣時」[64]，實是講辦「洋務」，即學一點西方資本主義的器械、工藝，來延續清王朝的君主統治而已。

「倫紀」不可變，「聖道」不可變，「心術」不可變，此三不變，則是張之洞思想的核心。他有這樣一段話：

列聖繼繼繩繩，家法心法，相承無改，二百五十餘年，薄海臣民，日游於高天厚地之中，長養涵濡，以有今日。試考中史二千年之內，西史五十年以前，其國政有如此之寬仁忠厚者乎[65]？

清王朝建國以來，雖在器械、科舉、兵制、稅收等方面不斷有所改變，但「家法」、「心法」相承無改，就是說「倫紀」、「聖道」、「心術」不能改變。

不僅清朝二百五十年來未改「聖道」，即使數千年來，也會如此。他說：

我聖教行於中土，數千年而無改者。五帝三王，明道垂法，以君兼師，漢唐及明，宗尚儒術，以教為政。……蓋政教相維者，古今之常經，中西之通義[66]。

[64] 〈變法第七〉，《勸學篇下》，《全集》卷二〇三。
[65] 〈教忠第二〉，《勸學篇上》，《全集》卷二〇二。
[66] 〈同心第一〉，《勸學篇上》，《全集》卷二〇二。

自五帝、三王、漢、唐、宋、元、明直到清朝，數千年來，聖教明道垂法，而無改變。可見，儘管朝代不斷更替，但「道」是永恆不變的。「道」，既是「聖教」、「聖道」，也是「三綱」、「五倫」。「聖教」、「聖道」不變，則「三綱」、「五倫」也不變。張之洞說：

三綱為中國神聖相傳之至教，禮政之原本，人禽之大防，以保教也㊲。五倫之要，百行之原，相傳數千年。更無異義。聖人所以為聖人，中國所以為中國，實在於此㊳。

「三綱」、「五倫」既是「禮政」、「百行」之原本，又是「聖人」之所以爲「聖人」，神聖相傳的「至教」。這個「聖道」，無疑是不可改變的。「倫紀」、「聖道」、「心術」相對於「法制」、「器械」、「工藝」來說，是「本」，即所謂「道本」。如果說「倫紀」、「聖道」、「心術」不變，「法制」、「器械」、「工藝」可變，則是變其毛髮、末節，而不變其根本。這種「變」，充其量只是數量、場所的變更而已，而其封建主義之「道」，即封建的根本制度，三綱五常，以及孔孟倫理是不變的。這便是「道」不

㊲《勸學篇・序》，《全集》卷二〇二。
㊳〈明綱第三〉，《勸學篇上》，《全集》卷二〇二。

變論。

(三)中體西用論

「中學爲體，西學爲用」，並非張之洞首先提出。馮桂芬在咸豐十一年（一八六一）左右，便提出：「以中國之倫常名教爲原本，輔以諸國富強之術」[69]。這是「中學爲體，西學爲用」的較早的表達。這種表達，偏重於介紹西學。因爲當時所謂「中學」，即封建主義思想，籠罩着整個思想界，在封建主義夾縫裏開闢出一條學西方的小徑，有著進步意義。

後來，李鴻章在同治四年（一八六五）又提出：「中國文物制度迥異外洋獉狉之俗，所以郅治國邦固丕基於勿壞者，固自有在。必謂轉危爲安，轉弱爲強之道，全由於仿習機器，臣亦不存此方隅之見，顧經國之略，有全體偏端，有本有末，如病方亟，不得不治標，非謂培補修養之方，即在是也」[70]。這段話是說：1.「中學爲體」，中國的文物制度比西方高明，三綱五常、君主專制制度不要動；2.機器仿習是救急的方法，是治標、是末，而不是治體、治本的手段，這便是「西學」爲「用」的意思，即用「西學」來挽救、鞏固清王朝危急的工具。

張之洞則比較系統、全面地發揮了「中學爲體，西學爲用」的思想，雖從本質上說，與李鴻

[69] 〈採西學議〉，《校邠廬抗議》卷下。

[70] 〈同治四年八月初一日奏摺〉，《洋務運動》〔四〕，第一〇頁。

章並無區別，但畢竟是比李鴻章明確多了。張之洞這樣說：

中學為內學，西學為外學；中學治身心，西學應世事，不必盡索之於經文，而必無悖於經義。如其心，聖人之心；行，聖人之行。以孝弟忠信為德，以尊主庇民為政，雖朝運汽機，夕馳鐵路，無害為聖人之徒也[71]。

「中學」爲「內」、爲「治身心」，卽治「本」；「西學」爲「外」、爲「應世事」、卽治「標」。只要以「孝弟忠信爲德」、「尊主庇民爲政」，卽使早上乘輪船，晚上坐火車，也還是個「聖人之徒」。這段話活生生地描繪出洋務派張之洞的衞道者典型心態，也道出了洋務派「中體西用」的實質。

那麼，何謂「中學」？在張之洞看來，便是「孔門之學」，他說：

孔門之學，博文而約禮，溫故而知新，參天而盡物；孔門之政，尊尊而親親，先富而後教，有文而備武，因時而制宜。孔子集千聖，等百王，參天地，贊化育，豈迂陋無用之老儒，如盜跖所譏墨翟所非者哉[72]！

孔學、孔政、孔教的要害就是「尊尊而親親」，「親親也，尊尊也，長長也，男女有別，此其不

---

[71] 〈會通第十三〉，《勸學篇下》，《全集》卷二〇三。

[72] 〈循序第七〉，《勸學篇上》，《全集》卷二〇二。

可得與民變革者也」[73]。孔學的「三綱五常」是永存的。

因而，所謂「中學」，實卽孔學、孔教。由此出發，張之洞唯尊孔學，罷黜百家。他說：「蓋聖人之道，……要歸於中正，故九流之精，皆聖學之所有也；九流之病，皆聖學之所黜也」[74]。把孔學說成集衆家之精，而黜九流之病的「聖學」。所以，他對各家學說都予以抨擊。他認爲，老聃「尙無事則以禮爲亂首，主守雌則以強爲死徒，任自然則以有忠臣爲亂國」[75]，是諸子中「最爲害政害事而施於今日必有實禍者」[76]，他這樣說：

> 獨老子見道頗深，功用較博，而開後世君臣苟安誤國之風，致陋儒空疏廢學之弊，啓猾吏巧士挾詐營私軟媚無恥之習，其害亦為最鉅，功在西漢之初，而病發於二千年之後。是養成頑鈍積弱不能自振之中華者，老子之學為之也[77]。

以老聃學說見道頗深，而爲害最甚。

莊周「齊堯桀，黜聰明，謂凡之亡不足以爲亡，楚之存不足以爲存」[78]。倡聖君堯和暴君桀

---

[73] 〈明綱第三〉，《勸學篇上》，《全集》卷二〇二。
[74] 〈宗經第五〉，《勸學篇上》，《全集》卷二〇二。
[75] 〈宗經第五〉，《勸學篇上》，《全集》卷二〇二。
[76] 同前。
[77] 同前。
[78] 同前。

一樣、存和亡也無別的相對主義；《列子．楊朱篇》：「惟縱嗜欲，不顧毀譽」；《管子》：「謂惠者民之仇讎，法者民之父母，其書羼雜僞托最多」；墨翟「除兼愛已見斥於孟子外，其〈非儒〉、〈公孟〉兩篇，至爲狂悍，〈經上、下〉、〈經說上、下〉四篇，乃是名家淸言。雖略有算學、重學、光學之理，殘不可讀，無裨致用。」；荀況「雖名爲儒家，而非十二子，倡性惡，法後王，殺《詩》、《書》，一傳之後，卽爲世道經籍之禍」⑲。以荀況非儒家正統，因此他的思想一傳之後，便有焚書坑儒之禍；申不害「專用術，論卑行鄙，教人主以不誠；韓非用申之術，兼商（鞅）之法，慘刻無理，教人主以不任人，不務德；商鞅暴橫，盡廢孝弟仁義，無足論矣」⑳。對於申、商、韓非抨擊很烈，旣不務誠、德，又盡廢孝、弟、仁、義，沒有可說的了。如此，則老聃、莊周、楊朱、管仲、墨翟、荀況、申不害、商鞅、韓非以及《呂氏春秋》、《晏子》、《戰國策》、孫吳、尹文、愼到等的學說，都不是孔學，也卽不屬張之洞所謂「中學」之列。

「老莊、管墨、荀韓之學害政害事，不能治國，惟有孔學，乃是治國之本，他說：「孔子誅亂賊，孟子明仁義，弟子布滿天下，而周祚延二百餘年。……至西漢而儒術大興，聖道昭明，功在萬世。東漢末造，名節經學最盛；……曹魏迄隋，江北皆尙鄭學，故北朝兵事紛紜，而儒風不

⑲ 以上均引〈宗經第五〉，《勸學篇上》，《全集》卷二〇二。
⑳ 同前。

墜。……唐韓子推明原道，擯斥佛老，尊孟子……至北宋而正學大明，學統文體，皆本昌黎，由是大儒蔚起……國脈既厚，故雖弱而不亡。宋儒重綱常，辨義利，朱子集其成。……明尚朱學，中葉以後，並行王學，要皆以扶持名教，砥礪氣節爲事，……明祚以延」81。由於孔學，國雖弱而不亡，雖危而祚延。從春秋而至清的社會歷史，也便是孔學發展的歷史。因而，中國必須以「中學爲體」。這個「體」，便以孔學爲核心，即封建君主專制的制度，以及與之相適應的「三綱五常」。但歸根結蒂，則是由「天命」決定的，由「天命」而「三綱」，由「三綱」而君主專制，因而產生了上一節忠君的政治思想。

「中學爲體」，已如上述。那麼什麼是「西學」？張之洞認爲，「西學」便是西方資本主義的技術知識，制造技藝、國際公法知識、商務知識等，不包括政治制度，政治、哲學思想。他說：

不可講泰西哲學，……西國哲學流派頗多，大略與戰國之名家相近，又出入於佛家經論之間。大率皆推論天人消息之原，人情物理愛惡攻取之故。蓋西學密實已甚，……近來士氣浮囂，於其情意不加研求，專取其便於己私者，昌言無忌。……假使僅尚空談，不過無用，若偏宕不返，則大患不可勝言矣，中國聖經賢傳無理不包，學堂之中豈可舍四千年之

81 〈同心第一〉，《勸學篇上》，《全集》卷二〇二。

實理，而騖數萬里外之空談哉82！

反對講西方哲學。認爲西方哲學不僅相似於戰國的名家，而且其「精闢之理，中國經傳多已有之」，因此，毋需學西方哲學，況且都是無用之空談，學之則有大患。因此，「立學宗旨」，是以「忠孝爲本，以中國經史之學爲基，俾學生心術以一歸於純正。而後以西學瀹其智識，練其藝能，務期他日成材，各適實用」83。以「中學」的「忠孝」爲「本」，而輔以「西學」的藝能。

張之洞的所謂「西學」，雖比單純的船堅炮利有所擴展，但比早期改良主義者的理解要狹隘得多，較資產階級改良派對「西學」的理解則要落後。如果說，改良派以「中學」爲「君主」，則以「西學」爲「立憲」的話，那末，張之洞則以「中學」爲君主專制，「西學」爲「洋務」。

至於「中學爲體，西學爲用」的所謂「體」與「用」的關係，張之洞是這樣說的：

講西學必先通中學，乃不忘其祖也84。

今欲强中國，存中學，則不得不講西學，然不先以中學固其根柢，端其識趣，則强者為亂首，弱者為人奴，其禍更烈於不通西學者矣85。

---

82 〈籌定學堂規模次第興辦摺〉，《奏議五七》，《全集》卷五七。

83 〈奮定學堂章程摺〉，《奏議六一》，《全集》卷六一。

84 《勸學篇·序》，《全集》卷二〇二。

85 〈循序第七〉，《勸學篇上》，《全集》卷二〇二。

今日學者，必先通經，以明我中國先聖先師立教之旨，考史以識我中國歷代之治亂。……然後擇西學之可以補吾闕者用之，西政之可以起吾疾者取之[86]。

「中學」爲根柢，爲祖宗，而「西學」爲補闕，這就是說，「中學」是根本，「西學」爲末節。如果不先明先聖先師立教之旨，而學「西學」，其禍患比不通「西學」者更烈。因此，「體」與「用」的關係，也是「本」、「末」，「主」與「次」的關係。

張之洞的「中學爲體，西學爲用」論，是在甲午戰爭失敗，洋務運動破產以後，戊戌變法那一年的春天刊行的，在戊戌變法的前夜，當頑固派圍攻改良維新派之時，張之洞也參加了頑固派攻擊民權觀的行列，在一本封建主義衞道者的集子——《翼教叢編》裏，收了他《勸學篇》中的幾章，可見，他同頑固派一樣站在維護清王朝統治集團中慈禧的一邊，與頑固派無甚差別。如果說，馮桂芬在四十年前「羼以夷說」，「不畔於三代聖人之法」，還是進步的話，那麼，四十年後張之洞「中體西用」論，不僅說明其洋務運動在軍事上、政治上的破產，而且表明洋務派在思想上與頑固派的同流合汚，已不起什麼進步作用了。

(四)道德倫理論

「中學爲體」，這個「體」，也叫做「本」。張之洞認爲改良派的「新學」是「不知本」，

---

[86] 〈循序第七〉，《勸學篇上》，《全集》卷二〇二。

因而「有非薄名教之心」[87]。「名教」便是封建的倫理綱常，當時譚嗣同便公然批判封建的綱常名教，他指出「三綱五常」是統治者用來奴役人民的工具，淸政府之所以敢於「虐四萬萬之衆」，就是「賴乎早有三綱五倫字樣，能制人之身者，兼能制人之心」[88]。據此而來的封建的道德倫理是箝制人民行爲與思想的繩索。他說：「君臣之禍亟，而父子、夫婦之倫遂各以名勢相制爲當然矣。此皆三綱之名之爲害也。名之所在，不惟關其口，使不敢昌言，乃並錮其心，使不敢涉想」[89]。而只有「獨夫民賊」，才喜歡三綱，他揭露說：「獨夫民賊，固甚樂三綱之名，一切刑律制度皆依此爲率，取便己故也」[90]。這無疑觸痛了張之洞一夥，他斥責此種言行爲「邪說暴行」，如果「橫流天下」，則禍患無窮，他說：「吾恐中國之禍，不在四海之外，而在九州之內矣」[91]。中國封建統治的危機不在外國侵略，而在國民衝破倫理綱常的束縛，而爭民權。因而，張之洞在《勸學篇》中特撰〈明綱〉，他寫道：

君為臣綱，父為子綱，夫為妻綱，此《白虎通》引《禮緯》之説也。董子所謂道之大原出

---

[87] 《勸學篇．序》，《全集》卷二〇二。
[88] 《仁學》，《譚嗣同全集》（增訂本），中華書局一九八一年版，第三三七頁。
[89] 《仁學》，《譚嗣同全集》第三四八頁。
[90] 《仁學》，《譚嗣同全集》第三四九頁。
[91] 《勸學篇．序》，《全集》卷二〇二。

於天，天不變，道亦不變之義本之。……故知君臣之綱，則民權之說不可行也；知父子之綱，則父子同罪免喪廢祀之說不可行也；知夫婦之綱，則男女平權之說不可行也㉒。

「三綱」是封建社會君權、族權、夫權的支柱，與之相適應的就是「忠」、「孝」、「節」、「義」等封建道德，如果說，三綱廢弛，那末，「民權」、「免喪廢祀」、「男女平權」等「邪說」，就會橫流，它不僅打亂了封建社會等級秩序，致使「子不從父，弟不尊師，婦不從夫，賤不服貴」㉓，而且會造成「犯上作亂」和「招來外患」，這樣，清王朝豈不危在旦夕？

因此，他對於廢封建倫理道德的「三綱」之說，深惡痛絕，他說：「近日微聞海濱洋界，有公然創廢三綱之議者，其意欲舉世放恣黷亂而後快，怵心駭耳，無過於斯」㉔！他深感「廢三綱」的「新學」對於封建倫理道德的威脅。

張之洞爲培養士子們道德倫理修養，而作《輶軒語》，他在〈序〉中說：「深者爲高材生勸勉，淺者爲學僮告誡」㉕。加強道德修養，並要人們做到：

1.「德行謹厚」 他說：「德行不必說到精深微渺處，心術慈良不險刻，言行誠實不巧詐，

㉒〈明綱第三〉，《勸學篇上》，《全集》卷二〇二。
㉓〈正權第六〉，《勸學篇上》，《全集》卷二〇二。
㉔〈明綱第三〉，《勸學篇上》，《全集》卷二〇二。
㉕《全集》卷二〇四。

舉動安靜不輕浮，不為家庭事興訟，不致以邪僻事令人告訐，不謀人良田美產。住書院者，不結黨妄為」96。人們應該「心術慈良」，「言行誠實」，「舉動安靜」，不險刻、不巧詐、不輕浮、不興訟、不邪僻、不謀財、不結黨、不妄為，這樣的人，顯然是安分守己，逆來順受的順民，是謹遵「三綱五常」的忠臣孝子，是不倡改良的因循守舊派。

2.「砥礪氣節」 他說：「士人立身涉世，居官立朝，皆須具有氣節，當言則言，當行則行，持正不阿，方可無愧為士。……氣節非可猝辨，必須養之於平日，惟寒微時即與正士益友以名節廉恥互相激發，則積久而益堅定矣。」97人們應該「言行一致」，「持正不阿」。為此，必須在平日或寒微的時候，便與好友以名節和廉恥相互激發。所謂「名節」和「廉恥」，便是封建的「忠」、「孝」、「節」、「義」等倫理道德和實行這種「忠」、「孝」、「節」、「義」的廉恥之心。

3.「人品高峻」 他說：「不涉訟，不出入衙門，不結交吏胥，不參預本州縣局事，……求功名不貪緣，試場不作弊，武生勿與帽頂（蜀人謂匪類為帽頂）來往，即為有品」98。他以為人品的高峻，便是不管世事，埋頭經文；不交吏胥，考試不作弊以及不與帽頂往來等。

---

96 〈語行第一〉，《輶軒語一》，《全集》卷二〇四。

97 〈語行第一〉，《輶軒語一》，《全集》卷二〇四。

98 〈語行第一〉，《輶軒語一》，《全集》卷二〇四。

4.「習尚儉樸」他說：「惟有力行節儉一策，嘗謂一鄉風俗視乎士類，果能相率崇儉，鄉里必有觀感，浮華漸除，生計自然漸裕城市，讀書人尤戒專講酬酢世故，即異日顯達仕宦，亦望以此自持，則廉正無欲，必有政績可觀」⑲。戒酬酢人情世故，以崇儉除浮華。如果爲士子認眞崇儉，即使以後作官爲宦，也會廉正自持，做出政績來。

只有進行這些道德修練，才能糾正「近今風俗人心日益淺薄」的情況，使人們謹行「三綱五常」，也使人們「安貧樂道」。可見，張之洞的道德倫理思想是爲維護淸王朝的君主統治服務的。

四、歷史的評價

歷史現象是複雜的。評價一個人的歷史功過也是如此。張之洞從淸流派厠身洋務派，當他是淸流派時，曾彈劾崇厚，批評李鴻章，主張抵抗侵略者。李鴻章對此頗爲不滿，但平心而論，他抵禦外國侵略者的立場和態度，嚴禁鴉片、謀富求強的洋務等，是應當肯定的。

當他出任封疆大吏後，便漸漸辦起洋務來。光緒十九年（一八九三）大理寺卿徐致祥奏湖廣總督張之洞辜恩負職。「方今中外諸臣，章奏之工，議論之妙，無有過於張之洞者。作事之乖，設心之巧，亦無有過於張之洞者。此人外不宜於封疆，內不宜於政地，惟衡文校藝，談經徵

⑲ 同前。

典，是其所長」[100]。其所指摘的，便是虧耗國帑，私自勸捐，五年間達數千萬兩。反映了辦洋務在輿論上所遭到的壓力，但張之洞並沒有屈服，而堅持辦洋務。張之洞自己也訴說：

自官疆吏以來，已二十五年，惟在晉兩年，公事較簡，此外無日不在荊天棘地之中，大抵所辦之事，皆非政府意中欲辦之事，所用之錢，皆非本省固有之錢[101]。

說明他與辦企業，處境困難。但辦洋務，客觀上促進民族工業的發展，於國家民族有利。

在政治上，張之洞善於見風使舵，頗得慈禧的賞識和恩寵。他對農民運動、反洋教鬪爭、維新改良派的改革和革命派的起義活動，都持反對立場，主張鎭壓。

他的哲學思想，較有影響的是其「中學爲體，西學爲用」論。此說在其《勸學篇》中作了系統的闡述。對於《勸學篇》，當時頑固派貴族徐桐曾認爲和康有爲近似，而大爲不滿。立憲派張謇解釋說：

徐相疵南皮《勸學篇》盡康說，南皮本旨，專恃新舊之平，論者誚為騎墻，猶為近似。若責為全是康說，真並此書只字未見者也[102]。

張謇以《勸學篇》爲新舊之說的調和派，恐也未妥。蘇輿倒是看到《勸學篇》的實質，而將其中

[100] 《年譜》卷四。
[101] 《抱冰堂弟子記》，《全集》卷二二八。
[102] 《張謇日記》第十九册，光緒二十六年二月十三日記。

幾篇收入《翼敎叢編》，稱揚「疆臣佼佼厥南皮，《勸學》數篇挽瀾作柱」⑩③。視《勸學篇》爲挽既倒之狂瀾的中流砥柱。《翼敎叢編》乃是圍攻維新派的論文集，張之洞的《勸學篇》則被認爲反民權思想的代表作。可見，從維護封建主義思想統治來說，洋務派和舊頑固派是共同的。但就程度而言，兩者稍異。

《勸學篇》影響廣大，因而被譯成外文，烏德勃銳基譯成英文，書名叫《中國唯一的希望》。熱羅姆·托巴爾譯成法文，在《漢學雜誌》第二十六期上發表。《勸學篇》之所以被翻譯發表，是因爲迎合了一些外國侵略者的需求或口味。魯迅先生曾揭露其中奧妙，他認爲外國侵略者「尊重」中國舊文化，是企圖「利用了我們的腐敗文化，來治理我們這腐敗民族」⑩④。「他們（外國侵略者——引者）對於中國人，是毫不愛惜的，當然任憑你腐敗下去。現在所說又很有別國人在尊重中國的舊文化了，那裏是眞正尊重呢？不過是利用」⑩⑤！魯迅的揭露，可謂一針見血。

早期改良主義者何啓、胡禮垣指出：《勸學篇》「不特無益於時，然而大累於世，……深恐似此之說出自大吏，……又害我中國十年」。其所謂「中學爲內學，西學爲外學」，則「不知無

⑩③《翼敎叢編·序目》。

⑩④〈老調子已經唱完〉，《魯迅全集》卷七，第四二四頁。

⑩⑤《勸學篇·書後》，《新政眞詮》。

其內，安得有其外」⑯。指出「中體西用」說起了阻止維新變法的作用，是「禍國殃民」的學說。梁啓超則揭露說：

挾朝廷之力以行之，不脛而偏行於海內，……，是嘵嘵嚅嚅者何足道？不三十年將化為灰燼，為塵埃野馬，其灰其塵，偶因風揚起，聞者猶將掩鼻而過之⑰。

以張之洞《勸學篇》的「中體西用」說爲臭不可聞的陳腐貨色。

嚴復則從哲學角度對「中體西用」論進行了批駁。他說：「體用者，卽一物而言之也。有牛之體，則有負重之用；有馬之體，則有致遠之用。未聞以牛爲體，以馬爲用者也。中西學之爲異也。……故中學有中學之體用，西學有西學之體用，分之則並立，合之則兩亡」⑱。以「中體西用」在邏輯上是不通的。「體用」是一致的、不可分割的。不能以「牛體」而有「馬用」。如果將「牛體」與「馬用」合而爲一物，便兩亡。只有分之，「中學」有「中學」的體用，「西學」有「西學」的體用，牛有牛的體用，馬有馬的體用，如此，「中體西用」是不合邏輯的。

「中體西用」，實是以不變應萬變。「中體」，卽封建專制制度是不變的；「西用」，卽

⑯ 同前。

⑰ 〈自由書〉，《飲冰室合集·專集》之二，第七頁。

⑱ 〈與「外交報」主人書〉，《嚴復集》（第三册），中華書局一九八六年版，第五五八—五五九頁。原載一九〇二年《外交報》第九、十期。

「西學」的技術是可採納的，是萬變。但萬變不離其宗。這「宗」，便是維護封建制度和封建主義的思想體系。它代表了君主專制制度下，一部分頑固守舊的官僚、地主集團的利益和需要，它推遲了中國向資本主義轉型的進程，延長了封建制度的壽命。對歷史的發展起著阻礙和消極的作用。中國近代的歷史實踐證明：「中學爲體」，是不行的，全盤歐化，也不成，但是，「中體西用」論，不僅在鴉片戰爭後的民主革命時期有很大的影響，而且在五四運動以後，也還有影響。因之「中體西用」說時時還魂。或「中國本位文化」說，或東方文化優越說等等，不時推向論爭的前沿。

不過，張之洞在敎育方面，曾起過一些積極的作用。他創辦的書院比那種純粹讀八股時文的舊館要好些，他既講究讀經，也講通達時務。不斷揭露科舉制度的弊病，積極主張廢除科舉，學習西方的自然科學，後來還籌劃了新的敎育制度。當然他提倡新的敎育制度，沒有涉及西方政治制度和哲學思想。馬貞榆說：「其學堂章程，名似取法泰西，實則復三代以前敎士之法，文武合一之道」[109]。此說，與實際較相符合。

總之，張之洞的「中體西用」論，是在中國封建倫理已被資本主義衝擊得支離破碎，而新的資本主義思想又爲封建當權派所痛絕的情況下產生的。他打著學「西學」的旗幟，骨子裏仍是維

---

[109] 〈祭張文襄公文〉，《張文襄公年譜》卷一〇。

護封建專制制度和三綱五常等倫理道德，以致與維新派相對立。隨著中國近代歷史的急劇變化發展，其進步作用很快消失，其保守性愈益明顯。

原載《中國近代著名哲學家評傳》（上册），齊魯書社一九八二年版，第二五七—三〇六頁，與桑咸之先生合寫

十九世紀末東方的人權宣言書

——譚嗣同思想述評

近代中國的歷史是外國侵略者與封建統治者逐漸結合，變中國爲殖民地與半封建的歷史；是中國人反帝制反封建革命的歷史。先進的中國仁人志士，他們爲了挽救國家民族的危亡，經過千辛萬苦，向西方國家尋找眞理。他們努力學習西方資本主義的政治和文化，並企圖按照西方資產社會國家的模型來改變中國的社會，以康有爲爲首的改良派的變法運動，就是這種企圖的一次嘗試。他們希望中國不要根本改變封建制度而發展資本主義。他們的主張在當時受到了許多人的贊許和擁護。譚嗣同就是這個維新變法運動中的激進派。

一、官僚家庭的子弟

公元一八六五年，譚嗣同出生在一個傳統的「仕宦世家」（其父譚繼洵官至湖北巡撫）。少年的譚嗣同受的是舊式政治倫理道德的教育。

譚嗣同五歲（一八六九）開始讀書，師事畢蒓齋。十歲從歐陽中鵠（號瓣薑）讀書。十七歲讀《易經》、《禮記》、《儀禮》、《周禮》等，開始有系統地學習中國傳統文化「經典」。

但他爲學博覽，同時致力於考據箋注、金石刻鏤、詩古文辭、並學習西方自然科學。亦「喜談經世略」，攻中國古兵法。跟大刀王五學習技擊劍術，而鄙薄「時文」（八股文）。一八八三年的春天，他重赴父親的任所——甘肅蘭州。閒讀《墨子》，深深地爲墨子的任俠精神所感動，又讀《莊子》，讚嘆莊子〈逍遙游〉的自由自在的思想與氣魄。而西北的一望無垠的草原與沙漠，更開拓了他大鵬搏擊九萬里的胸懷。在這邊塞廣濶的天地裏，「斗酒縱橫」，高談「覇王經世之略」❶。次年，爲了實現他「經世」的理想，到了新疆，在巡撫劉錦棠幕府中工作。不久，劉辭官。譚嗣同就開始了全國的旅行，以便「察視風土，物色豪傑」❷。往來於河北、新疆、甘肅、陝西、河南、湖北、湖南、江蘇、安徽、浙江、臺灣等省。在旅行中，增長了他的熱愛祖國大好河山的情感。他目見帝國主義的侵略和君主專制的壓迫、農村破產、人民飢寒的情況。因而，他覺得「風景不殊，山河頓異；城郭猶是，人民復非」❸。也就是在這一年，中法戰爭爆發，結果屈辱失敗，割地賠款。他面對著這個殘酷黑暗的現實，深感淸政府的腐敗和「夷狄」的可憎。

但是，這時的譚嗣同基本上沒有擺脫君主至上思想的窠臼。他在〈治言〉中認爲，夷狄之國

❶〈致劉淞芙書〉，《譚嗣同全集》三聯書店一九五四年版，第三七六頁。
❷梁啓超：〈譚嗣同傳〉，《戊戌政變記》第五編。
❸〈三十自記〉，《譚嗣同全集》第二〇六頁。

（指外國侵略者）本來沒有勝華夏之國（中國）的道理。只要「立中國之道」，就可以意誠、心正、身修、家齊、國治，而天下平了。因此他認爲天地可以變、朝代可以變，但道是不可變的。他說：

且世之自命通人，而大惑不解者，見外洋舟車之利，火器之精，劌心鉥目，震悼失圖，謂今之天下雖孔子不治。噫！是何言歟？自開闢以來，事會之變，日新月異，不可紀極。……今之中國，猶昔之中國也；今之夷狄情，猶昔之夷狄之情也。立中國之道，得夷狄之情，而駕馭柔服之，方因事會以爲變通，而道之不可變者，雖百世而如操左劵❹。

「道不可變」，這正是封建頑固派維護清朝統治，反對變法的思想武器。後來，他自己指出了這篇文章的缺點：「於中外是非得失，全未縷悉，妄率胸臆，務爲尊己卑人一切迂疏虛憍之論，今知悔矣」❺。

一八八九年，譚嗣同的父親譚繼洵升任湖北巡撫。第二年，他隨父到了湖北。在這期間，他一心研讀王夫之的《船山遺書》和黃宗羲的《明夷待訪錄》。黃宗羲和王夫之，是我國明末清初反抗清統治的進步的思想家。《明夷待訪錄》「爲天下之大害者君而已」，否定君主專制的民主

---

❹〈治言〉，《譚嗣同全集》第一〇九頁。
❺〈治言〉，《譚嗣同全集》第一〇三頁。

主義思想，《船山遺書》的氣一論與辯證法的思想。對譚嗣同思想有啓蒙的作用，他接受了王夫之的氣一元論，認爲天地萬物的根源是物質性的「氣」。他說：

元氣絪縕，以運爲化生者也，而地球又運於元氣之中❻。

世界萬物由「氣」的運動而產生，而喜、怒、哀、樂等心理精神現象，也是由「氣」的運動產生的。「氣行於五官百骸，形而爲視聽言動，著而爲喜怒哀樂」❼。在這裏包含了物質運動變化的辯證法思想。並且批判了佛教認爲世界爲「空寂」之虛妄，「釋氏」爲「末流」。但是譚嗣同並沒有把這些觀點作爲他的自然觀的基石。

在湖北，譚嗣同隨父拜謁了張之洞。參觀了張之洞在湖北所辦的洋務新政，了解了洋務的內容。但覺「船堅炮利」的洋務，並不能救中國。這樣他就更加注意閱讀介紹西方國情和自然科學的書籍，如《海國圖志》、《幾何原本》、《格致滙編》等。一八九三年，譚嗣同去北京，路經上海，與英人傅蘭雅認識。當時傅蘭雅擔任江南製造局翻譯，他便廣泛購買江南製造局翻譯館翻譯的自然科學書籍及外國地理、歷史、政治和耶穌教神學等書籍。努力學習西方知識，嚮往資本主義的富強，希望中國效仿資本主義的制度，發展工業和商業，他的思想便逐漸「翻然改圖」，從封建保守派的舊套中擺脫出來。

❻〈石菊影廬筆識〉，《思篇》，《譚嗣同全集》第二四七頁。
❼〈石菊影廬筆識〉，《思篇》，《譚嗣同全集》第二六〇頁。

使得他的思想發生急劇變化的是一八九四年的甲午中日戰爭。戰爭的結果，貌似強大的清王朝，竟然被在當時士大夫們看來是微不足道的小小的日本所打敗。經營幾十年的所謂「船堅炮利」的北洋艦隊全軍覆沒。洋務運動在戰火中宣告了破產。而屈辱的「馬關條約」，使中國更加淪於殖民地的地位：「利權兵權製造之權，駸駸乎及於用人行政之權，一以授之敵。無短籬之不撤，有一網而俱盡」❽！戰爭的慘敗，給譚嗣同很大的刺激。他的以中學爲體，西學爲用的所謂「以道之至神御器之至精」的理想完全破滅了；「日本乃亞細亞之小國，偶一興兵，卽割地償款，幾不能國」❾，「及睹和議條款，竟忍以四百兆人民之身家性命，一舉而棄之，……大爲爽然自失」❿。

在這民族危亡的時候，譚嗣同覺得中國再也不能由腐敗無能的清政府去擺佈了。爲了挽救國家民族的命運，不改變中國「聖人之道」是不行了；中國不變法圖強是難以存在下去了。於是他大聲呼號，倡導新學，「變法圖治」，他說：

經此創巨痛深，乃始屏棄一切，專精致思。當饋而忘食，旣寢而累興，繞屋徬徨，未知所出。旣憂性分中之民物，復念災患來於切膚。雖躁心久定，而幽懷轉結。詳考數十年之世

❽〈思緯壹壺臺短書〉，《譚嗣同全集》第三八九頁。
❾〈論中國形勢危急〉，《譚嗣同全集》第一二七頁。
❿〈興算學議〉，《譚嗣同全集》第二八八頁。

變，而切究其事理，遠驗之故籍，近咨之深識之士。不敢專己而非人，不敢諱短而疾長，不敢徇一孔之見而封於舊說，不敢不捨己從人，取於人以為善。設身處境，機牙百出。因有見於大化之所趨，風氣之所溺，非守文因舊所能挽回者。不恤首發大難，畫此盡變西法之策⑪。

主張振興商務，開採礦產，發展工業，改訂稅釐，走西方資本主義已經走過的道路。

為了給變法找理論的根據，譚嗣同吸收了王夫之的元氣論的道器論。一反他過去「聖人之道無可云變」的看法，主張「不變法，雖聖人不能行」。有力地駁斥了頑固派。他說：

天下惟器而已矣，道者器之道，器者不可謂之道之器也。

沒有離開具體事物（器）而獨立存在的「道」；也沒有先於具體事物（器）而存在的「道」。所謂道，「非空言而已，必有所麗而後見。麗於耳目，有視聽之道；麗於心思，有仁義智信之道」⑫。這就是說，「道必依於器而後有實用，果非空漠無物之中有所謂道矣」⑬。既然「道」不離乎器，那麼，現在客觀的歷史條件變了，「道」也應隨之而變。「器既變，道安得獨不變」⑭？這

⑪〈興算學議〉，《譚嗣同全集》第二九七頁。
⑫〈思緯壹壺臺短書〉，《譚嗣同全集》第三九〇頁。
⑬同⑪，第二九二頁。
⑭〈思緯壹壺臺短書〉，《譚嗣同全集》第三九〇頁。

樣，譚嗣同就在和頑固派的鬪爭中，閃爍著進步思想的光芒。

正在這個時候，一八九五年康有爲在北京成立了「強學會」。他的維新變法的主張，得到了新生代的知識分子和開明派資產階層的「應和」。譚嗣同於是「自湖南泝江（長江），下上海，游京師」⑮，準備參加維新活動。在北京他沒有見到康有爲，卻會見了康有爲的學生梁啓超，梁啓超向他介紹了康有爲的學說和政見，使譚嗣同很受感動，自稱爲康有爲的「私淑弟子」。

從此，譚嗣同的思想發生了根本的變化。他自己後來說：「三十之年，適在甲午，地球全勢忽變，嗣同學術更大變」⑯。「三十前之精力，敝於所謂考據辭章，垂垂盡矣，勉於世無一當焉」⑰。「三十以後，新學洒然一變，前後判若兩人」⑱。從〈治言〉到〈興算學議〉；從批評講變法的人是「大惑不解者」，衛護封建的「道」不可變，到高喊「變法圖治」；從一個封建主義派的立場終於在時代與環境的影響教育下，成爲封建社會的批判者，成爲維新變法的鬪士，成爲自由革命者的代言人。

---

⑮ 梁啓超〈譚嗣同傳〉，《戊戌政變記》第五編。

⑯ 〈與唐紱丞書〉，載《湖南歷史資料》，一九五九年第四期。

⑰ 〈莽蒼蒼齋詩自敍〉，《譚嗣同全集》第一五四頁。

⑱ 〈與唐紱丞書〉，載《湖南歷史資料》，一九五九年第四期。稱近代爲新學譚嗣同亦提到。

二、反綱常名教的鬪士

十九世紀末葉，英法等資本主義國家大肆向外擴張，開拓殖民地。可是在中國，新生代革命者卻剛剛步入歷史舞臺，它還是一個新興的階層，作爲這個階層的代言人，譚嗣同從西方民主、自由、科學的武器庫裏學來了進化論和天賦人權論等思想，參以中國進步思想家的大同民主的思想，用來作爲他的批判武器，對中國二千年來的君主制度和文化開展了猛烈抨擊。在清王朝的統治下，英勇地喊出了衝決網羅的呼聲：「初當衝決利祿之網羅，次衝決俗學若考據、若詞章之網羅，次衝決全球羣學之網羅，次衝決君主之網羅，次衝決倫常之網羅，次衝決天之網羅，終將衝決佛法之網羅」⑲。可謂一聲驚雷，震撼了沉悶的大地，使有識者振作起來，衝決一切網羅。

封建的君主專制制度，乃是封建社會的根本大法，是神聖不可變的。譚嗣同以他社會契約論的觀點，從事實上和理論上駁斥了封建社會思想家們爲君主所編造的所謂「君權神授」的虛構，論證了君主專制的不合理。他說：

生民之初，本無所謂君臣，則皆民也。民不能相治，亦不暇治，於是共舉一民為君⑳。

君主的產生，就好比鄉村裏迎神賽會時共同推舉一人主持公事一樣。人們推舉某人爲君，是叫他

---

⑲ 〈仁學．自敍〉，《譚嗣同全集》第四頁。

⑳ 〈仁學〉，《譚嗣同全集》第五六頁。

「為天下人辦事」的，而不是叫他「竭天下之身命膏血，供其驕奢淫縱」的。如果君主驕奢縱欲，不能替天下人辦事，那就可以「共廢之」。所以君主不是由一家「子孫萬古」相傳，也不是由「天」所命「以制天下」的。

君主是民之所共舉，「為民辦事」的。因此，君與民的關係是：「因有民而後有君，君末也，民本也」㉑。君民不僅是平等的，而且民為本，君為末。可是歷代的封建帝王，都硬要把天下成為私產，把人民供其奴役，而且為了達到這個目的，制訂了「一切酷毒不可思議之法」。使人民「受其鼎鑊刀鋸」之刑。譚嗣同指出，這是「本末倒置」㉒，是必須改變的。

譚嗣同進一步指出，二千年來的封建君主專制制度，都是由獨夫民賊所掌握的暴政。他說：

故常以為二千年來之政，秦政也，皆大盜也㉓。

從這種思想出發，他甚至對被當時的士大夫階層視為洪水猛獸的農民革命，表現了一定程度的同情。認為人民苦於封建統治者的壓迫，起而反抗，這是合理的：「洪楊之徒，見苦於君官，鋌而走險，其情良足憫焉」㉔。而鎮壓太平天國的軍隊卻是殘害人民的，他們所到之處，「淫擄焚掠，

㉑〈仁學〉，《譚嗣同全集》第五六頁。
㉒同前，第五七頁。
㉓〈仁學〉，《譚嗣同全集》第五四頁。
㉔同前，第六二頁。

無所不至」，致使「東南數省之精髓，逾三、四十年無能恢復其元氣」㉕，「而金陵（南京）遂永窮矣」㉖！

譚嗣同又把反對封建專制制度的矛頭，指向了當時的統治者清王朝。他認爲三代以下的君主專制已是「慘禍烈毒」了，而滿族統治比前尤甚。他說：

夫古之暴君，以天下爲己之私產，止矣。彼起於游牧部落，直以中國爲其牧場耳㉗。

使中原的生產受到很大的破壞，同時「旣縱焚掠之軍，又嚴薙髮之令，所至屠殺擄掠，莫不如是」㉘。清統治者高壓政策，激起了譚嗣同極大的憤慨，他甚至還大膽地咒罵清王朝爲：「素不識孔敎之奇渥溫、愛新覺羅諸賤類異種，亦得憑陵乎蠻野凶殺之性氣以竊中國」㉙！

在君主專制制度的殘酷統治下，譚嗣同認爲中國「唯變法可以救之」。他認爲君主專制的清王朝，天命已去，氣數已衰，維新變法的時機已經成熟，他說：

故天命去則虐焰自衰，無可畏也。……《易》明言：「湯武革命，順乎天而應乎人。」而

㉕ 同前。
㉖ 〈上歐陽瓣薑師書·二十二〉，《譚嗣同全集》第三二六頁。
㉗ 〈仁學〉，《譚嗣同全集》第五九頁。
㉘ 同前。
㉙ 同前，第五五頁。

蘇軾猶曰：「孔子不稱湯武」，真誣說也。至為湯武未盡善者，自指家天下者言之，非謂其不當誅獨夫也。以時考之，華人固可以奮矣㉚。

現在的變法猶如湯武革命一樣，順天應人。而所不同的，湯武仍以「家天下」，實行君主專制。而變法就是要廢除君主專制的世襲制度。

譚嗣同從反對封建君主制，進而批判了維護封建制度的綱常名教。他指出封建社會的「三綱五常」是統治者用來奴役人民的工具。清政府之所以敢於「虐四萬萬之衆」，就是「賴乎早有三綱五倫字樣，能制人之身者，兼能制人之心」㉛。據此而來的封建的倫理道德是箝制人民行為與思想的繩索。他說：

君臣之禍亟，而父子、夫婦之倫遂各以名勢相制為當然矣。此皆三綱之名之為害也。名之所在，不惟關其口，使不敢昌言，乃並錮其心，使不敢涉想㉜。

而只有「獨夫民賊」，才喜歡「三綱五常」。他揭露說：

獨夫民賊，固甚樂三綱之名，一切刑律制度皆依此為率，取便己故也㉝。

㉚ 〈仁學〉，《譚嗣同全集》第六〇—六一頁。
㉛ 同前，第五五頁。
㉜ 〈仁學〉，《譚嗣同全集》第六五頁。
㉝ 同前，第六六頁。

所謂「三綱」，就是指的「君爲臣綱，父爲子綱，夫爲妻綱」，它是維護封建社會的君權、族權、夫權的支柱，與之相適應的就是忠、孝等倫理道德。譚嗣同認爲，這些封建倫理道德不僅違反人的本性，而且使人完全失去了人格的獨立和自主的權利。

譚嗣同宣傳王夫之的「天理卽在人欲之中」的思想，肯定了「人欲」，卽肯定人民對生活、生理需要和要求合理性。主張用「自由」、「平等」的資產階級的道德原則來替代封建的倫理道德。

首先，關於君與臣。譚嗣同認爲：「二千年來君臣一倫，尤爲黑暗否塞，無復人理，沿及今玆，方愈劇矣」㉞。他主張「廢君統，倡民主，變不平等爲平等」㉟。

譚嗣同依據「民本君末，君由民擇」的思想，對於「忠君」、「死節」等綱常名教、道德倫理給以尖銳的批判。他對「忠」作了新的解釋：「下之事上當以實，上之待下乃不當以實乎？則忠者，共辭也，交盡之道也，豈又專責之臣下乎？……古之所謂忠，中心之謂忠也。撫我則后，虐我則讐，應物平施，心無偏袒，可謂中矣，亦可謂忠矣」㊱。「忠」就是相互以實、平等對待。他認爲今之所謂「忠臣」，揭穿了不過是替君主「掊克聚斂，竭澤而漁」而已，他們自命「爲理財、爲報國」，其實他們分國與民爲二，所謂爲國，就是爲君。這樣，「君主視天下爲其囊槖中

㉞〈仁學〉，《譚嗣同全集》第五五頁。
㉟同前，第五四頁。
㊱同前，第五八頁。

之私產」，「忠臣」，就是替君奴役人民的幫凶。所以名爲「忠臣」，實是「助紂爲虐」。

譚嗣同認爲作爲一個臣子，他們的職責應該是，幫助君主「辦民事」。而不能「君爲獨夫民賊，而猶以忠事之」。尤其不應該爲君「死節」。因爲「君亦民也」，「民之於民，無相爲死之理」；「民本君末」，「本之與末，更無相爲死之理」。因此，他說：

止有死事的道理，決無死君的道理㊲。

若爲君「死節」那是「愚忠」。與「忠君」相對立的是「叛道」。譚嗣同認爲，所謂「叛道」，是「君主創之以恫喝天下之名」。本來是沒有「叛道」的：「彼君之不善，人人得而戮之，初無所謂叛道也」㊳。有力地揭穿了封建禮教的虛僞，歷史事實就是這樣：「彼君主未有不自叛逆來者也。不爲君主，卽詈以叛逆；偶爲君主，又諂以帝天。中國人猶自以忠義相誇示，眞不知世間有羞恥事矣」㊴！

其次，關於父與子。譚嗣同認爲：「君臣之名，或尙以人合而破之。至於父子之名，則眞以爲天之所命，卷舌而不敢議」㊵。由於人們誤認爲父子乃是天命，所以不敢異議。其實「子爲天

㊲ 〈仁學〉，《譚嗣同全集》第五七頁。
㊳ 同前，第五一頁。
㊴ 〈仁學〉，《譚嗣同全集》第五一頁。
㊵ 同前，第六五頁。

之子，父亦天之子，父非人所得而襲取也」41。父與子同為天的兒子，他們的關係本來是平等的，決不能「父以名壓子」。況且天與人的關係也是平等的。他說：

且天又以元統之，人亦非天所得而陵壓也，平等也42。

有力地批判了認為「父為子綱」的理論根據。譚嗣同進一步指出，那種認為父子之名是由天命的看法，是「泥於體魄之言也」，是一種錯誤的認識。

譚嗣同依據父子「平等」，「父子朋友也」的思想，對於「孝」的倫理道德給以抨擊。他認為「孝」和「忠」一樣，都是君、父為了箝制臣、子的不滿，不聽話而製造出來的。「君父以責臣子，臣子亦可反之君父，於箝制之術不便，故不能不有忠孝廉節等一切分別等衰之名」43。無情地揭露了「忠孝」的虛偽性；它完全是君主社會統治人民的工具，統治者有了這樣的工具，只要人民有一點違反封建倫理道德的行為或不利於封建統治的思想，就可「得以責臣子曰：『爾胡不忠！爾胡不孝！是當放逐也，是當誅戮也』」44。封建統治者為自己奴役、鎮壓人民的反抗找到了倫理道德上的根據。因此，人民的被「縶縛屠殺」，都被看作是「得罪名教，法宜至

41 同前。
42 同前。
43 〈仁學〉，《譚嗣同全集》第一五頁。
44 同前。

此」。這樣，人民則永遠不能「以此反之」，永遠服服貼貼地受封建統治者的壓迫剝削。因此譚嗣同呼喊「孝則不可」。譚嗣同在當時能夠超過康有爲等同時代的思想家，反對「孝」，揭露「孝」的實質，這是非常可貴的。

再次，關於夫與婦。譚嗣同認爲，封建的夫婦關係更不合理。「本非兩情相願，而強合漠不相關之人，縶之終身，以爲夫婦，夫果何恃以伸其偏權而相若哉？實亦三綱之說苦之也。夫既自命爲綱，則所以遇其婦者，將不以人類齒」㊺。夫自以爲婦綱，便壓迫婦女，甚至不把她當人看待。其實，男女都是天地的菁英，本來是平等的。「男女同爲天地之菁英，同有無量之盛德大業，平等相均」㊻。因此，他反對重男輕女，「重男輕女者，至暴亂無禮之法也」㊼。反對婦女纏足，「殘毀其肢體，爲纏足之酷毒，尤殺機之暴著者也」㊽。這是他對封建社會的慘無人道的禮教的控訴，是對於封建社會婦女受壓迫受奴役的揭露，也是對當時審美觀的抨擊。

譚嗣同以男女平等，「夫婦朋友也」的思想，大膽的揭露和犀利的批判了「貞節」的倫理道德。他說：

㊺《仁學》，《譚嗣同全集》第六五頁。
㊻同前，第一九頁。
㊼同前。
㊽同前，第一八頁。

自秦垂暴法，於會稽刻石，宋儒煬之，妄為「餓死事小，失節事大」之瞽說，直於室家施中、韓，閨闥為岸獄㊾。

吃人的禮教把婦女「失節」看成比餓死更爲重要，在所謂「貞節」的牌坊下，不知葬送了多少青春婦女的生命。譚嗣同揭露說：

男則姬妾羅侍，放縱無忌；女一淫卽罪至死㊿。

這怎麼能說是平等呢？這怎麼能說是合理呢？而最不合倫常的，就是君主。「君者，乃眞無復倫常，……已則瀆亂夫婦之倫，妃御多至不可計，而偏喜絕人之夫婦，如所謂割勢之閹寺與幽閉之宮人，其殘暴無人理，雖禽獸不逮(及)焉」51。

譚嗣同對於三綱倫常的控訴與批判，主張還人應有的獨立、尊嚴、價値和權力，這正是一篇十九世紀末東方的人權宣言書。他揭露了所謂「名敎」的實質，不過是封建統治階級爲了「箝制天下，則不得不廣立名敎爲箝制之器」52，是完全爲自己的私家利益服務的。

但是，譚嗣同對於綱常名敎、倫理道德的批判，是不徹底的。他沒有認識到當時的綱常名

㊾ 〈仁學〉，《譚嗣同全集》第六五—六六頁。
㊿ 〈仁學〉，《譚嗣同全集》第一九頁。
51 〈仁學〉，《譚嗣同全集》第六六頁。
52 同前，第一五頁。

教、倫理道德是建築在當時生產關係的基礎上的，因此，他把「慘禍烈毒」的綱常名教、倫理道德的衝決，歸結爲「超體魄」，「尊靈魂」上面。這樣一來，他歸根到柢，仍然是從主觀觀念形態出發來消除客觀現實的不合理，但是，意識的一切形式和產物不是可以用精神的批判來消滅的，也不是可以通過把它消融在「自我意識」中或化爲「幽靈」、「怪影」、「怪想」等等來消滅的，而只有實際地推倒這一切謬論所由產生的現實的社會關係，才能把它們消滅。歷史的動力以及宗教、哲學和任何其他理論的動力，應該是「湯武革命」而應天順人。

三、中國往何處去？

譚嗣同猛烈地批判封建主義社會制度、綱常名教、倫理道德，嚮往着西方資本主義生產方式，以及自由、平等和博愛，來救中國。他歌頌機器生產，認爲機器對於社會「與造物者同功」。一方面，他認爲爲了發展機器生產，必須有與之相適應的社會風氣和條件。他反對傳統文化思想中的「主靜」、「崇儉」，主張資本主義的競爭和「尚奢」。他說：

私天下者尚儉，其財偏以壅，壅故亂；公天下者尚奢，其財均以流，流故平[53]。

另方面，他也深信只要機器興，則「人巧奮，地力盡」，人人可以「各遂其生，各均其利」。人

---

[53] 〈仁學〉，《譚嗣同全集》第四四頁。

人各均其利，人人也就可以「尚奢」了。他認爲這是社會生活的理想水平：「夫治平至於人人皆可奢，則人之性盡；物物皆可貴，則物之性亦盡」[54]，就可盡人、物之性。

這個人人「各遂其生，各均其利」的社會，就是對人的生命的重視，人生的尊重，以及利益獲得機會的均等，即譚嗣同所嚮往的西方資本主義社會。譚嗣同寫道：「西人於礦務鐵路及諸製造不問官民，只要我有山有地有錢，即可由我隨意開辦」，「一人獲利，踵者紛出」[55]。他又說「不問官民」，「大富」可設大廠，「中富」可設分廠，而「窮人」靠出賣勞動力，則可以「賴以養」。「富人」有錢，「窮人」有力，於是大家「第就天地自有之利，假吾力（窮人的勞動和富人的資本）焉以發其覆，遂至充溢溥遍而收博施濟衆之功」[56]。譚嗣同的描寫，是對於歐美社會「自由、平等、博愛」的一個生動的解釋。這種解釋，是出於譚嗣同對資本主義理想化的理解。它是與中國腐朽的淸王朝的相比較而言的，而爲其改革中國封建制度、綱常名敎、倫理道德作論證，具有進步性。但譚嗣同對資本主義的理解，也有其片面性。畢竟他是隔岸觀火，自身並沒有深入資本主義社會內部，進行系統的硏究，而一些有關資本主義社會政治理論、文化知識也很膚淺，這當然不能責怪譚嗣同個人，而是時代的局限。

[54] 同前，第四三—四四頁。
[55] 〈報唐佛塵書〉，《譚嗣同全集》第四四四頁。
[56] 〈仁學〉，《譚嗣同全集》第四二一頁。

但是，譚嗣同畢竟是一個十九世紀末葉的中國啓蒙思想家。這個時候，在西方成熟的資本主義國家，那裏的社會問題，已經是從資本的枷鎖下解放出來的問題。因此，盡管他熱情地歌頌資本主義生產方式，但同時卻不能不看到資本主義的弊病，並且爲它而耽憂。他說：

而其弊也，惟富有財者始能創事，富者日盈，往往埒於其國，甚乃過之；貧者惟倚富室聊爲生活，終無自致於大富之一術57。

且「富而奸者又復居積以待奇贏」，「其力量能令地球所有之國普受其損」。這樣，受苦的當然是「小民」、「小國」，「於事理最爲失平」，於是「均貧富之黨起矣」58。

譚嗣同認爲，「夫以歐美治化之隆，猶有均貧富之黨，輕身命以與富室爲難，毋亦坐擁厚資者，時有褊之心以召之歟」59？均貧富黨的「起而爭之」，是由於資本社會的貧富不均，資產階級的剝削所引起的。但是，「以目前而論，貧富萬無可均之理。不惟做不到，兼恐貧富均，無復大有力者出，而與外國爭商務，亦無復貧者肯效死力，國勢頓弱矣」60。一方面，由於富者盤剝貧者，「於事理最失平」，因而有「均貧富之黨起而爭之」；另方面，要均貧富又怕「無復大有力者出，而與外國爭商務，亦無復貧者肯效死力」。這是均富主義社會發展過程中所出現的矛

57 〈報唐佛塵書〉，《譚嗣同全集》第四四四頁。
58 同前。
59 〈仁學〉，《譚嗣同全集》第四二一頁。
60 〈報唐佛塵書〉，《譚嗣同全集》第四四四頁。

盾，譚嗣同企圖解決這個兩難的問題。他說：

凡辦事有創始之材，有守成之材，似相反而實相成。……創始當節目疏闊，重予人以利，……雖利歸一二人，致召不平之怨怒，有所不恤，此歐美之所由也。氣勢已盛，守成者出，乃始漸漸調劑其盈虛，周密其法度，過者裁抑之，不及扶掖之，始足以日臻於治理，歐美頗昧於此，故均貧富之黨出而警醒之61。

譚嗣同的這種思想，實反映了十九世紀末葉中國君主專制社會貧富不均現象的特色。一方面要求發展資本主義；另一方面，又害怕資本主義發展會引起貧富不均而產生社會革命。整個近代中國思想史，所有士大夫階層、儒生階層的思想家，都在這個矛盾難題上苦悶徬徨。

譚嗣同生活在強權時代的殖民地半封建的中國，他面對着一個嶄新的社會問題，這就是對於列強的認識和態度問題。

作為一個被凌辱、被壓迫民族的思想家，譚嗣同思想的特點之一就是具有強烈的愛國主義思想。他大聲疾呼挽救國家民族的存亡危機。他指出國家權利的喪失已經達到了「無短籬之不撤，有一網而俱盡」的危險。他警告人們：「中國不自變法，……使外人代為變之」，則一切養生送死的權利，都要掌握在列強的手裏。他看到了外國列強的侵略最狠毒的還在於他們的「商戰」：

61 〈報唐佛塵書〉，《譚嗣同全集》第四四五頁。

「西人雖以商戰爲國，然所以爲戰者，即所以爲商。以商爲戰，足以滅人之國於無形，其計至巧而至毒」[62]。經濟的侵略比軍事的侵略更危險，如果說軍事的侵略是有形的，那麼，經濟的侵略便是無形的。譚嗣同指出，對付西方經濟侵略的辦法，就是要「以其人之道還治其人之身」，「西人既以商爲國，即以商貧我之國，我欲與之相持，萬不能不講求商務」[63]。但是，怎麼樣才能夠使中國的「商戰」足以和「西人」相持呢？對於這個現實問題，譚嗣同就束手無策了。

譚嗣同敏銳地看到了「今之礦務商務，已成中西不兩立不並存之勢」，他把它與「西人」爭商務礦務的下手處，放在教育人材方面。他說：

而所以有下手處者，豈他故哉？前所言賢才之力也。……故儒生益不容不出而肩其責，孜孜以教育賢才為務矣，此議立算學格致館之本意也[64]。

要於商務礦務與西人爭一勝負，其下手處在於教育人才，而教育人才的內容則在於學習西洋的算學格致。在這個問題上，譚嗣同是看到了問題的深處的。

和「西人」商戰，除了人才之外，還需要有時間和財力。希望將來強大，首先要現在能夠生

[62] 〈思緯壹壹臺短書〉，《譚嗣同全集》，第四三二頁。
[63] 〈興算學議〉，《譚嗣同全集》第二九九頁。
[64] 同前，第二九三頁。

存；要開採中國的寶貴的礦藏，振興實業，就要有足夠的資金。所有這一切，譚嗣同都幻想取得西方國家的幫助。他說：

試為今日之時勢籌之，已割之地不必論矣。益當盡賣新疆於俄羅斯，盡賣西藏於英吉利，以償二萬萬之欠款[65]。

除償賠款外，所餘尚多，可供變法之用矣[66]。

同時「情願少取值，浼二國居間脅日本廢去偏地通商之約，……請歸二國保護十年。……夫保護之說，本不可恃，而此所謂保護，止求其出一保護之空言，且須有十年之限制，吾暫假以為虎皮嚇他國，使不吾擾耳。……即十年內與他國有事，亦不可貞令其助。然得宇內二大國之一言，亦斷不至與他國有事。且英俄互相猜忌，倚中國為障隔，中國轉因而居重。……吾得此十年閑暇，固足以自強矣」[67]。試圖假虎威和利用其矛盾，以換取十年和平、自強的時間。

譚嗣同的這段話，把他對帝國主義的矛盾心理描寫得淋漓盡致。一方面，他看到了「中西不兩立、不並存之勢」，要取得民族生存和獨立，只有與「西人商戰」，並且取得平等的地位；另一方面，又幻想依靠列強的幫助來創造與「西人商戰」的條件。一方面，由於歷史的明鑑，譚嗣

[65] 〈興算學議〉，《譚嗣同全集》第二九三頁。
[66] 〈思緯壹壹臺短書〉，《譚嗣同全集》第四〇七頁。
[67] 〈思緯壹壺臺短書〉，《譚嗣同全集》第四〇七頁。

同深知外國列強的「保護之說，本不可恃」；另一方面，由於自己的軟弱，雖然「彼不可恃」，也要「求其出一保護之空言」，「暫假以爲虎皮嚇他國」。他說這樣就「固足以自強矣」，譚嗣同矛盾的心態和兩難的心情和處境，是當時中國現實矛盾和中國社會正處在轉折關頭的反映。

如第二節中我們所敘述過的，作爲舊時代過渡期的啓蒙思想家，譚嗣同曾經表現了對人民大衆的同情。但是新的歷史條件，使得他看到了在國外有「均貧富之黨」起而與政府「爲難」；在國內則有人民大衆對於列強侵略的反抗運動；而他對於列強帝國，既抱有幻想，又懷有恐懼的心理狀態。同時譚嗣同一方面同情人民，另一方面又不敢相信人民的力量，以至於害怕和抵制人民羣衆的反帝制反封建的運動。他責備人民羣衆的反帝制抗爭是「明知無益，而快於一逞」，結果弄得「各國之兵船皆至，……內外大官惶懼不知所出」。他把人民羣衆的反帝制抗爭與堅持關閉自守反對變法的守舊頑固派相提並論，他悲嘆地說：

> 士與民足以亡國，雖有竇融、錢鏐復何所資藉[68]。

一方面是懾服於列強帝國的「船堅炮利」，另一方面是不相信人民羣衆的力量。基於這種出發點，譚嗣同不可避免地由不相信人民力量，邏輯地導致抵制人民的反帝制抗爭。列強帝國是碰不得的，而人民偏偏要去反抗它，這不是自取滅亡嗎？譚嗣同說：

---

[68] 〈興算學議〉，《譚嗣同全集》第二九〇頁。竇融（前一六—六二）扶風平陵人，西漢末爲水波將軍，曾聯合酒泉、敦煌五郡，割據河西。錢鏐（八五二—九三二）浙江臨安人，五代時吳越國的建立者，占有兩浙之地。

諸君諸君！我輩不好自為之，則去當奴僕牛馬之日不遠矣！時事我更不忍言！然求能與外人一戰，無論智愚，皆知其不可。為今之計，惟有力保莫內亂，尚可為河西遺種處耳。保之之法，無過於保衛局。保衛局卽是團練之意[69]。

所謂「團練」，就是各地地方的自衛武裝。爲了防止「內亂」，保持安定，寧可要保衛局，可是保衛局的宗旨是保衛清王朝的組織，可見譚嗣同並不要推翻清王朝。

反對封建的綱常名教，倫理道德，嚮往資本主義，而又害怕發展資本主義；反對列強帝國，要求民族獨立，而又幻想依靠列強帝國；同情人民的遭遇，而又害怕和抑制人民的反抗鬪爭。這就是譚嗣同對於當時社會諸矛盾的認識，又反過來決定了他所選擇的政治道路。

譚嗣同雖然同情過太平天國的革命運動，但是他並不相信中國的獨立富強，可以經由農民起義的途徑而取得。他看到太平天國革命在列強帝國與封建統治的聯合下被鎭壓下去了。他深信只要列強帝國一干涉，中國革命斷無成功之理，於是他把救國的重擔放在「聖人」的肩上。

譚嗣同認爲政治改革依靠「士」，「士」依靠科擧的培養。因此，「變法必先從士始，從士始則必先變科擧」[70]。可是，封建社會的科擧制度是爲君主制度服務的，要依靠什麼力量來改革

---

[69] 〈論全體學〉，《譚嗣同全集》第一三五頁。
[70] 〈與算學議〉，《譚嗣同全集》第二九一頁。

科舉呢？譚嗣同認爲，「變科舉」是「根本之尤要者也」，而「根本之根本，而亦第正在上位之人之心可矣」㉑。正是因爲這樣，儘管譚嗣同在反對封建專制時，是如何地勇猛，他對君主制度所作的批判，爲當時其他改良主義者「所不敢言」，但是，譚嗣同從來都是把封建社會的上層分子，當成爲他實現變法的依靠，當他知道了光緒皇帝願意變法的時候，就高興得很，以爲理想可以實現，直到他的理想很快地破滅了的時候，在就義之前，他還在〈絕命書〉中寫道：「嚙血書此，告我中國臣民，同興義憤，剪除國賊，保全我聖上」。歷史就是這樣地嘲弄人。一個君主專制的激烈的批判者，到了這裏，反對封建專制，變成了反對「國賊」，正是這個批判者本人，成爲了封建君主的「忠臣」。爲了「酬聖主」，他就只得甘當杵臼了㉒。

四、歷史的教訓

十九世紀，這是一個世界政治、經濟、文化有着飛躍發展的大變動時代；十九世紀末葉的中

㉑〈思緯壹壺臺短書〉，《譚嗣同全集》第四〇三頁。

㉒戊戌政變失敗後，譚嗣同在家待捕。與梁啓超說：「不有行者，無以圖將來；不有死者，無以酬聖主。今南海之生死未可卜，程嬰、杵臼，月照西鄉，吾與足下分任之。」（見《譚嗣同傳》）杵臼爲春秋時晉大夫趙朔門客，屠岸賈殺趙朔，滅其族。朔妻爲晉成公姊，有遺腹，及生，屠索其子。公孫杵臼與程嬰謀救，以他人嬰兒與杵臼同匿山中，程嬰報與屠，公孫杵臼與孤兒被殺，眞趙氏孤兒得免（事見〈趙世家〉，《史記》卷十一）。

國，曾經是東方矛盾的焦點。譚嗣同就是在這個時代裏，在尖銳的鬪爭中成長起來的傑出的思想家。

作爲一個新生一代階層的代言人，譚嗣同在當時新舊的鬪爭中，勇敢地站到了新的一面，對舊制度展開了無情的衝擊。尤其是他對滿族統治階級的民族高壓政策的抨擊，其激進的程度超出了所有的維新派君子們。同時，和其他先進的中國人一樣，爲了中國的復興，千辛萬苦地尋找中國的出路。雖然他對中國前途的認識十分幼稚，但他的那種對新制度的熱烈的歌頌，那種追求進步、文明的無限熱情，在當時的思想界，確實是起了極大的鼓舞作用。

譚嗣同是在國家民族遭受嚴重災難的時刻投入政治鬪爭的。作爲一個被壓迫民族的思想家，在他的思想中閃耀着光輝的愛國主義思想。譚嗣同無情地揭露外國侵略者以「商戰」滅人國家的陰險毒辣。他大聲疾呼，要中國人民趕快起來自救，否則就要淪到殖民地的深淵。他的呼喊，他以自己的鮮血和其他愛國主義思想家一起奮鬪，對民族覺醒具有積極的意義。

總之，在近代思想史中，譚嗣同的功績是不容抹煞的。

但是，譚嗣同並沒有能夠爲中國尋找到眞正的出路。

他嚮往西方民主、自由、平等的生活方式；他期望在中國發展大規模的機器工業。以爲有了它就可以鞏固國防，福利人民，使國家民族走向富強的道路。但是，這種期望沒有能夠實現。

歷史證明：一個不是貧弱的而是富強的中國，是和一個不是殖民地半殖民地的而是獨立的，不是半封建的而是自由的、民主的，不是分裂的而是統一的中國，相聯結的。企圖在不觸動封建主義的基礎，不擺脫列強帝國的控制的條件下，振興實業，使中國富強，是很困難的。

作爲一個帝國主義時代殖民地半封建國家的資產階級的思想家，譚嗣同雖然熱烈地歌頌資本主義生產方式，但同時，他又不能不看到這個制度所已經暴露出來的問題。這就使得他既嚮往資本主義又耽憂資本主義的發展。他曾眞誠的企圖努力解決在發展資本主義以後所引起的「均貧富」的社會問題，使中國走向大同的世界。

譚嗣同英勇地批判封建專制制度，揭露帝國主義列強的侵略，並且在一定程度上同情人民的遭遇。但由於他所代表的中國士大夫階層的軟弱性，因而在他的思想上就反映了這樣的矛盾：一方面，他雖反對君主專制制度，但又把希望寄托在光緒皇帝身上；他反對列強帝國侵略，卻又幻想得到英俄的支持。另一方面，他雖同情人民，但卻把他們的反帝制反封建鬪爭看成是亡國的行爲。

譚嗣同不僅沒有完成反帝制、反封建的任務，也沒有達到打倒他所深惡痛絕的君主專制制度。他所選擇的改良主義的道路，使得他的政治實踐和他激進的言論發生了尖銳的矛盾。歷史是這樣戲弄人，一個激烈的君主專制的批判者，竟然變成爲一個「保皇派」，一個「溫和」的改良主義運動，終於以流血而告終。

譚嗣同以他的鮮血，批判了他所走過的改良的道路；他的犧牲，宣布了改良主義運動的破產。譚嗣同曾經高喊着要衝決一切的網羅，可是他又說：「然其能衝決，亦白無網羅；眞無網羅，乃可言衝決。故衝決網羅者，即是未嘗衝決網羅」73。這「衝決網羅者，即是未嘗衝決網羅」，正是譚嗣同所走的改良主義政治道路的寫照。然而，重重網羅，如果你不去衝決它，就只有犧牲在它的底下。歷史正是這樣演進的。

只有在「利益階級」和「貧困階級」對抗的情況下，社會進化將不再是政治革命。而在這以前，在每一次社會全盤改造的前夜，歷史的結論總是：不是戰鬪，就是死亡；不是血戰，就是毀滅。問題的提法必然如此。

原載《中國近代人物論叢》，生活、讀書、新知三聯書店一九六五年版，第一五七—一七七頁，與孫長江先生合寫

73 〈仁學・自敍〉，《譚嗣同全集》第四頁。

中國近代仁學體系

——譚嗣同哲學思想探析

一、仁—通—平等的「仁學」哲學邏輯結構

近幾年來，關於譚嗣同的哲學思想，爭論頗爲熱烈。有人認爲，譚嗣同的哲學思想是唯物主義的，他「用『以太』代替了中國古典唯物主義所說的『氣』」❶。有人說他是唯心主義的，他的「『以太』與『心』、『識』性質相同」❷。最近，又有人認爲譚嗣同既不是唯物主義，也不是唯心主義，「他用『以太』的普遍性質和客觀性質來解釋自然的時候，是唯物主義的；當他用『以太有知說』來解釋意識現象的時候，走到了庸俗的物活論，並通過靈魂不滅說而達到唯心主義」。因此，我們「既不能只看到前面而不談後面，說他是『傑出的唯物論者』；也不能只看到後面而不顧前面，說他是『虛無的觀念論』」❸者。

❶ 馮友蘭：〈論譚嗣同〉，載《中國哲學史論文二集》，上海人民出版社一九六二年版，第四三二頁。
❷ 徐義君：〈譚嗣同「以太」說的唯心主義性質〉，載《光明日報》一九六二年二月二十三日。
❸ 龐樸：〈略論譚嗣同的哲學思想〉，載《新建設》一九六二年第六期。

對於譚嗣同的哲學體系，究竟如何認識呢？筆者認爲，譚嗣同哲學可稱爲「仁學」。「仁學」哲學的最高範疇是「仁」（「心」、「識」）。「仁」的一個重要的特性是「通」；「以太」、「電」、「心力」是用以表示「仁」的「通」的特性的工具。「通」的目的是通過「破對待」，達到同一（「仁」），即「平等」。譚嗣同在《仁學・界說》中寫道：「仁以通爲第一義；以太也，電也，心力也，皆指出所以通之具」❹。「通之象爲平等」❺。又說：「平等者，致一之謂也，一則通矣，通則仁矣」❻。「仁」——「通」——「平等」或「平等」——「通」——「仁」。這就是譚嗣同對於他的「仁學」哲學體系的簡要表述。

弄清「仁」、「通」、「平等」等「仁學」哲學的基本範疇，及其內在的邏輯聯繫，就可以幫助我們解開譚嗣同「仁學」的哲學思想，揭示其哲學思想的面貌。

所謂「仁」或叫做「心」、「識」就是指世界萬物的最後的根源，是譚嗣同哲學的出發點和終結點。在他看來，本體「仁」（「心」、「識」）是獨一無二，「寂然不動」的；那麼，這個純然絕對、不動無二的「仁」，怎樣去派生千差萬別的具體事物和形形色色的統一世界呢？他就只得賦予「仁」以「通」的特性，並以「通」作爲「仁」的第一義。所謂「通」，就是中外通、上下通、男女內外通、人我通。它借助於「以太」、「電」、「心力」等來作爲表示所以「通」的工

❹《仁學・界說》第一條，《譚嗣同全集》，三聯書店一九五四年版，第六頁。
❺《仁學・界說》第七條，同前第六頁。
❻《仁學・界說》第二十四條，同前第九頁。

具。它用相對的方法，通過「破對待」，即消除客觀事物的一切差別，及社會上一切不平等的現象，達到「道通為一」，即「平等」。所謂「平等」，就是在主觀的頭腦中消除物物的對立，物我的對立，達到「無人相、無我相」，如同佛學中的破「我執」、破「法執」，而復歸到本體「仁」（「心」、「識」）。

作為本體的「仁」，實際上是譚嗣同頭腦的構建，是他的思辨的精神。譚嗣同又往往把它直接和自我的主觀精神「心」等同起來，表現了「仁學」哲學的思辨特徵。

但是，代表近代士大夫新興階層（這個階層在中國當時還是一個進步的階級）利益的譚嗣同的「仁學」哲學，它是積極向現實世界追求的；是以挽救人們苦難，普渡衆生為終極目的的；是為解決中國的社會問題，作為批判封建君主專制制度的思想武器。因此，在他的「仁學」哲學思想裏，也有着一些進步合理的因素，特別是辯證法的思想。

下面，我們就來具體地分析譚嗣同「仁學」哲學的體系及其基本範疇之間的關係。

二、仁—通結構

先說「仁」——「通」的關係，即「仁」、「心」、「識」與「以太」、「心力」、「相分」的關係。

在以往論述譚嗣同哲學思想的著作中，對於此種關係，說法很多而且混亂。有人認為：「以太是仁之體，仁是以太之用」❼或認爲：「仁就是以太，以太就是仁」❽；有人認爲：「心力高於以太」❾，「由心力導出以太」❿；有人認爲：「以太與心、識性質相同，可以相互代替」⓫等等。我認爲，這些看法都不符合譚嗣同的原意。

在「仁學」中對於這些概念的使用，雖有時不很嚴格，但其間仍有線索可尋，可以看出其基本的區別與聯繫。在譚嗣同看來：「仁」、「心」、「識」基本上是同等的概念，「心」、「識」是「仁」的別名；「以太」、「心力」、「相分」是同等的概念，「心力」、「相分」是「以太」在不同情況下所使用的稱謂。

(一)「仁」和「以太」

譚嗣同認爲，「仁」充塞宇宙。它是客觀世界統一的基礎，「天地間亦仁而已矣」⓬；它是

---

❼ 楊榮國：《譚嗣同哲學思想》，人民出版社一九五七年版，第九頁。

❽ 見〈譚嗣同思想研究〉，《光明日報》一九五四年十一月三日。何干之先生也說：「仁、以太是物質實體，因爲仁（以太）與宇宙萬物，是單一的……。」也把「仁」與「以太」等同起來，參見《中國啓蒙運動史》，生活書店一九四七年版，第七一—七二頁。

❾ 李澤厚：《康有爲譚嗣同思想研究》，上海人民出版社一九五八年，第一九〇頁。

❿ 徐義君：〈譚嗣同「以太」說的唯心主義性質〉，《光明日報》一九六二年二月二十三日。

⓫ 同前。

⓬ 〈仁學〉，《譚嗣同全集》第二二頁。

天地萬物的最後的根源，「仁爲天地萬物之源」⑬，「仁一而已」⑭，「其爲物不二，故生物不測」⑮。這就是說，「仁」是絕對無二的世界的本體，它能派生萬物，但這種產生萬物的過程，是人們不能認識、神秘莫測的。

譚嗣同追求世界的統一性，追求萬物的根源。結果找到了「仁」。「仁」是精神的？抑或物質的？

他認爲，「仁」是主觀的道德精神。他說：「孔謂之『仁』，謂之『元』⑯，謂之『性』；墨謂之『兼愛』，佛謂之『性海』，謂之『慈悲』；耶謂之『靈魂』⑰」。「仁」就是「元」、

⑬ ＜仁學・界說＞第十一條，《譚嗣同全集》第七頁。
⑭ 同前第十七條，第七頁。
⑮ 同前第二十三條，第七頁。
⑯ 譚嗣同把「元」解爲「仁」，在《仁學》中說：「故《易》首言元，卽繼言亨。元，仁也；亨，通也」。把「仁」解爲《易經》中的「元」，較早見於《左傳》襄公九年：「穆姜薨於東宮。始往而筮之，遇艮䷳之八。史曰：『是謂艮之隨䷐，隨其出也，君必速出。』姜曰：『亡！是於《周易》曰：隨，元亨利貞，无咎。元，體之長也；亨，嘉之會也；利，義之和也；貞，事之幹也。體仁足以長人，嘉德足以合禮，……今我婦人，而與於亂，固在下位，而有不仁，不可謂元』」。卽把元、亨、利、貞解爲仁、禮、義、固人的四德。
⑰ ＜仁學＞，《譚嗣同全集》，三聯書店一九五四年版，第九頁。

「性」、「兼愛」等倫理道德的觀念；「性海」、「慈悲」的代名詞；「靈魂」的同義語。

他認爲，「仁」是「無」。他說：「『仁』从二从人，相偶之義也。『元』从二從『儿』，『儿』古人字，是亦『仁』也。『无』，許(愼)說通『元』爲『无』，是『无』亦从二从人，亦『仁』也」⑱。從文字學上來說，「仁」、「元」、「无」都从二从人，因此「仁」就是「无」。

他還認爲，「仁」是「一而不二」，「寂然不動」的絕對的本體。他說：「仁者寂然不動」⑲。可見「仁」就是一個虛無的寂然不動的精神性的本體。這個既是「无」又是「不動」的「仁」，怎麼能產生出千差萬別的客觀事物？怎麼去統一萬象紛紜的世界？

這對於譚嗣同說來確是一個難題。他爲了擺脫這個困境，只得賦予「仁」以「通」的特性和功能。並且「托言以太」，借用這個瀰漫宇宙，能溝通一切的中介性的最精微的「以太」作爲「仁」的所以通的工具。把整個自然界和人類社會統一起來。他說：「偏法界、虛空界、衆生界，有至大至精微，無所不膠粘、不貫洽、不筦絡、而充滿之一物焉。目不得而色，耳不得而聲，口鼻不得而臭味，無以名之，名之曰『以太』」。「由一身而有夫婦，有父子，有兄弟，有君臣朋

---

⑱ ＜仁學・自敍＞，《譚嗣同全集》第三頁。

⑲ ＜仁學・界說＞第十二條，《譚嗣同全集》第七頁。

友；由一身而有家、有國、有天下，而相維繫不散去者，曰惟『以太』」⑳。這就說明「以太」是一個看不見、聽不到、嗅不着的超感覺的東西；是維繫君臣、父子、夫婦、兄弟、朋友的倫理關係的精神力量。由於「以太」的作用，把「仁」與自然和社會聯繫起來，使得千差萬別的自然世界得以統一於「仁」。

同樣，這個既是「无」又是「不二」、「不動」的「仁」在派生萬物的過程中，必須依着瀰漫宇宙、生氣勃勃的「以太」，才能得以「感而遂通天下」；「以太」作爲「仁」的「生物之具」，也必須依「仁」而行。這樣，「以太」就可以造作出豐富多彩的世界、形形色色的事物。他說：「其（以太）顯於用也，爲浪、爲力、爲質點、爲腦氣。法界由是生，虛空由是立，衆生由是出。無形焉，而爲萬形之所麗（依）；無心焉，而爲萬心之所感，精而言之，夫亦曰『仁』而已矣」㉑。

由此可見，「仁」與「以太」的關係：「仁」是「通」之本，「以太」是「仁」的「所以通之具」。他說：「是故仁不仁之辨，於其通與塞；通塞之本，惟其仁不仁」㉒。「仁以通爲第一義，以太也……皆指出所以通之具」。

⑳〈仁學〉，《譚嗣同全集》第九頁。
㉑〈以太論〉，《譚嗣同全集》第一二一頁。
㉒〈仁學〉，《譚嗣同全集》第一一頁。

由此可見，「仁」與「以太」的關係：「仁」爲生物之精（本），「以太」是「粗淺之具」㉓。客觀世界都是由「以太」這個粗淺的材料造作出來的，但「以太」不是生物之精，「精而言之，夫亦曰『仁』而已矣」。

既然「仁」是生物之「本」；「以太」是生物之「具」，是表示「仁」的所以通的工具。那末，在譚嗣同表述「以太」時，卽使說了一些注重客觀事物的話，也不妨礙他的「仁學」哲學的主觀精神的性質，譬如他說：「至於一滴水，其中莫不有微生物千萬而未已；更小之又小至於無，其中莫不有微生物，浮寄於空氣之中；曰惟以太」。這是因爲，作爲他的哲學的最高本體是「仁」，而「以太」不過是「仁」的作用與工具而已。正如理學集大成者朱熹一樣，他的哲學的最高範疇是「理」，可是他吸收了張載的氣本體論，借用「氣」作爲他的「理」派生萬物的中介。他說：「理也者，形而上之道也，生物之本也。氣也者，形而下之器也，生物工具也。是以人物之生，必禀此理。……」㉔在這裏我們總不能因爲朱熹所說的「氣」是物質性的，就斷定他的哲學思想是尊物的；同樣我們也不能因「以太」有物質性，而說譚嗣同的「仁學」哲學是唯物的。

(三)「心」和「心力」

譚嗣同認爲「心力」相當於「以太」，它們同是借以表示「仁」的「所以通」的工具。他

㉓〈仁學．界說〉第二條，第六頁。
㉔〈答黃道夫書〉，《朱文公文集》卷五八。

說：「仁以通爲第一義；以太也、電也、心力也，皆指出所以通之具」。又說：「以太也、電也、粗淺之具也，借其名以質心力」㉕。借「以太」之名，以質「心力」，「以太」即爲「心力」之別名。

譚嗣同說：「心力所由顯，仁矣夫！」㉖就是說，「心力」是「仁」的顯現；「仁」是「心力」的「所由顯」。同時，「心力」的實體是慈悲：「蓋心力之實體，莫大於慈悲」，「故慈悲爲心力之實體」㉗。「慈悲」卻是「仁」的代名詞。孔子謂之「仁」，佛謂之「慈悲」。

在譚嗣同看來，「心力」是「心」的顯現和作用，是「心」所生起的一種不定聚的「生滅心」。他說：「此之所謂力者（指十八種心力——引者），皆能挽刼乎？不能也。此佛所謂生滅心也，不定聚也」㉘。「心力」是佛所說的「生滅心」，而不是永恒不變的「心」；是不定聚的「心」，而不是已規定的絕對的「心」。

因此，「心力」只能轉化爲「機心」，製造「刼運」，但不能挽刼。能製造「刼運」，又能解救「刼運」的，是「心力」的實體「慈悲」。「慈悲」是一種比「心力」更根本的不變的絕對

㉕ 〈仁學．界說〉第二條，《譚嗣同全集》第六頁。
㉖ 〈仁學〉，《譚嗣同全集》第八三頁。
㉗ 同前，第七四頁。
㉘ 同前，第八一頁。「此之所謂力者」句，有作「此諸力者」。

的東西，譚嗣同叫做「心」或「心源」。

譚嗣同認爲，「心」才能挽刼一切苦難。只要人們證悟了「心」或「心源」，便可以解脫塵世的一切苦惱，便可以「心」渡「心」，普渡衆生。他說：「嗣同既悟心源，便欲以心度一切苦惱衆生，以心挽刼者，不惟發願救本國，並彼極強盛之西國，與夫含生之類，一切皆度之」㉙。在「心」的精神世界裏，譚嗣同找到了解脫一切苦惱、消除現實社會一切不合理、不平等現象的方法。這是譚嗣同哲學對於人的終極關懷。

譚嗣同還認爲，「心」的力量是最大的。「心」不僅能造作天地萬物，而且能毀滅宇宙世界。他說：「人力或做不到，心當無有做不到者……心之力量，雖天地不能比擬，雖天地之大，可以由心成之、毀之、改造之，無不如意」㉚。在「心」的精神世界裏，是無所不能的。

這樣，「心」就成爲世界的本體，「唯一心是實」，「一切惟心所造」㉛，「心」即是自然和社會的主宰者和創造者。

由上可見，「心」和「心力」的關係相同於「仁」和「以太」的關係。「心」相當於「仁」，「心力」相當於「以太」；「心」或「仁」是自然界和人類社會的挽刼者、造作者，「心力」是

㉙〈上歐陽瓣薑師書·二十二〉，《譚嗣同全集》第三二〇頁。

㉚同前，第三一九頁。

㉛〈仁學〉，《譚嗣同全集》第二九頁。

「心」或「仁」的顯現和作用。

（三）「藏識」和「相分」

譚嗣同認爲，「心」就是佛教唯識宗所說的「藏識」（或稱「第八識」，「阿賴耶識」、「心識」，簡稱「識」），「佛之所謂藏，孔子所謂心」㉜。把「心」說爲「藏識」，在玄奘和他的大弟子窺基所編纂的《成唯識論》中就已說過：「藏識說名心，思量性名意，能了諸境相，是說名爲識」㉝。

譚嗣同認爲，「以太」就是唯識學中的「相分」。他說：「以太者，亦唯識之相分，謂無以太可也」㉞。「相分」之「相」，是一種相狀，「分」是分限差別。「相分」是指感官接觸的境，即心中所映現的影像。猶影像現於鏡面。它是「見分」得以實現的對象（認識對象）；「見分」是一種能了別影像的功能（認識能力），猶鏡面的照物作用。它們都由「識」所變現，「依彼識所變……變謂識體轉似二分，相、見俱依自證起故。依斯二分，施設我法」。㉟是內識變現爲外鏡的中介，唯識學者爲了論證「心」（識）的認識作用，依據見、相二分，設立自我（主體）與萬象（客體），即把「心」區分爲具有認識能力的部分（見分）和被認識的形相部分(相分)，

㉜〈仁學〉，《譚嗣同全集》第四九頁。
㉝《成唯識論》卷五。
㉞〈仁學〉，《譚嗣同全集》第四八頁。
㉟《成唯識論》卷一。

假立一個「能」了別者和「所」了別者。這樣意識的對象不外是自己意識或對象只不過是對象化了的自己意識，（人底設定＝自己意識）。作為「相分」的「以太」，只不過是內心（識）所變現之境（影像），即對象化了的自己意識。

依照唯識學者看來，一切現象（法），不論是精神現象（心法），還是自然現象（色法），都由「識」所變現，在八識中，又以「藏識」為根本（「本識」），前七識（眼、耳、鼻、舌、身、意、末那）都依著第八識（「根本依」）而流轉，然後又回歸第八識；前七識「熏習」第八識，第八識為「所熏」和「能熏」㊱。譚嗣同便以佛教的一切唯心的宇宙觀，描繪了一幅「顛倒循環」「道通為一」的宇宙生滅輪迴的圖畫：「方生方滅，息息生滅，實未嘗生滅。見生滅者，適成唯識。即彼藏識，亦無生滅。……此生所造，還入藏識，為來生因。因又成果，顛倒循環，無始淪滔。淪滔不已，乃灼然謂天地萬物矣。天地乎，萬物乎，夫孰知其在內而不在外乎」㊲？天地萬物都是由「識」所變，而又復歸於「識」。從而否定了外境的眞實性，「識」與「心」、「仁」一樣，就成為宇宙的本體。

上述三點，我們可以看出：譚嗣同所說的「以太」、「心力」、「相分」等哲學範疇，名雖

㊱ 參見窺基：《成唯識論述記》卷十三。

㊲ 〈仁學〉，《譚嗣同全集》第四七頁。

不同，按其實是一個東西；而他所說的「仁」、「心」、「識」，也是「名殊而體一」的。「以太」、「心力」、「相分」是「仁」、「心」、「識」的變現和作用，是它們所以造作的材料和所以通的工具；「仁」、「心」、「識」是譚嗣同哲學的最高範疇，是生產天地萬物的根源，是「寂然不動」，「一而無二」的絕對的精神本體。譚嗣同在《仁學・界說》中把他的宇宙觀簡單而明瞭地概括爲一句話，這就是：「仁爲天地萬物之源，故唯心，故唯識」㊳。

因此，我不能同意把「以太」作爲譚嗣同哲學的最高範疇，從而劃分他的哲學的基本性質。我也不能同意把「以太」二元化，把「以太」說成既是客觀的，又是主觀的；既是物質的，又是精神的等等。

三、通——平等結構

現在，我來說「通」——「平等」（「仁」）的關係。

「仁」（「心」、「識」）是譚嗣同哲學的「一而無二」的精神本體，當這個本體變現爲虛幻的客觀世界諸現象的時候，它不是從對待的事物中建立起統一的絕對本體，而是從本體中設立起許許多多對待；不是從否定運動和變化中推演出永恆的絕對，而是反過來從「寂然不動」的絕對中導引出運動和變化，卽「感而遂通天下之故」。而當它由絕對本體所外化的現實世界最後復

㊳ 〈仁學・界說〉第十一條，《譚嗣同全集》第七頁，重點引者所加。

歸到本體的時候，則又通過對「對待」的破除，即「通天地萬物人我爲一身」，而達到本體的絕對同一（「道通爲一」）。在這個一而二、二而一的顚來倒去中，顯現了譚嗣同哲學體系自身的矛盾。

首先，他認爲，一切生死、出處、行止、語默、去來、連斷、彼此等等事物的差別和對待，都是由「心」所變現的，是由本體中設立起來的對立。他說：「無時不生死，即無時非輪迴。自有一出一處，一行一止，一語一默，一思一寂，一聽一視，一飮一食，一夢一醒，一氣縷，一血輪，彼去而此來，此連而彼斷。去者死，來者又生；連者生，斷者又死……由念念相續而造之使成也。例乎此，則大輪迴亦必念念所造成。佛故說『三界唯心』，又說『一切惟心所造』」❸❾。這樣，他就從本體「心」中推演出運動、變化、日新、輪迴。

其次，他認爲在本體產生出對待以後，自然界似乎眞正存在著對立的現象，這是由於存在著「我見」的緣故。他說：「對待生於彼此，彼此生於有我。我爲一，對我者爲人，則生二，人我之交，則生三。……由是大小多寡、長短久暫，一切對待之名，一切對待之分別，殽然閧然。其瞞也，其自瞞也，不可以解矣」❹⓿。「我見」便是對我的執著，也叫「我執」。「我執」有「人我執」和「法我執」，這是產生對待的原因，是需要破除的。

然而，譚嗣同從本體中導引出對待，並不是他最終的目的，也不是他眞的想承認對立矛盾。

❸❾ 〈仁學〉，《譚嗣同全集》第二九頁。
❹⓿ 同前，第三一頁。

相反，他認為「凡對待之詞，皆當破之」❹❶。因此，從「仁」中生出對待，那只是為了破除對待而設計起對待，以便達到「道通為一」。最後回復到絕對本體——「仁」（「心」、「識」）。

那麼，如何破除對待呢？

首先，他使用相對的方法，從反對不變中否定了在永遠流動着的長河裏，有着階段上的相對靜止和間斷性，從而否定了客觀事物的質的規定性。這樣，事物的一切差別都被抹掉了。他說：「『日夜相代乎前』，吾謂代則無日夜者。又曰：『方生方死，方死方生』。吾謂方則無生死也。王船山曰：『已生之天地，今日是也；未生之天地，今日是也。』吾謂今日者卽無今日也。皆自其生滅不息言之也。……孔在川上曰：『逝者如斯夫，不舍晝夜。』晝夜卽川之理，川卽晝夜之形。前者逝而後者不舍，乍以為前，又以居乎後，卒不能割而斷之曰孰前孰後也」❹❷。

「日夜相代乎前」和「方生方死，方死方生」是莊子在〈齊物論〉中提出的相互對待的命題。譚嗣同比莊子說得更乾脆，他說：「代」就是沒有日夜的區別、「方」就是沒有生死的區別。生與滅相聯接的地方，是「微之又微，至于無可微；密之又密，至于無可密」❹❸。在他加以主觀彌合之後，就成為「融化為一」、「不生不滅了，「不生不滅，仁之體」❹❹。一切矛盾和對待也就不

❹❶〈仁學．界說〉第十七條，同前第七頁。
❹❷〈仁學〉，《譚嗣同全集》第二九頁。
❹❸〈仁學〉，同前第三〇頁。
❹❹〈仁學．界說〉第十三條，《譚嗣同全集》第七頁。

存在了。

「已生之天地，今日是也，未生之天地，今日是也」。這裏包含着王船山對於時間連續性認識的辯證因素。譚嗣同重蹈古希臘克拉迪爾的錯誤㊺，把王船山辯證思想「前進」了一步，認爲：我說今日就是不存在什麼今日。否認了時間的客觀性，同時，他曲解了孔子的變化的思想，認爲在流動不息的河流中，不可能劃分階段，區分誰前誰後，否認了運動的「間斷性」，因而前後的區別也沒有了。

由此，他得出了「仁學」的二條定義（界說）「不生與不滅平等，則生與滅平等，生滅與不生不滅亦平等」。「生近於新，滅近於逝。新與逝平等，故過去和未來平等」㊻。什麼「生、滅」、「不生」、「不滅」；「新」、「逝」、「過去」、「未來」，都是道通爲一，「三世一時」的。否定了對待。

其次，譚嗣同認爲僅僅破除自然界、社會上對待矛盾的現象，達到「三世一時」，「一多相容」，還不能眞正破除對待，是「下士所大笑不信」的，（依唯識學者看來，上述僅僅是破除了「法執」，作到了「法空」；並沒有破除「我執」，做到「我空」）因爲他們並沒有破除「我

㊺ 克拉迪爾把他老師赫拉克利特的人不能兩次走入同一河流中的辯證法思想，向前跨了一步，認爲人一次也不能走入同一河流，否認事物本身的客觀存在。

㊻ 〈仁學·界說〉第十四、十五條，《譚嗣同全集》第七頁。

見」，達到對眞理（「轉識成智」）的認識。所以，障翳深厚，仍然執妄爲眞，爲對待所瞞。假如存在「我見」，就會把「比我小」的叫做「大」，把「比我大」的叫做「小」，我認爲大就大，我認爲小就小，大小的對待就產生了。他說：「執以爲我也，意之所以不誠，亦以有我也。惟平等然後無我，無我然後無所執而名爲誠」㊼。有我，就有「執」，卽有「意」（意識、欲望），就不能做到「誠」；無我，卽無「執」，才能達到「誠」。因此，如果要絕對地破除對待，就必須斷意識，「意識斷，則我相除；我相除，則異同泯；異同泯，則平等出；至於平等，則洞徹彼此，一塵不隔，爲通人我之極致矣」㊽。破除了「我相」，卽破除了「我執」，做到了「我空」，就不會被「我見」所瞞了。這樣，人我之間，一塵不隔，做到了「無人相，無我相」，卽沒有人我的區別。達到了通的極致，卽「平等」。但是有人在譚嗣同的思想中假立起「物物統一」、「物人統一」之後，還設立了「人我統一」；並認爲「心力」是作爲「人我統一」而創造出來的術語，從而虛構出「『以太』和『心力』——唯物和唯心的矛盾」㊾這是不符合譚嗣同「人我通」的原意的。

譚嗣同認爲，「我相除」就是「執識轉」（「執識」卽唯識宗的第七識），「執識轉然後藏

㊼ ＜仁學＞，同前第四九頁。

㊽ 同前，第八三頁。

㊾ 龐樸：＜略論譚嗣同的哲學思想＞，載《新建設》一九六二年第六期。

識可轉」[50]。這樣，就可以在「識」的流轉中，卽主觀頭腦中破除客觀世界的一切對待——物物的對立；破除人類社會一切不平等現象——物我對立和人我的對立。然後，轉識成智，復歸到本體「仁」（「心」、「識」）這時「『一多相容』，『三世一時』之眞理乃日見乎前……眞理出，斯對待不破以自破」[51]。這就達到了「無對待，然後平等」，「無無，然後平等」，「必平等，則無無」[52]的「仁一而已」的無對待的空無世界。

四、「仁學」哲學的思辨秘密

到此，譚嗣同「仁」（「心」、「識」）——「通」（「以太」、「心力」爲所以通之具）——「平等」（「仁」）的「仁學」的哲學體系，就昭然若揭了。就是在這個哲學體系的骨架中，表露了「仁學」哲學的矛盾。本體「仁」（「心」、「識」）是譚嗣同主觀的虛構，是他的頭腦的產物，當這個內識本體需要變現爲外境的時候，它只得在自身中自己把自己區分開來，設計起主體與客體的對待，然後，破除一切對待，這就是「破對待，當參伍錯綜其對待」[53]的意思，而復回歸到本體，卽本體自己和自己合而爲一。「仁學」哲學的這種次序，是因爲無人身的理

[50] 同[47]。
[51] ＜仁學＞，《譚嗣同全集》第三四頁。
[52] ＜仁學・界說＞第二十一、二十二、二十三條，同前第七頁。
[53] ＜仁學・界說＞第十八條，同前第七頁。

性，在自身之外既沒有可以安置自己的地方，又沒有可與自己對置的客體，也沒有自己可與之結合的主體。所以它只得把自己顛來倒去：安置自己、把自己跟自己對置起來，自己跟自己結合——安置、對置、結合。這便是譚嗣同「仁學」哲學體系的思辨秘密。

在譚嗣同「仁學」哲學中，本體「仁」（「心」、「識」）是無人身的理性，而主體成爲這一無人身理性的人格化，本體把自己跟自己對置起來，使自己成爲和心意識對待的客體（「相分」、「以太」等），「參伍錯綜其對待」。最後，破除對待，本體自己跟自己結合，「仁一而已；凡對待之詞，皆當破之」❺❹。即主體與本體「道通爲一」，回歸到「仁」（「平等」、「心」、「識」），「平等者，致一之謂也。一則通矣，通則仁矣」❺❺。這就是譚嗣同「仁學」哲學的邏輯結構。

但是，當他把世界歸結爲一個絕對精神本體的時候，它接近於客觀精神論者；而當這個本體自己跟自己結合，不僅把世界歸結爲自我意識，而且把自我意識提高爲與本體冥合的主體時，它就傾向於主觀精神論者，這是譚嗣同「仁學」哲學的特點。

原載《江漢學報》一九六四年第六期

---

❺❹ 〈仁學・界說〉第十七條，同前第七頁。

❺❺ 〈仁學・界說〉第二十四條，同前第八頁。

民主中國的理想方案

——鄒容思想述評

鄒容（一八八五——一九〇五）是中國著名的民主主義革命家、宣傳家。生前自稱爲「革命軍中馬前卒」，死後南京臨時政府追贈爲「大將軍」。他短促的一生，像閃電一樣的耀亮。他爲爭取中華民族獨立而獻身，他的業績可歌可泣。

一、憂國心如焚

鄒容所處的時代是十九世紀末和二十世紀初。這一時期，世界資本主義各國得到了發展。列強各國拚命爭奪殖民地，侵占中國港口和商埠，作爲擴大侵略的基地。帝國主義各國脅迫清王朝簽訂各種條約，索取各種特權和巨額款項，貪婪地掠奪我國資源。少年時期的鄒容目睹民族的危機，如饑似渴地吸收「新學」，他讀嚴復譯註的赫胥黎的《天演論》，看《時務報》、《蜀學報》、《渝報》等。他「縱談時事」，對於習八股，考功名，產生了厭倦情緒，斥之曰：「臭八股」，「衰世科名，得之又有何用」❶？這在當時頑固派看來，改良聖朝體制的維新君子們，

❶ 鄒魯：《中國國民黨史稿》，第四篇，第一二四一頁。

眞是大逆不道。於是慈禧太后一聲令下，光緒帝被囚、康有爲、梁啓超逃亡，「六君子」慘遭屠殺，維新變法失敗了。但鄒容對於「六君子」之一的譚嗣同卻十分崇拜，他毫無畏懼地懸其遺像於坐側，題詩贊之曰：

赫赫譚君故，湖湘士氣衰。惟冀後來者，繼起志勿灰。（杜呈祥：《鄒容》）

詩以言志。這首詩表達了他對變法流血、慷慨就義的譚嗣同的崇敬心情，又希望後來者不要灰心，再接再勵，繼續尋求救國的道路。

清末革命派孫中山在一八九四年便開始組織「興中會」，次年組織廣州起義，走武裝推翻清王朝的革命道路。到了二十世紀初，中國資產階級知識分子逐漸從當時改良派中分化出來，傾向革命，於是，中國反對君主專制的革命運動，蓬勃興起。

這時，正在重慶經學書院學習的鄒容❷，常和同學辯論：「指天畫地，非堯、舜，薄周、孔，無所避」❸。結果，經學書院的山長呂翼文將他開除。一九〇一年，四川首批選派留日學

---

❷ 一般記載，鄒容在成都「經學書院」學習。據調查，鄒容六歲隨哥哥從巴縣到重慶入私塾讀書，後到「經學書院」讀書，這個書院的山長是呂翼文。章太炎〈贈大將軍鄒君墓表〉一文，有「從成都呂翼文學」的話，但成都是呂翼文的籍貫，主講重慶經學書院。由此引起了誤解。成都的叫「尊經書院」。參看《文物》一九七五年第一一期。

❸ 章太炎：〈贈大將軍鄒君墓表〉，《章太炎政論選集》下册，中華書局一九七七年版，第七九三頁。

生，鄒容從重慶趕到成都，參加赴日留學生考試，本已被錄取，臨時卻被官廳加上了「不端謹」的罪名而取消。鄒容衝破了種種阻力，爭取自費留日。有親戚開導他說：「汝將英文讀好，即吃著不盡，何必別生他念。若欲為國，試看譚嗣同將頭切去，波及父母，好否自知」❹。但是鄒容毫不動搖，果斷地表示：為了國家民族前途，「雖粉身碎骨不計，乃人之義務也」❺。說明他赴日留學的動機和目的。

一九〇一年九月他從重慶到了上海，在廣方言館學習外語。一九〇二年春到達日本東京，在同文書院學習。這一時期，他以興奮而幼稚的心情，迎接着歐美現代主義萌芽期所宣揚的自由、平等、民主的思想，讀着盧梭的《民約論》、孟德斯鳩的《萬法公理》、穆勒的《自由論》和美國的《獨立宣言》等書籍，在他的頭腦中開始醞釀着一個新的共和國的方案，同時他又積極參加留日學生的愛國運動和革命活動。一九〇三年一月二十九日，留日學生千餘人在東京舉行春節團拜大會。在這次集會上，鄒容登臺演說，聲稱不推翻清朝統治，不能挽救中國的危亡。這就是章太炎後來在記述鄒容事蹟時所稱贊的「元旦演說，已大倡排滿主義」❻的由來。

一九〇三年三月三十一日，鄒容約集幾個同學狠揍了清政府留日陸軍監督姚文甫，當衆揭發

❹〈辛丑七月一日鄒容給他父母的信〉，《文物》一九七五年第一期，第四五頁。

❺同前，第四六頁。

❻章太炎：〈獄中答新聞報〉，《章太炎政論選集》，上冊，第二三三頁。

了他的種種罪行，剪掉了他的辮子，懸在留日學生會館示衆。這一革命行動遭到淸政府的忌恨，它照會日本外務省捉拿鄒容。鄒容被迫離開日本，回到上海，住在愛國學社，結識了章太炎等革命家，積極投入革命活動。

這一年全國人民掀起了拒俄反帝愛國運動。沙俄在〈辛丑條約〉簽訂以後，拒不交還東三省，並強迫淸政府簽訂密約，妄圖占領東北，以實現其黃色俄羅斯的殖民計畫。在上海，四月二十七日在張園召開了拒俄大會，「愛國學社」學生一百多人組織了拒俄義勇隊。在日本東京，四月二十九日，留日學生五百多人召開了大會，聲討沙俄侵占東北的罪行，組成了二百多人參加的拒俄義勇隊。鄒容在上海參加了拒俄大會❼，發表演說，聲討沙俄侵略罪行。五月，鄒容在上海發起創立中國學生同盟會。在拒俄運動的高潮中，鄒容含憤疾書，寫了《革命軍》一書，於五月在上海出版。人們爭相傳閱，無不深受感動，「目睹其事，耳聞其語，則罔不面赤耳熱心跳肺張，作拔劍砍地奮身入海之狀」，或「誦之猶當流汗祇悔，以是爲義師先聲」。喚醒了人們革命精神。

❼一般記載，鄒容在日本東京參加了拒俄義勇隊，並且是大會的發起人。據調查，上海市民在四月二十七日集會於「張園」，聲討沙俄侵占東北的罪行，鄒容參加了這個會。《蘇報》一九〇三年五月十一日有四川榮昌縣人謝健寫的《四川諸君公鑒》一文載：「上海愛國學社特開議會於張園，……蓋我四川簿中除健而外，僅巴縣鄒容一人而已」。鄒容自述：「予于今年(一九〇三年)中曆三月間去日本而至上海，即與友人章炳麟同寓」(《中外日報》一九〇三年十二月八日)。另查日本東京留日學生拒俄義勇隊名單，並無鄒容名字。因此，鄒容參加日本東京拒俄大會和拒俄義勇隊事，係誤傳。

清政府以《革命軍》爲「大逆不道」、「謀爲不軌」、「汚蔑今上」❽爲罪名，勾結帝國主義在上海公共租界工部局，查封了介紹《革命軍》的《蘇報》，逮捕了〈駁康有爲論革命書〉的作者章太炎，鄒容自動到工部局投案，被關進租界的監獄。

鄒容和章太炎雖然身陷囹圄，卻心懷革命，在獄中互相激勵，寫下了膾炙人口的戰鬪詩篇：

章太炎的〈獄中贈鄒容〉道：

鄒容吾小弟，被髮下瀛州。快剪刀除辮，乾牛肉作餱。英雄一入獄，天地亦悲秋。臨命須摻手，乾坤只兩頭❾。

鄒容的〈獄中答西狩〉（西狩卽章太炎）道：

我兄章枚叔，憂國心如焚。並世無知己，吾生苦不文。一朝淪地獄，何日掃妖氛！昨夜夢和爾，同興革命軍❿。

鄒容在獄中備受辱虐，但他心懷祖國的前途，毫不顧計個人的生命。他在〈涂山〉詩中曰：「蒼崖墜石連雲走，藥叉帶荔修羅吼。辛壬癸甲今何有，且向東門牽黃狗」。以夜叉和阿修羅等魔鬼比清王朝，以涂山崩裂下墜喩國家的危急。爲民族危亡，像李斯一樣視死如歸。他在給柳亞

---

❽ 張篁溪：〈蘇報案實錄〉，《辛亥革命》第一册，第三七六頁。
❾ 〈獄中詩三首〉，《章太炎政論選集》上册，第二三六頁。
❿ 《復報》第五期。

子的信中表白：「得足下活潑之文章，鼓吹國民，祖國前途或有繫耶！」⓫鄒容曾預見：《革命軍》「文字收功日，全球革命潮。」

一九〇五年四月三日病死獄中，爲民主革命事業貢獻出了他年輕的生命。

二、「作十年血戰之期」

二十世紀初，有覺醒意識的早期立憲主義者並沒有從維新運動的失敗中吸取教訓，仍然頑固地堅持保皇立憲的立場，大肆攻擊革命，汚蔑革命。康有爲、梁啓超等人仍然以爲只要有聖明的皇帝光緒掌握權力，國家仍會得救。這時，慈禧太后這批封建頑固派也施展出欺騙的伎倆，在一九〇一年一月流亡途中下了一道預約變法的上諭，高唱「無一成不變之治法」，廉價地開出了「廢科舉」、「設學校」、「派游學」、「裁冗員」、「設商部」等空頭文告，它勾起了不少改良主義者的幻想，他們反對革命，說什麼：革命之慘，流血成河，死人如麻，把革命描繪得十分可怕，一團漆黑。他們用「名爲保皇，實則革命」的口號，到處鼓吹宣傳，迷惑了一些人。

因此，二十世紀初是改良主義思潮沒落、民主革命思潮興起的時期。但改良主義思潮的影響還存在，革命思想需要輿論的鼓吹。當時，輿論宣傳是革命的需要，是時代的要求，必須劃清革命與改良的界限，揭露改良派的反革命實質，必須從各方面充分論證革命的正義性、必要性。章

⓫〈致四君書〉，《復報》第五期。

太炎的〈駁康有爲論革命書〉和鄒容的《革命軍》就是辛亥革命輿論宣傳時期最有影響的文章和著作，是早期革命家同改良派思想大論戰中的頭一仗，它揭開了這次大論戰的帷幕。

《革命軍》以犀利而悲壯的言詞，激揚而沉痛的筆觸抨擊了清王朝封建專制制度，控訴了清朝最高統治者對人民的殘酷壓迫和剝削，對帝國主義的卑躬屈膝、無恥賣國的行徑，它吹響了自由、民主革命的號角，敲起了清王朝滅亡的喪鐘，促進了中國新興、救亡的革命運動的發展，是當時第一篇系統地闡述這一階段民主革命理論的著作。

《革命軍》以激憤而尖銳的筆墨，揭露了沙俄拒不交還東三省，悍然把東三省做爲其殖民地的罪惡行徑。他說：「山海關外之一片地，曰滿洲，曰黑龍江，曰吉林，曰盛京，是爲賊滿人所謂發祥之地，遊牧之地，賊滿人固當謁力保守者也。今乃再拜頓首奉獻于俄羅斯」⑫。堅決反對清政府的賣國投降行徑。

《革命軍》以嶄新的面貌出現於輿論論壇之上。文章開宗明義說：「革命，天演之公例也」。這個命題氣勢很大，激奮人情，所向披靡。

如果說嚴復翻譯赫胥黎的《天演論》，宣傳達爾文的進化論，是把社會進化同他的君主立憲政治聯繫起來，同改良政治聯繫起來。那麼，鄒容則把「天演」的社會進化同推翻掃除數千年的

⑫《革命軍》，見中國科學院哲學研究所中國哲學史組編：《中國哲學史資料選輯·近代之部》，中華書局一九五九年版。以下凡引《革命軍》語，均見此書，不另註。

封建專制政體聯繫起來，同革命聯繫起來。這是一個思想上的飛躍。革命是社會發展進化的必由之路，是中國欲獨立富強的根本方法，是挽救國家民族生死存亡的關鍵，得之則生，不得則死，是去腐敗存良善，檢驗「孰善孰不善」的客觀標準。他呼籲人民「毋中立，毋徘徊」，站到革命方面來。

康有爲、梁啓超等君主立憲改良派，他們在學習西方時，總要戰戰兢兢地同中國傳統思想形式相結合，利用今文經學，「三世三統說」，表達社會進化論。他們開口彼得大帝，閉口明治天皇，不敢觸動皇帝的至高無上的尊嚴，他們屈辱地當皇帝的奴僕，爲皇帝獻計獻策。而鄒容卻比較多地擯棄了傳統思想形式的束縛，直截了當地搬來了西方盧梭、孟德斯鳩、穆勒的自由、平等、博愛等政治學說，以英、法革命、美國獨立戰爭爲榜樣，歌頌華盛頓、拿破崙。他呼喊：「今日之中國，固非一華盛頓、一拿破崙所克有事也。然必預製造無量無名之華盛頓、拿破崙，其庶乎有濟」。提出打倒皇帝，做國民。「國民者，有自治之才力，有獨立之性質，有參政之公權，有自由之幸福，無論所執何業而皆得爲完全無缺之人」。這是一篇以尊重人權來反對清王朝君權的宣言書。

改良派時時怙念着聖明的皇上。鄒容卻敢於藐視一切皇帝。從秦始皇一直到清朝歷代皇帝都一一批判。秦始皇是「暴秦無道」。統治者稱頌的康熙、乾隆，鄒容說：「實則淫擄無賴，烏獸洪水，泛濫中國」，「吾安得其人再著一康熙、乾隆南遊史，揭其禽獸之行暴著天下」。他認爲如果「不受努爾哈齊、皇太極、福臨諸惡賊之蹂躪」，中國早就富強了。鄒容以革命家的膽識，勇敢地揭露了封建帝王醜惡腐朽的一面。當然，他還不可能全面、正確地評價歷史人物，但在反對君主專制制度，打破皇帝偶像這一點來說，是有其積極意義的。

改良派害怕革命流血，用此來恐嚇國民。鄒容則正面回答：國民需要「養成冒險進取、赴湯蹈火、樂死不避之氣概」，「作十年血戰之期，磨吾刃，建吾旗、各出其九死一生之魄力」。能夠做到「擲爾頭顱，暴爾肝腦」，同清朝滿族統治者「相馳騁于槍林彈雨中，然後再掃蕩干涉爾主權外來之惡魔」。敢於「對敵干預我中國革命獨立之外國及本國人」。「無量頭顱無量血，即造成我新中國前途之資料。畏聞革命者，請先飲汝以一卮血酒，以壯君之膽，毋再饒舌，徒亂乃公意」⑬。先聲奪人，氣勢磅礡。

通過激戰，基本上劃清了革命和改良的界限，區別了革命與反革命。吳玉章先生回憶說「當我讀了鄒容的《革命軍》等文章後，我在思想上便完全和改良主義決裂了」⑭。吳樾說：「昔卑汚之思想，一變而新之」⑮。《革命軍》推動人們站到革命方面來。孫中山說：「《革命軍》一書，爲排滿最激烈之言論，華僑極爲歡迎，其開導華僑風氣，爲力甚大」⑯。影響甚大。

⑬〈駁革命駁議〉，《章太炎政論選集》上册，第二三頁。這篇文章最後一段是鄒容所代寫。
⑭吳玉章：《辛亥革命》，第五九頁。
⑮吳樾：《暗殺時代・序》。
⑯《建國方略》，《孫中山選集》（上卷），人民出版社一九五六年版，第一七五頁。

三、鞭撻清王朝的罪惡

翻開二十世紀初革命家出版的書刊報紙，在他們的文章中，連篇都是排滿的文字。排滿成爲革命和改良分歧的焦點，成爲革命和反革命的分界線。反清必反滿，因爲清朝政權是專制制度，是滿族大貴族和漢族大地主的聯合專政，滿族貴族掌握最高權力。因此，一提到反清政府，必然要剷除滿族統治者的特權。這樣反專制制度便同反滿問題聯繫起來。同時，清朝政府又是列強帝國的奴僕，是列強帝國的奴僕總管。只要提到反對向列強帝國妥協投降，就要反對滿族統治者的賣國政策，這樣，反外侮、反侵略又同反滿問題相聯繫。透過大量反滿文字，便看出其思想背景。鄒容《革命軍》中說得明白：

吾不惜再三重申詳言曰：內為滿洲人之奴隸，受滿洲人之暴虐，外受列國人之刺擊，為數重之奴隸。將有亡種殄種之難者，此吾黃帝神明之漢種今日唱革命獨立之原因也。

因爲內受滿族貴族的壓制，外受列強的壓迫，如果再不起來革命，中華民族就有亡國滅種的危險。他主張「欲禦外侮，先清內患」，「以恢復我聲明文物之祖國，以收回我天賦之權利，以挽回我有生以來之自由，以購取人人平等之幸福」。在這裏，鄒容反滿、反君主專制、反外國侵略，其目的是要建立中國近代民主共和國。

由此可見，他的革命的涵義決不僅僅限於驅除滿族，光復漢族，章太炎在《革命軍·序》中解釋：「諒以其所規劃，不僅驅除異族而已，雖政教學術，禮俗材性，猶有當革者焉，故大言之曰革命」⑰。《蘇報》：〈讀《革命軍》〉一文也分析說：「鄒氏之《革命軍》也，以國民主義爲幹，以仇滿爲用」，「然使僅僅以仇滿爲目的，而不灌輸以國民主義，則風潮所及，將使人人有自命秦政、朱元璋之志，而僥倖集事，自相奴畜，非釀成第二革命不止」⑱。道出了鄒容民主主義思想的實質。當然，由於鄒容的革命立場，他還沒有用民主觀點區分滿族統治者和滿族人民，字裏行間流露了濃厚的民族復仇情緒和大漢族主義，說了好多汚蔑滿族的話，這是其當時被壓迫下一個反對者立場的局限。但主流方面仍是揭露清朝最高統治者的君主特權及其賣國政策，對清朝君主專制主義統治進行了無情的控訴和鞭撻。

他揭露道：

——清朝統治者，糜爛不堪，他們只知搜括民脂民膏，以窮奢逸樂。慈禧太后擴建頤和園，「崇樓傑閣，巍巍高大」，可是「其間一瓦一礫，何莫非刻括吾漢人之膏脂，以供一賣淫婦拉那氏之笑傲」，卽使是清統治者自命的「仁皇帝」「純皇帝」的「賢明君主」（指康熙帝、乾隆帝），也只不過是沉緬酒色，荒淫極欲的暴君，比之隋煬帝楊廣、明武宗朱厚照有過之而無不及。

---

⑰《革命軍·序》，《章太炎政論選集》上册，第一九三頁。

⑱《辛亥革命前十年間時論選集》第一卷，下册，第六八五、六八四頁。

——清朝統治者，對內殘酷地壓迫剝削人民。對農民刮地皮，吸民血，名爲薄賦，實則加稅，「是故一納稅」，「加以火耗、錢價、庫平等」，「一兩之稅，非五六兩不能完」。逼得農民「鬻妻典子」，可是統治者卻說這是什麼「皇仁」，其實是「殺人而曰救人也」。對工商業則橫加剝削，抑制其發展。清政府一旦償兵費，賠教案，甚至供玩好，養國蠹者都「取之于商人」。捐、稅、洋關、釐金，名目無計，因此工商業凋敝，商人被貶爲「末務」、「市井」、「市儈」「不得與士大夫伍」。這裏，他站在民族資產階級立場，維護商人利益，對清政府進行了有力的控訴。對士兵，「每月三金之糧餉，加以九錢七之折扣」，所剩無幾，「及其死傷也，則委之而去」，「扶傷裹創，生計乏絕，流落數千里外，淪爲乞丐」，慘不忍言。

——清朝統治者，對外屈服於列強帝國的侵略。爲了取得列強帝國的歡心，求得一日之安逸，不惜出賣民族利益。他們「殺一教士而割地償款，篤一外人而勞上諭動問」。公開提出「量中華之物力，結友邦之歡心」。他們認爲與其被中國人民的革命所推翻，不如把中國贈給列強帝國。「與其授家奴，不如贈鄰友」。就在這種思想指導下，祖國的大好河山拱手讓給列強帝國。臺灣、香港、大連、旅順、膠洲灣、廣州灣等，一一割讓，充分暴露了清王朝甘爲列強帝國走狗奴才的可恥面目。

——清朝統治者，爲了維護統治秩序，不僅在政治經濟上壓迫剝削人民，而且在思想上箝制人民。他們利用科舉制度羞辱士大夫，借此銷磨他們的革命鬪志，以便供自己驅使。並且利用數千年來的忠孝倫理道德，叫人民服服貼貼地當奴隸、受統治，「臣當忠，子當孝，大家切勿亂胡鬧」。而那些傳播封建文化的學者之流，口誦六經，道貌岸然，實則「鑽營奔競，無所不至」。鄒容猛烈地抨擊了對內殘酷壓迫剝削人民，對外賣國投降，腐敗無能的清王朝，認為不革命，人民是不能活下去了，中國是不能生存下去了。要抵抗外國列強帝國侵略，必須先推翻清朝的統治，主張用武器的批判，結束幾千年的專制政體。

但是，對於清朝君主專制的主要支持者，中國社會各被壓迫階級最主要的敵人——列強帝國，鄒容卻沒有足夠的認識。因而他沒有針鋒相對的正面提出反帝的口號，沒有揭露列強帝國的罪行。相反，他把列強帝國對殖民地的侵略和奴役，極其錯誤地看成是殖民地人民「自樂為奴隸也」，把列強帝國所以亡我國的原因說成是「文明程度高於吾也」，把殖民地之所以亡的原因歸之為「無教育」。這是受社會達爾文主義影響有關。

侵略是由列強帝國的殖民本性決定的。中國的落後不是列強帝國侵略的根本原因，恰恰相反，中國的貧困和落後正是列強帝國侵略和封建主義的專制所造成的。所以任何對反帝嚴重性的認識不足，把舊有經濟的不平衡代替富者對貧者的剝削的革命頌揚為完美無缺，嚮往英美資本主義國家制度，那麼，儘管他滿懷愛國的義憤，痛切民族的危急，但總將使他反封建反帝革命的美好願望付之東流。歷史的經驗證明：只有把這兩者有機地結合起來，才有可能取得反帝制反封建的革命的勝利。

同樣，任何對中國農民問題的認識不足，其結果也只能使反帝制反封建的革命流產。鴉片戰爭以來，中國的社會性質決定，抗爭的實踐證明，農民是反對外侮內專的最堅決的力量，是民主革命的「主要社會支柱」。鄒容，他與同時期其他革命家一樣，對於這樣一個頭等重要的基本動力問題，不僅沒有引起高度的重視，反而對農民的問題持輕蔑的態度，他認爲李自成是「流寇」，義和團的愛國反帝運動是「爲民增禍亂」的「橫暴恣狙」的「團匪之亂」，因此，他把那一階段民主革命設想爲「有破壞，有建設」的「文明革命」。以便和農民的所謂「有破壞，無建設」的「野蠻革命」相區別。事實上，正是農民戰爭震撼了封建主義的統治基礎，正是義和團運動一定程度打擊了列強帝國瓜分中國的陰謀。而他所謂的「文明革命」，這一方面說明當時革命家害怕自下而上的國民的革命風暴，害怕國民起來後侵犯他們的利益；另一方面，他們害怕破壞，害怕國民矯枉過正。這樣，他雖然曾說過革命的根源，「源于國民，因於國民，而非一二人所得而私有」，實際上，卻是一句空洞的口號。所以他沒有提出足以動員國民的主張，也不過是無視國民的空話。這使得他們失去了民主革命的依靠，相反，使自已孤立起來。

四、建立中華共和國

鄒容反對君主專制主義的思想武器是盧梭的天賦人權論，他的學說比起改良派來說，確是邁進了一大步。在國家起源的問題上，他說：

有生之初，無人不自由，即無人不平等，初無所謂君也，所謂臣也。若堯、舜，若禹、稷，其能盡義務於同胞開莫大之利益以孝敬於同胞，故吾同胞視之為代表，尊之為君，實不過一團體之頭領耳，而平等自由也自若。後世之人不知此義，一任無數之民賊獨夫，大盜巨寇，舉衆人所有而獨有之，以為一家一姓之私產，而自尊曰君，曰皇帝，使天下之人無一平等，無一自由。

他從社會發展的型態進行考察，看到人類社會開始並沒有君臣國家，而是公天下；後來才產生了國家，而爲私天下。封建帝王竊國爲私，人民便變成受壓迫者，變成了奴隸。這種觀點和類似的論述，雖在改良派的文章著作中也可以看到，但所不同的是康、梁等在解釋人民的政治權利時，提倡民權，然而在改良派看來，人民是愚昧的，他們不能掌握權力，需要一個皇帝，代替人民實行權利。因此，他們一方面說民權並不等於民主，人民應提高政治覺悟，要進行教育，即開民智，然後才可掌握權力。另一方面，他們所說的民權並不反對君權，皇帝還是推翻不得，民權借君權來體現。鄒容與改良派大異，他提倡民主，他說：

凡為國人，男女一律平等，無上下貴賤之分。

各人不可奪之權利，皆由天授。

要求去掉奴性，收回天賦的權利，換取人人的自由、平等和幸福。他一方面提倡主權在民，他說的民權才是眞正的民主；另一方面，他強調民主和君主是不相容的，一定要推翻清朝皇帝。這種思想就高出改良派一籌。他痛斥奴隸和奴性。他說一部二十四史，實際上是一部大奴隸史。近代曾國藩、左宗棠、李鴻章這班赫赫大軍閥、大官僚，在鄒容的筆下，仍是「中國人為奴隸之代表也」。曾、左、李之流所提倡的柔順、安分、韜晦、服從，以及他們的實際政治活動：做官、發財，鄒容統統斥之為「中國人造奴隸之教科書也」，無非是教人如何當好清朝政府的奴隸。改良派要依靠清朝皇帝來支持他們，推行「君主立憲制」，而鄒容公然提出：「國者積人而成者也」，「非為一家一姓之家奴走狗」，要有參政的公權，有自治的才力，享受平等、自由的權利。他甚至還說：

外國工人有干涉國政、倡言自由之說，以設立民主為宗旨者，有合全國工人立一大會，定法律，以保護工業者，有立會演說，開報館，倡社會之說者。

要求人民有權參政：「各人權利必須保護，須經人民公許，建立政府，而各假以權，專掌保護人民權利之事」。這種響亮的呼聲，在人們總認為「不可一日無君」的國度內，頑固派聽了駭而驚走，即使是早期改良派聽了，也認為太激進了。

早期革命者要掌握治國的理想，採用什麼政體呢？鄒容精心設計了一個「中華共和國」的方案。其綱要如下：

⑴中華共和國，「為自由獨立之國」，「所有宣戰、議和、訂盟、通商及獨立國一切應為之事，俱有十分權利與各大國平等」。

⑵中華共和國，「建立中央政府爲全國辦事之總機關」。各區省公舉一總議員，由各省總議員中公舉一大總統，「爲全國之代表人」，政府「保護人民權利」。如果政府「有干犯人民權利之事，人民即可革命，推倒舊日之政府」，「經承公議，整頓權利，更立新政府，亦爲人民應有之權利」。

⑶中華共和國爲「國民謀幸福」。人人皆有「天賦之權利」，「不得侵人自由」，如言論、思想、出版之自由，不得侵犯，「全國無論男女皆爲國民」，「凡爲國人，男女一律平等，無上下貴賤之分」。

⑷中華共和國的憲法和法律，「悉照美國憲法和自治法律」，「參照中國性質立定」。

⑸中華共和國的國民，「有忠於爲此新建國家之義務」，「有承擔國稅之義務」；「男子有服兵役之義務」。

⑹中華共和國「誅殺滿洲人所立之皇帝，以儆萬世不復有專制之君主」，「對敵干預我中國革命獨立之外國及本國人」。

最後，鄒容號召全國四萬萬同胞：

爾祖國之名譽飛揚，爾之獨立旗已高標於雲霄，爾之自由鐘已哄哄於禹域，爾之獨立廳已雄鎮於中央，爾之紀念碑已高聳於高岡，爾之自由神已左手指天，右手指地，為爾而出現！嗟夫！天清地白，霹靂一聲，驚數千年之睡獅而起舞，是在革命，是在獨立！皇漢人種革命獨立萬歲！

中華共和國萬歲！

中華共和國四萬萬同胞的自由萬歲！

「中華共和國」的藍圖是富有生氣、充滿民主主義戰鬪氣息的。這個綱領說明了鄒容對美國政治制度的嚮往，和對民主、自由、平等的憧憬。他敢於反對干預革命的外國人，較之與中會和後來的同盟會宣言中所提的「外禦寇仇」的口號，反侵略性更爲鮮明。他提出：「無論何時，政府所爲，有干犯人民權利之事，人民卽可革命，推倒舊日之政府，而求遂其安全康樂之心。迨其旣得安全康樂之後，經承公議，整頓權利，更立新政府，亦爲人民應有之權利」。我們可以看出，這一條文是直接襲用了一七七六年美國〈獨立宣言〉的條款。〈獨立宣言〉說：

政府是為保障各人的不可割讓的權利而設立；政府的權力是根據於被治者的同意，當任何政府違反其所以設立的目的時，人民有權加以改變，或廢棄，而重新根據最有利於他們的安全與幸福的原則，另建一個新政府⑲。

相比之下，兩者的語言幾乎相同。鄒容敢於採用這一條款，其思想和同時代的革命派的政治思想家相比較，就激烈得多，這是十分可貴的。

採取什麼方法來實現這一政綱？鄒容的回答是堅決而明確的，卽「暴力革命」。「爲祖國請

⑲ 美・頓寧《政治學說史》，神州國光社中譯本一九三二年版下册，八七頁。

命！擲爾頭顱，暴爾肝腦，與爾之世仇滿洲人，與爾之公敵愛新覺羅氏，相馳騁於槍林彈雨中，然後再掃蕩干涉爾主權外來之惡魔」！這種英勇戰鬪的精神是革命派用畢生的革命實踐和獻身來證實了的，是改良派所畏懼而望塵莫及的。

為什麼鄒容能提出這樣的革命綱領？因為這時中國中產階級還在走上坡路，表現了它的革命性。這個階層不是在衰落下去，而是在向上發展；它不是懼怕未來，而是相信未來，奮不顧身地為未來而鬪爭。鄒容運用西方民主、自由、平等的政治學說，參以法國大革命、美國獨立戰爭後建立起來的共和國的模型，構成了中華共和國的藍圖。以促使中國富強獨立的政治方案，這對動搖清王朝的統治思想，起着一定的鼓動作用。

但是，西方資本主義社會到十九世紀末已走向列強帝國的趨向。「理性王國」的神聖外衣，日益被現實的對於國民的剝削壓迫和對殖民地的掠奪與奴役所揭穿。自由、平等和人權，實際上被壓迫剝削廣大國民以及對殖民地國民的奴役所沾污；廣大人民只有被壓迫、被剝削的權利。特別是中國，近六十年來，西方列強帝國的侵略，八國聯軍的掠奪和血腥屠殺。中國人民是記憶猶新的。因此，卽使是向西方學習的先進人物，如康有為、孫中山等都已隱隱約約地覺察到西方列強帝國發展所帶來的貧富不均等種種弊病，但由於他們思想局限，他們只能在西方思想資料的基礎上進行一些修補。他們不是在列強帝國軀體上穿上中國大同思想的儒服，就是披上主觀社會主義的服裝。鄒容以他年輕而單純的頭腦和對於資本主義制度衷心的景仰，似乎沒有敏感地覺察到這一點，因此，他所描繪的「中華共和國」的藍圖，卻較少粉飾。但不管是康有為、鄒容還是孫中山，雖然他們的觀察的角度有所不同，而他們所提出的解決中國問題的方案在本質上是一樣的。

二十世紀初，中國的內外條件，畢竟是和法國大革命時期不同了。中國是一個外有列強帝國侵略，內有君主專制勢力壓迫的國家。列強帝國侵略中國的目的是要把中國變為它的殖民地，而決不是要把君主專制的中國變成資本主義的中國。因此，不管革命家如何苦心地修補他們的設想，如何精心設計共和國方案，其命運卻是流產。

中國近代的佛教革命

——太虛的法相唯識學、世論及其特點

太虛法師生於光緒十五年（一八九〇）❶，圓寂於民國三十六年（一九四七）。法師學貫內外，兼通中西，成佛教革新派代表人物。

一、佛教倫理

怎樣認識太虛法師？印順法師在〈認識大師和紀念大師〉一文中說：「紀念大師，要在正確體認大師之根本思想與盡力推行其旣成事業而光大之」❷。一是體認太虛思想，窺其明徹理悟；二是平實行履，復興佛教事業。這兩方面雖有分別，實乃聯繫，前者爲指導或根源，後者爲踐行或表現。

---

❶ 太虛法師生於光緒十五年十二月十八日，依公元計算爲一八九〇年一月，作一八八九年，乃就光緒十五年而計。今作一八九〇年。

❷ 見《太虛大師紀念集》，漢藏教理院同學會，太虛大師追悼委員會編輯委員會，民國三十六年，第三七頁。

「佛法在世間，不離世間覺」。太虛法師的思想和事業充分體現了不違時代、順應潮流的特點。佛教入中國，歷經二千餘年，其間盛衰隆替，乃環境之使然❸，而國情風俗之殊異，戒律僧制的不相適應，亦在必然之中。因此有道安的三列命章，百丈的叢林清規等。僧制本是時代環境的產物，太虛「志在整理僧伽制度」，不僅符合毘尼，而且是時代需要。即使要復與佛教，亦得力於僧制的整頓。太虛法師基於此大識，而著《整理僧伽制度論》、《僧制今論》、《建僧大綱》等數種❹。在《建僧大綱》中，他提出了「三級僧制」：㈠學僧制（或稱比丘僧制），分四個級別，修學十二年，達到具足學僧之資格。律儀院，沙彌半年，比丘半年，普通教理院四年；㈡職僧制（或稱菩薩僧制），下設五機構：⑴布教所（約五千所）。⑵病院、慈幼院、養老院、殘廢院、賑濟會。⑶律院、教理院、及文化事業機關。⑷教務機關。⑸專修雜修林；㈢德僧制（或稱長老僧制），宜行於山林茅蓬，可以合衆多茅蓬為一處，成一專修叢林。

整理僧制在於避免佛教各宗派各有不同清規，使人無所適從。所謂「出門三五里，各處一家風」，就是這一情況的反映。統一家風，也就是說統一佛教清規，在所必行。太虛旨在使全中國

❸ 參見拙文：〈論漢魏—隋唐時代儒、釋、道三教的鬪爭和合流〉載《中國哲學史論文集》(第一輯)，山東人民出版社一九七九年，第二一八—二六〇頁。〈中國傳統哲學與儒、釋、道的融合統一〉，載《傳統文化與現代化》，中國人民大學出版社一九八七年版，第一三五—一五三頁。

❹ 《整理僧伽制度論》作於一九二五年，《僧制今論》作於一九二八年，《建僧大綱》作於一九三〇年。

佛教徒不分宗派，具有統一的定規可依；革除清高奇古之風氣，使全國僧衆團結一致，與人羣打成一片，而福利人世；避免出家與受戒的人無一定標準，致有龍蛇混雜之失。僧制整頓和改革，其宗旨是與中國時代潮流相配合，使其更具有中國的特點。以及更好地闡揚中國的大乘佛教思想，實際負起住持佛教的責任。

太虛「行在瑜伽菩薩戒本」❺，在於使每一個衆生，都爲菩薩的大悲所潤澤。也就是說，進一步使佛教福利人羣，即世俗化。佛教的世俗化，便是太虛法師提出的建設人間佛教的設想。所謂人間佛教，是指以佛教的道理來「改良社會，使人類進步，把世界改善罷了」❻。並非教人離開人間去做神做鬼，或出家到寺院山林去做和尚。建設人間佛教，必須消除羣衆對於佛教的種種誤解，譬如以佛教爲神異的、姦盜的、閑隱的、朽棄的等。佛教是教人怎樣做人和做人的道德。太虛法師根據《心地觀經》，提出佛教倫理說：㈠報父母恩，人從懷胎到成人，都需父母撫育，報答父母，亦即世間所謂之孝道；㈡報社會恩，人生在世，賴社會而生存，報衆生恩，人才具有仁愛之德；㈢報國家恩，人人愛國，先國家事，後治私業；㈣報聖教恩。人要超越庸庸生，碌碌

❺〈志行之自述〉，《太虛法師文鈔初集》（第一編）中華書局民國十六年版，第一九〇頁。「志在整興佛教僧會，行志瑜伽菩薩戒本」，第一句或作「志在整理僧伽制度」。

❻〈怎樣來建設人間佛教〉，《太虛大師講錄》（四種合刊），漢口佛教正信會出版，民國二十四年，第二頁。

死，而導嚮無窮的不朽精神，成人的道德，即佛教切近教人實行的道德❼。

太虛法師所說佛教教人的四重報恩倫理，是指主體應盡的義務。人們的道德關係是建立在個體道德基礎上的，或通過主體的道德而形成的。倫理是道德的客觀化，或者說是客觀化了的道德。倫理關係是超越了具體主體——我的人與人的關係，或者說是客觀化了的道德關係。倫的本義是輩，《說文》：「倫，輩也」。引申爲類。漢鄭玄《禮記・曲禮》注：「倫，猶類也」。再引申爲道或理。《論語・微子》：「言中倫，行中慮」。朱熹《論語集注》：「倫，義理之次第也」。是指被同類所遵守的，不以人爲轉移的道理。理的本義是條理、紋理，引申爲治理（治玉按照紋理）或次序。倫理是客觀的道理、理則，它通過人的意識而存在和人的社會活動而發生效用。人體認、實踐倫理，把這種客觀的道理、理則，變成我的報父母、社會、國家、聖教的行爲，便是道德。道德和倫理既相區別，又密切聯繫，相互轉化。一般說來，人們所獲得道德認識和道德實踐，通過時間逐漸演變，空間影響擴大。而爲全社會所效法，成爲一種倫理；社會倫理通過後人的學習和實踐，與人的行爲主體相結合，又成爲主體的道德。倫理與道德的這種關係循環往復，而不斷具體和豐富，便有益於國家和社會。

道德是一定社會調整人與人、個人與社會之間關係的行爲規範的總和，它是以善和惡、正義

---

❼ 參見〈怎樣來建設人間佛教〉，同前，第五—七頁。

和非正義、公正和偏私、誠實和虛僞等道德範疇來評價人的言行和調節人際關係。太虛法師認爲，道德乃是「人復眞如之心」，「心契本覺之性」，這便是道德之元和全。他以「內反諸己躬性爲眞本之道德」❽，作爲中國國民性之特徵，即「內聖外王」。所謂「聖」，即「離過絕非，智圓福備」；所謂「王」，即「濟世救物，益羣利衆」。發揚內聖外王之國民性，便能「斷除一切染心惡業苦事，則殺盜、邪妄、貪嗔、癡慢、驕諂、嫉憂皆無矣」；「培養成一切淨心善業樂事，仁慈、義讓、溫良、勇健、榮富、壽康皆有矣」，這是從離過智圓的「內聖」而言。從濟世益羣的「外王」而言，便是「體國經野，惠民厚生，扶弱匡時，解紛排難。哀不能而拯困窮，流闓閎以馴服強暴，足以保傅人天，與圜地倫庶貞無盡之進化矣」❾。此「內聖外王」之功，即佛教實踐眞唯心原理的三聚淨行。推而行之，見之家族、社會、國家、國際、世界，則家族親睦，社會輯和，國家客固，國際妥洽，世界康樂；見之政治、紀律、教育、學藝、禮俗、財泉、羣倫、庶類，則政治清寧，紀律修明，教育均平，學藝昌盛，禮俗淳良，財泉流通，羣倫整齊，庶類繁榮。凡此，亦是佛教所要求達到的道德。

太虛法師所說的佛敎道德倫理，是與現代現實社會相適應，而不是相悖；不是脫離現實社

❽ 〈中華民國國民道德與佛敎〉，《太虛法師文鈔初集》（第一編）中華書局民國十六年版，第一七六－一七七頁。

❾ 同前，第一七七－一七八頁。

會，而是參與現實社會的政治、教育、學藝、禮俗、財泉、羣倫等等。如就此而言，佛教不是出世間，而是入世間，在這個意義上，法師提出建設人間佛教，是有其深刻意義的。人間佛教凸現了「人」，以「人」的立場，闡揚佛陀所說宇宙人生的眞相和以「人」爲基礎而求完滿人生的方法。改變中國佛教向重「後世增勝」與「生死解脫」之失，而應依先以五戒等善法，改善人間或人生；進而從了解業界流轉之行，趣後世增勝；再以四諦十二因緣等法，求生死解脫；最後再斷所知障行六度四攝等法，求證福智圓滿的完滿人生——佛陀。當然，佛陀並沒有規定一個僵死的、一成不變的唯善步驟或方法，而可以應機而變。

正因爲這樣，人生佛教具有這樣一些特色：㈠能適應現代世界文化，現實人生化，組織羣衆化，重徵驗、重證據的現代科學化，而以人類，人類生存發達，大悲大智普爲羣衆而起義的大乘和圓漸的大乘法爲中心，使人認識佛教所揭示的現實人生的眞義。㈡能除流弊而改善現實人生的行爲。佛教傳播，就時空而言，時代久遠，空間廣濶。在傳播過程中，由於各時代、各地區文化潮流的差異，風俗習慣的區別，有把佛教說成是迷信鬼神、精神不滅的宗教，爲死後作享福鬼而信佛，這是對佛教的誤解。佛教以「死」是「生」的變化，人既生着，就要認識人生，作好人，按五戒善法實行，改善現實人生的行爲。㈢能理解法界緣生、無生，無生、妙生的眞義。生分緣起的生、變易的生和流轉的生，此三種生其實都非實有而性空，生而無生，無生而生的生，顯示了人生的自由本性，如一切法有實性在支配，人生的活動便不自由了。無生妙生的眞義是完成人生自由的本性。㈣能以人乘正法和直階大乘精義而達成完滿的人生。佛教中有五乘法（人乘、天乘、聲聞乘、緣覺乘、如來乘），第五如來乘是完滿人生的最高境界，但第一人乘源於如來乘，而稱人乘正法。它是以「現今人倫之習慣風俗性情爲質地，以佛教人乘正法爲準繩，使咸納乎人道之正軌耳」⑩。因此，人倫道德理法（亦曰人倫理性），是使人類生存蕃昌文美安樂的方法或條件。然後信仰三寶，皈依三寶，下爲利濟衆生，培修福慧，上求斷除所知障，證得法界圓明，由此圓滿福慧，而成完滿人生。

太虛法師建設人間佛教，提倡人生佛教，是依據佛法「契理」和「契機」的原則，卽人的言行思想與佛理相合，隨類化導，以種種方便善巧合乎衆生接受的機感，無疑能與現代文化思想潮流相適應。這亦是佛教現代化的創造性轉變的依據所在。

二、唯識法相原理

《法相唯識學》是太虛法師的重要佛學著作。他主張「法相卽括唯識，唯識卽攝法相」⑪，

⑩〈佛教人乘正法論〉，《太虛法師文鈔初集》（第一編）中華書局民國十六年版，第八五頁。

⑪〈論法相必宗唯識〉，《法相唯識學》商務印書館民國二十七年版，第四二頁。歐陽竟無和呂澂都認爲法相和唯識爲二宗。參見〈竟無居士學說質疑〉，《太虛法師文鈔初集》（第三編）第一九〇——一九二頁。

而不同意分法相與唯識爲二宗。「法相示唯識之所現，而唯識所現卽一切法相，唯識立法相之所宗，故法相必宗唯識。所現一切法甚廣，然所變所現一切法之所歸則在唯識。故示宗旨所在曰法相唯識」⑫。這就是說，法相唯識是致力於分析世界一切精神現象和物質現象，通過一切現象（法）的分析，說明一切現象都是「識」所變現；唯識變現爲一切法相，法相都可歸結爲識的作用或變現；唯識決定、支配世界的一切，脫離「識」，一切法相都失去了存在的宗依或根據，法相與唯識不可分離。「今以法相唯識連稱，則示一切法（五法三相等）皆唯識所現。唯，不離義。識卽百法中之八識及五十一心所。其餘四十一法亦皆不能離識而存在，以一切法皆唯識所現故」⑬。所謂「萬法爲識」，就是這個意思。

法相唯識學是說明唯識法相原理的學說。它原自印度佛學中的有宗（瑜伽行派），它與龍樹（Nāgārjuna，約一五〇—二五〇）及其學生提婆（Âryadeva，約一七〇—二七〇年）所創立的空宗（中觀派）有別。有宗（瑜伽行派）的創立者據稱爲彌勒⑭（Maiteya-nātha，約三五〇—四三〇），有說是無著（Asanga，約三九五—四七〇）和世親（Vasubandhu，約

⑫ 〈概論〉，《法相唯識學》同前，第一一頁。
⑬ 同前，第一〇頁。
⑭ 彌勒在漢譯佛經中有種種不實的記載，但有些學者認爲確有其人。日本宇井伯壽在《印度哲學研究》中根據所傳彌勒著作及其它資料論證彌勒是一個歷史人物。

四二〇—五〇〇）兄弟。並由護法和戒賢而傳入中國。中國偉大的佛教譯經家玄奘在中國傳播法相唯識，並建立了法相唯識宗。其代表譯作爲《成唯識論》和他的弟子窺基的《成唯識論述記》。太虛法師的《法相唯識學》便是對這一派學說的解釋和發揮。

所謂法相，非法律之法，互相之相，而是「持存自性，軌範他解」爲法。相貌、義相、體相之相爲相。法相謂所知一切法之相貌、義相及體相。凡由眼識和意識了別或了知的顏色、形狀、表徵爲相貌；意識所思維、所分別、所判斷爲義相；由實體之刺激而有感覺爲體相。然研究法相唯識學，最重要是了解百法。太虛法師依世親的《百法明門論》和《五蘊論》作了具體論述。他把百法分爲五類：

第一類爲心法。有八識：眼、耳、鼻、舌、身、意前六識具有了別（區別）和感覺認識的功能，以色、聲、香、味、觸、法爲相應的幻現外境的認識客體。前五識只了別外界現象的個別方面，意識能了別現象的整體或過去、現在和未來。它既是「五俱意識」，亦是「獨行意識」。第七末那識是聯係前六識和第八識的中介，具有思維度量的功能，並以第八識的存在爲自已存在的前提。第八阿賴耶識，阿賴耶有「穀物倉庫」的意思，卽藏識，又名種子識、異熟識、無垢識、根本識、宅識等。它具有三種功能：⑴能藏，卽攝持和保存一切種子及「生起宇宙萬有的一切潛在力」，它與宇宙的顯現狀態（現行）互爲因果；⑵所藏，阿賴耶識是一切種子，也是生起宇宙萬有潛在力的所藏之處；⑶我愛執藏，在聯繫因果業報中，稱爲執持識，是無始以來各種生類輪迴轉生的生命主宰和維持者。第八識是前七識的根據和主宰者。

第二類爲心所有法。是從心法(八識)所變現的心理活動，知、情、意、思想現象或作用。可分五種⑮：㈠遍行心所：⑴作意，⑵觸，⑶受，⑷想，⑸思。人人都具有的普遍性心理、意識活動。㈡別境心所：⑴欲，⑵念，⑶勝解，⑷三摩地(定)，⑸慧。不是普遍的，而是由特殊的人和境而引起的心理意識活動。㈢善心所：⑴信，⑵精進，⑶慚，⑷愧，⑸無貪，⑹無瞋，⑺無癡，⑻輕安，⑼不放逸，⑽不害，⑾行捨。㈣不善心所，根本煩惱：⑴貪，⑵瞋，⑶癡，⑷慢，⑸疑，⑹惡見；隨煩惱：⑴忿，⑵恨，⑶覆，⑷惱，⑸慳，⑹嫉，⑺誑，⑻諂，⑼害，⑽憍，⑾無慚，⑿無愧，⒀惛沉，⒁棹舉，⒂不信，⒃懈怠，⒄放逸，⒅失念，⒆散亂，⒇不正知。㈤不定心所：⑴悔，⑵眠，⑶尋，⑷伺。以上共五十一心所，與五蘊中的受、想二蘊及行蘊中與心相應的諸行(四十九種行)相當，是心所有的各種現象(法)。

第三類爲色法。⑴眼根，⑵耳根，⑶鼻根，⑷舌根，⑸身根，⑹色塵，⑺聲塵，⑻香塵，⑼味塵，⑽觸塵，⑾法塵所攝色。這些是自然的或生理的現象。

第四類爲不相應行法：「不相應」是指「不能與心合作一事」⑯。⑴得，⑵命根，⑶衆同分，

---

⑮ 有分爲六種，即把「不善心所」分爲「根本煩惱」和「隨煩惱」兩種，太虛法師把此兩者都作爲「不善心所」。

⑯ 〈概論〉，《法相唯識學》同前，第九頁。

(4)異生性，(5)無想報，(6)無想定，(7)滅盡定，(8)名身，(9)句身，(10)文身，(11)生，(12)老，(13)住，(14)無常，(15)流轉，(16)定異，(17)相應，(18)勢速，(19)次第，(20)方，(21)時，(22)數，(23)和合性，(24)不和合性。不相應行法亦稱「心不相應行法」，是說與心的活動現象有區別的活動，事實上與色法也有差異。

第五類爲無爲法。(1)虛空無爲，(2)擇滅無爲，(3)非擇滅無爲，(4)不動無爲，(5)想受滅無爲，(6)眞如無爲。無爲法是屬於不產生也不消滅的法，即無造作、無變化、無功用，與有造作、有變化、有功用的有爲法不同。譬如「虛空無爲」，眼所見之虛空，屬色法中之顯色，是有爲色法；無爲法的虛空，是指體是常住，無隔別故。一切法眞實如此的體性，普遍如此，常是如此，一切變化皆依此體，稱爲眞如。

「以上五類一切法，總集爲百法。一切法不出此百法，以百法統括一切法」⑰。百法之中，前四類都屬於有變化、有生滅、有功用的有爲，是不眞實的，是假相；只有第五類無爲法才是最眞實、最圓滿的。它是實體，是最高眞理。百法不離識而存在，百法統括的一切法亦爲識所變現。

太虛法師對於法相唯識的解釋，說明了法相唯識的是什麼。關於爲什麼的課題，又進行了多

---

⑰ 同前，第九頁。

方面的探索。首先，法相唯識的由起，是由於究眞和存善的需要。「眞」是指宇宙萬有的眞相；「善」是指永存不滅的標準。人們追求宇宙萬有的由來及其本體，因而有宗教、哲學、科學的應運而與。然它們的解釋亦有眞謬淺深之異。或以宇宙萬有爲神所創造，或以上帝創造萬物，或以大梵天爲宇宙萬有之因體。他們都以異在於萬物的神、上帝爲本體而生萬有。佛法認爲一切法都是因緣和生，這裏沒有誰主宰誰的意思。如果說上帝造萬物，那麼上帝又是誰造？上帝有造，上帝便不是最高的主宰者；上帝無造而自生，萬物亦不需待上帝而造。哲學推究宇宙萬有之原因本體，雖較宗教前進，但依種種意像追求宇宙之眞實，不過是一種玄談而已。卽使是實驗科學，由於對事物進行分門別類的研究，而對於全部宇宙整個人生的眞相，仍不能直接覺知，它與佛教小乘的執法頗爲相近。小乘佛教論條理非常精細，亦如科學之嚴密。但科學憑五官及器械以證驗，小乘由戒定所生的智慧，以明宇宙之法。從觀察的方法而言，科學持外，小乘從內，便是同中有異。

宗教、哲學、科學都不能究眞以明宇宙萬有的因由本體，唯有法相唯識，才能眞正推究萬有的本因和體質。「法性本空，可破小乘之法執，而法相唯識，又可顯法性本空中多種因緣所現之法相非離識而有，同爲識變故」⑱。以法性詮釋法相，則法相如幻如化，皆成妙用；以法相顯法

⑱ 同前，第一六頁。

性，則法性本空，其相唯識。由於法相唯識對於宇宙萬有的本因和體質的解釋符合究眞的要求，因此，法相唯識學應需而興。

「存善」，爲達最高善之目的，從法相唯識之理來看，人們託神庇護者，雖可慰暫時之煩惱，以神爲唯一的依恃，認神權爲至高無上，捨自作自受之理於不顧，已犯世間相違等過，求自我價值的獨存，便是玄想了。科學對於善的價值的永存也未達到，理亦未善。小乘生空之解脫，執有法之實在，於法性法相的意義，亦不契合。法性明萬法本空，諸法本性雖空，然諸法的現象，仍隨因緣的合與散而變現。一切法皆依識，可從識而轉。即使有漏法，亦可轉識成智，而成至善和完滿，以達到善的價值的永存，這亦是法相唯識學興起的原因所在。

其次，法相唯識學的建構，便需要探討建構法相唯識學的理由的充足與否？事實證明的考察，效果的估量等。太虛認爲，必先破與唯識相類的各唯心論的不能成立，然後才能證明法相唯識學的之所以成立。他考察中西各種唯心論，而主要是近代西方唯心論，如貝克萊（Berkley）的主觀唯心論，黑格爾（Hegel）的客觀唯心論，叔本華（Sekopenh auor）的意志唯心論，詹姆士（William James）的經驗唯心論，柏格森（Henrilouis Bergson）的直覺唯心論，愛因斯坦（Einstein, Albert）和羅素（Bertrand Russell）的存疑唯心論等。在事實上、理論上都不完善，而不能有所成就，唯法相唯識學能取得成就。

太虛法師從虛實、象質、自共、自他、總別、心境、因果、存滅、同異、生死、空有、眞幻、凡聖、修證等十四個問題，詳盡地說明了法相唯識學的建構體系。譬如虛實，主觀唯心論以一切事物，現象皆虛，新實在論稱爲實，遂有虛實問題的爭論。法相唯識學依八識中的第六識——意識，意識可分爲獨頭意識和同時意識。所謂獨頭意識，是指離開眼耳鼻舌身五官感覺之後單獨構成，這是因爲意識可離開前五識而能自起分別。獨頭意識又分三位：夢位意識，作夢時前五識不起現行，唯是第六意識之分別現境；散位意識，淸醒時心理之分散而非集中統一；定位意識，經修定工夫才發現。道教及外道經修定亦可以有定位意識。所謂同時意識，是指依眼、耳、鼻、舌、身識的五官感覺，與第六意識起同時作用或其中一識、多識與意識同起作用。獨頭意識爲虛，同時意識爲實。然法相唯識此六識，還有第七末那識，第八阿賴耶識，便可統一虛實之爭，前六識乃第八識所變。

因果問題，第八識所含一切種，有能現起的潛在功能，爲因；前七識現起流行，爲果；前七識現又可爲第八識因。這樣第八識種與前七識現，便構成四類互爲因果關係：一種生種，二種生現，三現生種，四現生現。前三種情況是因果關係，後一種是彼此關係。

空有問題，諸法自性，則法皆有；諸法無性，則法皆空，構成空有關係。自性和無性是法相唯識學對於世界一切現象的本性、本相的根本看法，也就是對一切事物的構成和本質的反思。自性、無性從三個方面來看：第一徧計所執自性。一切現象都是虛妄不實的，但由於衆生對各種現象普遍地加以計度，並確定名詞概念加以區別，而執著爲眞實的存在，其實這是完全出於意識的決定，即主觀的迷妄，而無實體；第二依他起自性。它沒有獨立存在的法性，但可依種種不同的因，託各類諸法互相關係的緣，以成種種不同諸法的差別，而實無永恒的存在；第三圓成實自性。「依他衆緣而有的一切法，皆唯識所現」。識有種種不同，而成各種差別，破除重重差別和主觀的妄執，成爲平等普遍的智慧所了知的境，則不僅意識妄計的徧計所執皆空，而且依他起的差別亦空，便通達諸法眞實性相，這樣圓成實性，便是有，只有法相唯識學的三性說才能完滿解決空有問題。

聖凡問題，眞如法性是離言思、絕是非的，而依他起的法相，便有淨染之別，因而是有聖凡問題。佛法對此有精嚴的解決，從唯識而言，有雜染唯識界，指以根本煩惱及隨煩惱本身爲染法，而雜生唯識界當中。如能空掉這個有虛妄分別的雜染唯識界一分，便成一分淨唯識界，亦初成爲聖；若空盡染唯識界，則成最高聖果之佛。聖果有高下，小乘有四，大乘有十一。就此而言，法相唯識學並非僅是理論，而是將染唯識界改造淨唯識界的實踐。太虛法師認爲這種改造，便是自然界中徹底之革命。

太虛法師通過對此十四個問題的闡述，說明法相唯識學是最完滿、最深刻解釋一切自然、社會、人生問題的學說，而自然、社會、人生需要這種學說⑲，這便是法相唯識學之所以成立的根

---

⑲ 參見〈唯識新論〉，《太虛法師文鈔初集》（第三編）中華書局民國十六年版，第六二—六七頁。

據所在。

再次，法相唯識學的功效。建構法相唯識學既有其所以然的根據，亦有其所當然的功效。㈠破除我法的謬執。我執和法執都從偏計執而生。因計度而有主觀的自我，稱爲我執；計度客觀的宇宙，稱爲法執。世界的苦惱，都由此我執、法執而生。學法相唯識，明諸法皆衆緣所成，唯識所現，執我的觀念既破，爲我之法亦空。㈡斷盡生法的惑障。生指有情衆生的人生，法指宇宙萬物的現象。破除法執和我執，使不生起煩惱和所知的惑障。法相唯識學能得到最究竟人生宇宙之眞相。㈢解脫變壞的業報。發生種種思想行爲的業，因有限量的業招有限量的報，便有生死。譬如君主專制朝代，終會消滅，以其業有盡而報必壞。這是從我法謬執而生起的惑障，去掉我法謬執，便能解脫變壞的業報，而成爲四智菩提不思議業的圓滿報，這就是佛學所說的脫生死。㈣滿足心性的意願。人都是止於至善的要求，以滿足心性的意願。四智菩提⑳的大圓滿覺，才是至善之地，能轉一切染成一切善。㈤成就永久的安樂。世界一治一亂，人生苦樂相尋，況國家不能只存無亡，人生世界也不能有成而無壞，都沒有永久的安樂，只有達到淨唯識的四智，才能成大菩提，方能獲得永久的安樂。㈥證得無礙的淸淨。通常所謂自由，因受根塵有根的牽制，都成爲束

⑳ 四智菩提，是指前五識成爲「成所作事智」，第六識成「妙觀察智」，第七識成「平等性智」，第八識成「大圓鏡智」。即將雜染界的八識成正覺界的四智。

縛而無眞實自由可言。如果修養無漏淸淨行，而成淨唯識界，轉識成智，使能證得無礙的淸淨，即是眞自由。

在分法相與唯識爲二宗之時，太虛法師提出了「法相必宗唯識」的主張，使這個問題的論爭深入了，它對於佛教理論思維的發展是有意義的。

三、天地人三觀

太虛法師以法相唯識學來考察中國哲學，試圖圓通印度佛學與中國傳統哲學，確實是很艱巨的。其間無論是宏觀的審視或微觀的剖析，都能創見迭出，妙趣橫生。

就宏觀而言，諸凡儒、道、墨、名各家，《周易》、《墨子》、《荀子》等書，宋明理學、性、無我等問題，以至西方哲學諸大家的思想評論等，無所不及。而論述這些問題的出發點和宗旨，都歸入於法相唯識學。在形式上旁及各家各派，各個問題，實質上相互聯繫。

中國哲學以《周易》爲初始㉑，太虛法師《世論》首篇論《周易》，以「法相唯識」解《易》：「《易》，具云《周易》，周者徧常，易者變化，……猶佛說諸有爲法無常流轉，相續不斷，所謂神無方而易無體者也」㉒。在百法中心法、心所有法、色法，不相應行法，都屬有爲

㉑ 參見拙著：《周易思想研究》湖北人民出版社一九八〇年版。

㉒ 〈論周易〉，《太虛法師文鈔初集》(第二編)中華書局民國二十三年版，第三頁。

法。有爲法與無造作、無變化、無功用的無爲法相對而言，是有造作、有變化、有功用的。太虛法師以《周易》的涵義爲佛法的有爲法，寓意着《周易》沒有提出較有爲法更高層次的無爲法，但肯定《周易》講變易的功益。論先秦儒家荀子，先破宋代程（程顥、程頤）、朱（朱熹）理學尊孟而黜荀，程、朱等「排擯荀說儕於管、韓，致荀子之精義，反隱沒理氣之窾言中。宋人之尊孟，假其拒楊、墨之辭闡釋、老也；而黜荀則以性惡篇暨非十二子篇，語多指斥孟軻、孔伋也」㉓。次明荀、孟同隸儒家，宋而前無軒輊。荀子在儒家中地位，「殆猶唯識之在佛」㉔。《荀子》三十二篇，獨取〈正名〉、〈性惡〉、〈解蔽〉，意義最精密的三篇，其他各篇都由此而演繹出來。再說此三篇理論思維的邏輯脈絡。〈正名〉以定萬理的名稱概念。這是立說的重要途徑和治學的公器；〈性惡〉，是要勸人修身正心，立說治學，以聖法經國化民；〈解蔽〉由簡惡擇善積修累行，至於豁然貫通之地，優入聖地而爲天下的成人。這便是《荀子》書的提綱要略。如此把握，即可通貫荀子思想。評墨子能放在當時儒墨之爭中來審視，儒之誹墨，「孟子所詆少中肯，荀子譏墨子知利而不知文，可謂得要領矣」㉕。在這裏，太虛法師並不揚儒黜墨，也並不肯定儒家對於墨子的評議都正確，而是在宏觀考察中有微觀的分析。

㉓ 〈論荀子〉，同前，第二三三頁。
㉔ 同前，第二五頁。
㉕ 〈墨子平議〉，同前，第四一頁。

太虛法師對中國哲學的宏觀審視，是把中國哲學中每個人物、思潮、論爭放在當時時代背景下來思考，這樣既避免了片面之論，亦免致僵死之失。如〈論宋明儒學〉指出：「嘗論我國自晚唐五代以入於宋，禪宗實爲學者思想之結核，故不惟佛敎之天台、賢首、淨土等能暢行於宋明以來者，皆托禪宗爲根柢，各開應化門戶。雖道家、儒家，亦取禪宗爲骨，塗附或道、儒之舊業爲皮肉，以號爲性命雙修之仙學。及宋明儒之理學者，道家之舊業，則長生之煉丹出神也。儒家之舊業，則治世之人事倫理也，而所取於禪宗者，則道家先守竅令心靜定謂修性，似於習禪也」㉖。宋明理學宋明儒學（太虛法師以爲卽理學㉗）融合儒、釋、道三敎思想，這個見解是有見地的。宋明理學之所以成爲中國儒學思想發展中理論思維水平最高的學說，就在於它能在承繼中國傳統儒學思想的同時，吸收外來的文化思想以及儒家以外的各派思想，而沒有把自由封閉起來。因此，能否吸取外來的文化思想和本身學派以外其他各派思想，是文化思想發展的必要條件。一個民族若對本民族的文化思想取虛無主義的態度，那是一個沒有前途的民族，當然，一個民族對外來文化思想取排拒的態度，也是一個不會發展的民族。宋明理學正因爲既繼承民族傳統文化思想，又吸取外來文化思想，而成爲新儒學，並影響東南亞各國，體現了中國的文明。

㉖ 〈論宋明儒學〉，同前，第二一一頁。

㉗ 參見拙作〈宋明儒學的演變〉載《儒學國際學術討論會論文集》齊魯書社一九八九年版，第九四二－九八二頁，拙作認爲宋明儒學和宋明理學在內涵上有差別。

就微觀而言，太虛法師的〈世論〉，都有縝密的分析。論《周易》從審名，即萬物由周徧交待而相存相變，相近於佛法緣起無性，而展開「辨經傳」、「卦爻生起說」、「八卦重卦總義」、「《周易》之應用觀」、「《周易》之世法出世法分別」、「釋乾卦」等論述。《周易》的應用，他並非講卜筮占算的應用，而是由天、地、人三才而推衍爲三觀——天觀、地觀、人觀。天觀是指萬法的生滅因緣觀，從唯識論來說，便是即物窮理，即果推因，以探究生的根源，滅的終極；地觀是指以見聞爲依，以考察爲用，以徵驗爲期，以名數爲法，大略如今所謂自然科學；人觀是指人類的人倫歷史和現世的生活情狀，如生計、倫理、政治、工藝、學術、教化等等。使《周易》思想和佛學相圓通。

論荀子則對〈正名〉、〈性惡〉、〈解蔽〉作了細細的剖析。名、相和分別三者和合，是謂正名。名分、相名和名言。相名是指客觀對象或自然物象，《成唯識論》稱爲顯境名言。名言是對於客觀對象的稱謂，它依據相名，通過語言的表達，而給予一個名稱，這便是荀子所說約定俗成，但名言不一定與相名符合，而有所增益，《成唯識論》稱爲表義名言。相分相體和名相。相體是指覺感得到的事物的性質，《成唯識論》稱爲性境。名相是指相名、名言所攝取的對象或事物，《成唯識論》稱爲質境。分別包括任運分別和計度分別。任運分別是指感官所獲得的知識，可稱爲感知，《成唯識論》作意觸受。計度分別是指依據名言而進行推理而獲得的知識，《成唯識論》作想、思欲、勝解、念、定、慧。名、相、分別三者六方面相符，便能達到正名的效果。

性有善惡，孟子主性本善，荀子主性本惡。太虛法師認爲性不僅是善惡問題，而且是有無、眞幻、染淨、智愚問題。論性必先明其涵義，荀子規定爲「生之所以然者」。太虛認爲，性从心从生，如是心生，卽有如是法生。「如是法生，卽有如是生之所以然者。軌範任持，謂之法性」㉘。法性是什麼，法法都有自相、自體、自種、自用、自緣、自習，因而，法法比較有眞幻、染淨的不同，有善惡智愚的差別，這便是有性。無此不同和差別，便是無性。心無表示，生猶無生，如心不生，法亦無生。無性是眞，有性是幻。了心無性，法亦無性，叫做無性性。無性性非幻非妄，於一切法，常如其性，叫做眞如性。眞如性是無變、無居、無動、無作、無增、無減，稱爲無漏性。無漏性能徧滿融徹，靈明微妙，常寂恆在，稱爲圓成實性。圓成實性非迷所了，須以定慧來顯現，稱爲覺性佛性，這就是無性的眞性。但不能根據一切衆生皆具佛性，而講人性是善。佛學講佛人天乘，而告人皈佛皈法皈僧，誡人勿殺、勿盜、勿淫、勿妄、勿倒、勿謗、勿貪、勿瞋、勿癡，進而捨著、守戒、忍辱、專勤、靜慮、正思，都是以人生性惡，而用反光之功，以去意識順乎意根所發的惡業，惡業去則善業始能全釋。

解蔽是解人之蔽，萬法是心的蔽，以道解蔽。道是人心以一行萬，以類行雜的通道。只有見得眞性無性，才能以一行萬；非見幻性有性，不能以類行雜。強以無差別稱爲心，心亦隨法而有

㉘〈論荀子〉，《太虛法師文鈔初集》（第二編）第二九頁。

差別，強以有差別稱爲法，法亦依眞心而無差別。差別而無差別，所以說天下無二道，聖人無二心，無差別而差別，隨順差別之理而曲成差別之事，雖有諸多差異，但不相得蔽而亂其倫次，叫做大清明。這樣心術的患得到袪除，蔽塞的禍得到消解。

由正名、性惡而解蔽，通解了荀子思想，雖太虛以佛解荀，但佛、荀的圓通，剖析的入微，都是值得稱道的。對中國哲學從宏觀和微觀的分析中，可以得見佛學與哲學的同異和融合進程，也可得見外來文化思想與中國傳統思想的結合、解釋、消化是一個長期過程，它表明外來的佛教文化思想能夠與中國傳統文化思想相適應、相融合，也表明中國傳統文化思想具有開放的性格。

四、思想特點

太虛法師的佛教事業和法相唯識思想是晚清佛學發展的必然趨勢。他與這個時期的時代精神息息相關，也只有把他置於當時的時代中，才能理解他的事功和思想。概括起來，他的事功和思想具有這樣一些特點：

第一，世俗性。印度佛教文化在與中國傳統文化的排斥融合、對立互補中，經歷兩次重大的改造或轉變。如果說隋唐時在大乘空有兩宗的基礎上發展爲獨具中國特色的天台、華嚴、禪宗等佛教宗派，他們援儒入佛，發揮心性義理，尤其是禪宗把心外佛轉變、改造爲心內佛，由外超越轉向內超越，爲中國佛學的第一次改造和轉變的話，那麼，晚清以來，朝政窳敗，民不聊生，列強迭侵，國難頻起，有識之士深感喪權辱國之恥，人民大衆肩負救亡圖存之責。無論是寺僧佛學的護教，居士佛學的弘法，還是學人佛學的利生，他們的宗旨都是促使佛學從出世主義向入世主義的轉化，實現中國佛教的第二次改造和轉變。這兩次轉變和改造都促進了佛教的中國化，以及中國佛教完善的過程。是外來文化思想對中國傳統文化思想的吸收和中國傳統文化思想對外來文化思想的改造，然而這種吸收和改造都是雙方面的，而不是單方面的。

佛教的本旨是出世主義，佛法的四聖諦中的苦諦，以人生的生命現象，生存過程都是苦，它是對於一切生命現象的否定；這種否定又是對於解脫人生苦難，追求彼岸淨土世界的肯定，這便是滅諦；集諦以尋求人世苦的原因、根源的肯定形式，來表現所要否定的內容；道諦以超脫、滅除痛苦、證得涅槃正道、方法的肯定形式，來實現它所要否定的途徑。四諦旨在以出世主義來超脫苦海無邊的人世。大乘佛教的「緣起性空」，「一切皆空」，是對於宇宙萬有、現實社會的否定。佛教由這種苦難哲學和性空哲學，是在於導向否定世俗世界的空慧境界。

但是，從佛教對世俗生活和現實世界的否定中，亦包含着對於布施持戒、止惡行善，由染轉淨，普渡衆生的入世精神的肯定；佛教對於社會主體的欲念和社會生存的環境，即主觀世界和客觀世界的否定，也包含着對於窒欲進德、改善主觀世界和改造現實世界的肯定。這種既否定又肯定，否定肯定，體現了佛教的思辨哲學。它是對於實在的清淨自心的追求和現實的染汚塵世的改造。

太虛法師繼承晚清以來由彭紹升倡導，楊仁山推波，歐陽漸繼之的佛教向入世轉化的思潮。

在寺僧中首先提倡建設人間佛教，使佛教成為現實的人生佛教，實行佛教革命。他參加僧教育會，以挽救教難；接管杭州淨慈寺，作整理僧制的試點；創辦佛學院，以求推行佛教改革的計畫；從事世界佛教運動，挽救世界人心，促使世界永久和平；提倡今菩薩行，組織菩薩學處，以行大乘佛教救世之眞精神。太虛說：「中國佛教所說的是大乘理論，但不曾把它實踐，不能把大乘的精神表現在行為上。」強調從事濟世利人的實際行為。這就是說，太虛法師是把無心無念的精神解脫轉變為對實在的內心世界超越的追求，把對彼岸淨土世界的外超越轉變為對此岸現實社會的改造。他說：「菩薩是覺悟了佛法原理，成為思想信仰的中心。以此為發出一切行為的根本精神，實行去救世救人，建設人類的新道德，故菩薩是根據佛理實際上去改良社會的道德運動家。必是如此，菩薩乃能將佛教實現到人間去」㉙。太虛法師在佛教的世俗化方面，作出了貢獻。

第二，現代性。晚清佛教的世俗化，是中國佛教發展史上的特殊形態。晚清以來西學東漸，首先傳入的是器物文化(先進的科學技術、器械等)，其次是制度文化，包括宗教文化。然而，這些文化並不能彌補在民族危急存亡之際，人們在內聖與外王，內心世界與外在現實所發生的裂變。傳統的儒家倫理無論在富國強兵，救亡圖存方面，還是在價值觀念、道德判斷方面，都已失去

㉙〈怎樣來建設人間佛教〉，《太虛大師講錄》(四種合刊)，漢口佛教正信會出版，民國二十四年，第三六—三七頁。

其原有的威懾力，西方的新觀念、新思想與中國的國情、民情以及心理結構，都有一定的距離。當維新派、革命派在探討變革社會的理論根據時，無不對佛教法相唯識學表示了極大的興趣。中國佛教也爲公羊學說的微言大義、社會革命的理論作邏輯的論證。這種理性思辨的思維方式，構成了晚清兼綜儒佛、中西的學風。譚嗣同的《仁學》，「欲將科學、哲學、宗教冶爲一爐，而更使適於人生之用」㉚。科學與佛教並不水火不容，而是相互補充。這亦是中國晚清一種特殊情況。

作爲寺僧的太虛法師在促使佛教的入世轉向的同時，亦推進佛教的現代化。他把佛教和現代西方科學、哲學聯繫起來。他說：「唯識宗學不但與唯物科學關通綦切，正可因唯物科學大發達之時，闡明唯識宗學」㉛。科學與佛教可以圓通，這樣便可以用現代科學來解釋佛教。並用生理學、天文學、光學原理證明佛理。「物理學上的相對論，以空間時間主觀各種關係成爲某一物象，譬如一張桌子，立在各方面所看不同，這是近於佛學的『緣成論』。……所以現在最新的科學，已不是唯物的，而是與佛法相符了」㉜。這就是說，佛法與現代科學理論相符合。

㉚ 梁啓超：《清代學術概論》，商務印書館民國十年版，第五五頁。

㉛ 〈唯識新論〉，《太虛法師文鈔初集》（第三編），中華書局民國十六年版，第六七頁。另見〈唯識教釋類〉，《法相唯識學》，商務印書館，民國二十七年版，第五七頁。再見〈唯物科學與唯識宗學〉，《太虛法師文鈔初集》（第一編），第一七八—一八五頁。

㉜ 〈怎樣來建設人間佛教〉，《太虛大師講錄》第一五—一六頁。

佛敎的現代化，還表現在與現代經濟、政治相聯繫。太虛法師主張佛敎的經濟辦法，可依《大乘心地觀經》敎人把產業按照經濟學分成三份，一是生產資本，二是生活消費，三是救濟文化慈善公益事業。「現在資本主義者拿十分之九來做資本，成爲社會特殊的階級，致生階級鬭爭」㉝。應使人類盈虛調劑，而有無相通，享受均等公共的幸福。政治上主張世界和平，反對日本帝國主義對中國的侵略，實現民主、平等、自由的政治理想。這樣便從各個方面使佛敎向現代轉變，促成佛敎的現代化。

第三，批判性。晚清佛敎的現代化，表現爲從經世實用思潮中開出的救世思想，這種佛學可名之曰經世實用佛學。它以治心爲體，用眞心治妄心，以宗敎解釋民德；以救世爲用，以實現利生的社會革命。無論是大乘的不捨世間，自利利他，還是小乘的個人解脫，自證生死，都有一種救人於苦海的入世精神。因而，佛敎也在「救亡圖存」的時代精神下，祈求實現衆生平等（平等）、自貴其心（自由）、依自不依他（獨立）、物自主（民主）的政治理想。

經世實用佛學的掀起，是因爲佛學與中國晚清的社會思潮有圓通的內在契機。除佛學的衆生平等與民權思想、自貴其心與個性解放、普渡衆生的菩薩行與救亡圖存等的圓通外，還有佛學的否定精神與社會批判意識的圓通，佛敎通過對苦難人生的反思，構成了以苦、空觀念爲主旨的對

㉝ 同前，第一二一頁。

現實世俗世界的否定和批判。

太虛法師從法相唯識的透視事物實相，把顚倒染汚轉變成如理、清淨，由否定現實的批判意識，而成爲晚清社會批判思潮的組成部分。他批判中國的君主封建制度，認爲這種制度「不但不適用，反足以爲社會進步的障礙」㉞。批判神權和君權，以爭取人權或民權。「從生物發達進步到我們人類，最可寶貴的卽在自由。所以要求自由，是人生意義和價值的所在」㉟。批判現實社會「鐵彈紛射，火焰橫飛，赤血成海，白骨參天，……生存者地獄」，以求改善社會。因而，批判是爲求新，尋找批判背後的圓滿的境界。

太虛法師的佛教事業和法相唯識學，在現代佛教發展史是有影響的，是値得紀念的。

佛教法住學會一九九〇年召開太虛誕生一百周年國際會議論文

㉞ 〈國家觀在宇宙觀上的根據〉《太虛大師在北平華北居士林講演二種》，華北居士林太虛大師著作臨時流通處發行，民國十九年版，第九頁。

㉟ 〈人生的自由問題〉，同前，第一頁。

中國傳統文化的反省和創造

——兼論唐君毅先生的《中國文化之精神價值》

唐君毅（一九〇九—一九七八）先生是現代新儒家，但並不排斥外來的文化思想，而是涵融現代西方文化，具有學貫中西的特點。他有民族本位的思想情感，傳統文化的眞誠關懷與中外古今的廣博識見，西學挑戰的開新精神。

在當代，中國傳統文化與西方文化激烈衝突。唐先生能以現代的觀念或概念重新解釋中國傳統思想，疏理孔孟心性義理之學，而開創出新面目、新境界，是現代新儒家的通識。目前，中國大陸開放改革，西方的科學技術，器物層面的文化被大量引進；隨之管理體制等制度層面的文化也被引進；同時，人文科學、價值觀念、思維方式等精神層面的文化滾滾而來。這樣必然與中國固有的傳統觀念和新的傳統觀念發生衝突，因而激發出中國傳統文化的價值、作用、現代意義以及與現代化關係的論爭。對於中國傳統文化的反思與再創造便成爲論爭的主題。

唐先生《中國文化之精神價值》是對於中國傳統文化有所感受的反思，是對於「人生之精神活動，恒自向上超越一義，及道德生活純自覺的依理而行一義，有較眞切之會悟」❶的反省。這

---

❶《中國文化之精神價值，自序》，正中書局一九五三年版，第二頁。

種反思和反省而融會成對於「心之本體或道德自我」的超越；表現爲對中國先哲之自然宇宙觀、人生觀、人生道德理想、人間世界、人格世界、宗教精神、藝術精神、文學精神的理性思考；顯示了中國文化的精神和價值所在，以及中國文化的創新與發展遠景等。就此而言，體現了唐先生的學術眞誠和對中國文化的精神和價值的終極關懷。

現玆就中國傳統文化的反思和綜合創造，略述管見。

一、對反傳統的反省

傳統先於主體和主體的反思，傳統在屬於主體之前，主體先屬於傳統，傳統是主體和客體的交融和統一，傳統是過程。是涵蓋一切的過程和關係，它旣是一個不斷形成的過程，也是一個永不固定下來的過程。傳統是現代的解釋，現代又是傳統的延續。

中國近代爲什麼落後於西方？中國傳統的儒學、道學爲什麼沒能產生資本主義？這些問題一直困擾着唐先生和中國的知識分子，成爲他們反省或沉思的焦點，無論是「師夷之長技以制夷」也好，戊戌變法也好，還是「中學爲體，西學爲用」也好，「全盤西化」也好，這裏雖有是與非、正與謬之別，但都是對於這個困擾的回應。他們都試圖對傳統文化進行或多或少、或量或質的補充、修正和變革。然而，都沒有使災難深重的中國富強或實現近代化——資本主義化。從而孕育了這樣一種觀念：中國落後或不能產生資本主義，其癥結和病因，是中國的傳統的價值觀念、心理氣質（國民性）、知識類型、思維方式、語言符號等。他們以孔子爲中國傳統文化、觀念的總代表，於是提出了激烈的「打倒孔家店」的口號。他們批判傳統的一切東西，表現了他們強烈的在中國實現資本主義，使中國富強的願望。但是列強帝國的經濟、政治的、領土的侵略，使中國一部分先進知識分子迅速轉向了社會主義，以社會主義來救中國。

當五四時期的知識分子接受了西方學說，改變了他們的價值觀念，加上現實政治的腐敗，使他們對中國傳統文化產生了疏離感。在這種情勢下，他們認爲必須首先選擇一種思想學說（所謂眞理）；然後以此去改造國民性，改造傳統文化，然後根據這個眞理來設計一種制度，便能治國平天下，這便是文化思想先行的思維模式。他們認爲中國傳統的價值、符號、典章、制度，都與傳統中的基本思想有一種必然的有機的因果聯繫。因此，要破壞一個舊社會，或建立一個新社會，其首要條件就是在思想上全面摧毀傳統文化思想。這種思維模式，正是中國傳統文化思想整體型思維的現代表現。這就是說，五四時期知識分子的思想內容是激烈反傳統文化，思維模式仍受政治——文化的一元整體觀的傳統的影響❷。

全盤反傳統的西化派，他們在口頭上高喊要徹底摒棄中國傳統的價值觀念，但在下意識的行爲層面上，卻保持着這種傳統的價值觀念。事實上，即使是長期生活在西方社會中的炎黃子孫，

❷參見林毓生：《中國意識的危機》（增訂本），貴州人民出版社一九八八年版，第三章。

也沒有亦不可能完全被西化，而拋棄中國傳統價值觀念、心理氣質、風俗習慣。楊振寧教授有一生動的說明，他說：我在美國已住了四十多年，對西方的做人方法也有了解並受到影響，但是我處世做人，仍舊是從我成長過程中所獲得的東方價值觀念出發❸。這就是說，中華民族的傳統文化精神具有強大的凝聚、固化的能力，人們不必耽心在接觸、吸收外來優秀傳統文化中被同化(包括西化)。歷史事實證明，中華民族被外來民族所同化或在現代社會中全盤西化，是不可能的。儘管會出現一些喪失民族自尊、自信的、「月亮也是西方的圓或美」的膚淺的人，但決不是中華民族精英羣體的主導思想或集體意識。中華民族精英羣體的主導思想或集體意識不可被一些喪失民族自尊心、自信心的膚淺意識所動搖，而應該堅持開放、競爭，以唐僧取經的精神，積極主動地迎接、吸收、消化外來的一切優秀傳統文化。在這裏，不需要妞妞妮妮，也不需要搖搖擺擺，妞妮和搖擺，只能延緩我們進入現代化的日程。然而，一個民族傳統文化的喪失，就意味著這個民族失去了獨立存在的價值和意義；被外來哪個民族的傳統所同化，哪個民族便能代替這個民族。在被同化者的民族中延續同化者的民族傳統，這在歷史上也是有過的。日本在侵占朝鮮和臺灣以後，便強行推行日本傳統文化教育，企圖淡化、消除被侵占地的傳統文化的影響，儘管這是在暴力的侵略下進行的，但也未能完全實現；在一般的文化交流、撞擊下，便更難實現了。

❸ 參見新加坡《聯合早報》一九八七年二月二日。

「文化大革命」是以空前的「橫掃一切牛鬼蛇神」的反傳統形式登臺的。它不僅利用著五四運動「打倒孔家店」的口號，而且與政治運動緊密聯繫，提出「批林批孔」、「儒法鬥爭」的口號。把批判「孔老二」同批判林彪集團聯繫起來，把儒家和孔子說成是一切反動、保守、賣國的總代表，把法家說成是一切進步、改革、愛國的代表。在這種思想的指導下，不僅砸了孔子墓地的墓碑，而且掘地九尺。名之曰「徹底鬧革命」、「批倒批臭孔老二」，這種近乎瘋狂的反傳統，所破壞的不是中國傳統文化中的封建糟粕，而是文化遺產中的思想精華和珍貴文物。但是這種極端性、狹隘性、愚昧性的行爲，是中國自給自足的自然經濟基礎上產生的小農意識的反映。而文化大革命中所表現的新的造神運動、文化專制主義、血統論等等，都是傳統文化中糟粕以自我逆反的形式表現出來的。特別值得人們驚訝的是：中國舊的、死的傳統文化竟以最神聖、最權威的面目出現，在「文化革命」中名正言順地、大張旗鼓地推行，誰也不敢說一個「不」字，誰說一個「不」字，就面臨「殺身之禍」、「滅頂之災」。

在文化大革命中之所以沉渣泛起，這是由於：(1)中國小農經濟在它的破壞過程中，並沒有經歷資本商品的衝擊，便趨解體，反映小農的意識，仍然頑強地存在著。有意識、無意識地以小農意識去接受、解釋、吸收、理解一切事物（包括物質的、精神的），解決一切問題。小農雖然帶有自身階級的特質，但他們並不代表新的生產關係。因此，往往以舊的、落後的傳統意識作爲自己的意識，而演出世界的「新場面」；(2)中國傳統文化以其既定框架的惰性和小農意識的萬變不離其宗相結合，遇到適宜的土壤和氣候，便可以借各種形式之屍，而還舊傳統和小農意識之魂；⑶封閉鎖國，使中外文化交流、接觸斷裂。失去了文化的衝突，也失去了文化的參照系。一般來說，對外封閉，是以對內的自滿自足爲前提；夜郎自大，是以不知漢土之廣大和滿足夜郎小邦之大爲前提；對外的文化封閉，必然是以對內的傳統文化自滿自足爲前提。基於此，也就不難理解文化大革命沉渣泛起的所以然了。

二、新教倫理與儒教倫理

當中國大地從文化大革命的大封閉中驚醒過來，放眼四望，覺得自己又落後於周圍國家一大截子的時候，世界上確實進行了一場深入各個方面的文化革命，這些文化革命必然改變著社會管理、組織、思維、生活、行爲等方式及觀念。

從世界文化的視野來看，它必然構成對中國傳統文化的挑戰，特別在改革、開放、引進的現代，這種挑戰是很激烈的，中國能否對這種挑戰做出成功的回應，反思一下以往挑戰回應的歷程，或許是有益的。這就需要從馬克斯·韋伯談起。他探討了新教倫理與資本主義興起的關係，在《新教倫理與資本主義精神》中說明了資本主義與傳統主義完全不同的精神基礎。如果問爲什麼應當「從人身上賺錢」，本杰明·富蘭克林在他的自傳中引用了《聖經》中的話說：「你見到過在事業上克勤克儉的人嗎，他必站在君王面前」。在資本主義經濟秩序中，只要幹得合法，賺錢就是職業美德和能力的結果與表現。這種倫理的「至高之善」，即盡量地賺錢，和規避一切本能的生活享受，這就是資本主義文化的社會倫理的最重要特徵❹。韋伯從當時社會文化背景的氛圍中來尋找資本主義精神的形成，揭示了新教倫理是隱藏在資本主義發展背後的某種精神支柱或心理驅力。

新教倫理認爲勤奮地從事世俗的職責，便是忠誠地履行神聖義務。換句話說，克勤克儉地賺錢，便是職業的美德。資本主義精神就是「天職觀念基礎上的理性行爲」，它產生於基督教的「世俗苦行」倫理。如果說清教的宗教改革使神聖的宗教世俗化，那麼，「世俗苦行」倫理也擺脫了宗教的聖殿，而成爲世俗資本主義經濟制度中的生活方式。這樣，「從人身上賺錢」作爲世俗的職責，便與新教的「天職」觀念統一起來；「天職」觀念、「世俗苦行」倫理，便成爲「從人身上賺錢」的神聖根據。現實世界「從牛身上榨油，自人身上賺錢」的種種「醜惡」的行爲、情感，都可以在新教的上帝面前得到解脫和獲得心理上的補償。

新教認爲一個人是否受天惠，取決於上帝的選擇。被選中和不被選中，都是不可變更的；祈求、聖禮、牧師都無助於上帝的選擇，每一個人要絕對堅信自己已被選中，缺乏自信就是信仰不堅定的表現。要獲得被選中的自信，最好的辦法就是克勤克儉於自己所從事的職業，通過苦行於自己的職業而服侍於上帝。這樣，資本主義的行爲被作爲盡職，而與上帝的意志相貫通。

❹　參見馬克斯．韋伯：《新教倫理與資本主義精神》，四川人民出版社一九八六年版，第二四—二七頁。

資本主義精神是對於經濟傳統主義的破壞。資本主義精神是以金錢利潤的擴充爲無限宗旨，經濟傳統主義以切身享受爲有限宗旨。前者是盡一切力量多掙錢，並嚴格地避免生活上享受；工作作爲目的而被珍視，職業活動的責任感；致富和利潤是個人職業成功和德行的證據。後者是一種閒散的工作習慣，經營的是繁雜多樣的貨物而不是質量標準化的產品；經濟活動中的「內外有別」，對圈子內的人不遵行經濟計量原則，對沒有親屬、地域關係的「外人」，不講道德地採取從騙取到武力奪取等一切手段；勞動者在工作中貪圖舒適和少幹活多拿錢。如果說前者是「從人身上賺錢」，那麼，後者是「自己活也讓別人活」。

韋伯認爲，阻礙資本主義在中國發展的重要因素是，儒教倫理的「己所不欲，勿施於人」的仁愛精神，是與新教倫理的「天職」精神不相容的。儒教重家庭關係結構，這種家庭關係結構的實質，是以血緣關係和人身依附爲基礎，以孝悌爲家庭道德倫理原則。國爲家的擴大，忠君爲孝父的引伸。人與人之間的關係都帶上由血親而擴大爲相親相愛的千絲萬縷的網絡，「在家靠父母，出門靠朋友」都被感情化了。清教倫理對於資本主義形成重要作用，就是使人與人的關係非感情化。教義要求對親屬朋友的愛要節制有度，愛和恨對靈魂同樣都是危險的。清教倫理對所有的人一視同仁，對所有人的關係應該不偏不倚，在家族範圍內對親屬關係的疏離，在社會範圍內無圈子內外的距離，促使經濟事務與家庭事務和私人關係的分離。這樣，恰恰適應了資本主義經濟活動需破除血緣親屬和人身依附的要求，一切人的一切活動在經濟計量的尺子面前一律平等❺。

如果說，儒教只是對於世界的理性的適合順應，那麼，「清教則是對於世界的理性的主宰掌握。雖兩者同爲理性主義，但其側重、程度有很大的差別。韋伯認爲，儒家的溫、良、恭、謙的觀念同基督教徒的守業盡職觀念截然不同，君子只具有一種美學價值，而不是對上帝的臣服；眞正的基督徒則是彼岸的、世俗的苦行者，以獻身上帝爲己任。這就是說，儒教缺少新教那種彼岸尋求和世俗苦行的倫理，不能體現以理性的、有限的手段追求非理性的、無限宗旨的資本主義精神。儒教是一批心智清醒，中庸自持的俗子；新教徒卻是一批熱情獻身，勇往直前的鬪士。

雖然韋伯認爲中國的道教（道家），在超世絕俗的彼岸觀念方面與基督教相似，而比儒教更具創新精神。但是，道教（道家）這種積極的創造精神和彼岸觀念，沒有能夠推倒儒教正統的、官方哲學的地位；道教的神秘主義，不像基督教具有理性主義，沒有基督教那種超越世界、主宰宇宙的上帝觀念；「老子追求『大德』以別於孔子追求『小善』，亦卽對於世界的順應。這僅意味著前者要求絕對完善的個人倫理以別於後者相對主義的社會倫理。此種要求旣不能最終達到自身苦行的結論，也不能最終達到社會倫理領域內積極進取的態度」❻。韋伯認爲，無論是儒教

❺ 參見丁學良：《韋伯的世界文明比較研究導論》，中國社會科學一九八七年第一期。

❻ 馬克斯・韋伯：《中國的宗教：儒教與道教》（*The Religion of China: Confucianism and Taoism*）英文版，第二四八頁。

還是道教，兩者都缺少資本主義所需要的苦行精神，因而，沒有能促使資本主義在中國的發展。

韋伯這個挑戰性的問題，自從一九〇四—一九〇五年發表《新教倫理與資本主義精神》和一九一三年發表《中國的宗教：儒教與道教》以來，一直沒有做出回應。此後半個世紀以來，世界的發展發生了變化。儒教傳統文化區內的國家和地區，在經濟和技術方面取得了驚人的成就，所謂亞洲五條龍，成爲世界上發展最迅速的地區。亞洲這些國家和地區資本主義經濟的崛起，都是深受儒教影響的區域。這便對韋伯的挑戰提出了反挑戰，直接否定著韋伯的命題和結論。當我們在審視儒教阻礙資本主義的生成和發展這一結論時，如果依照韋伯的從價值取向探究文化背景對經濟行爲發生影響的方法，那麼，韋伯便需要進行自我否定。卽使韋伯從文化價值觀上看，工業資本主義的興起和它的發展和傳播是不同的。因此有人便把東亞的經濟騰飛看作是資本主義「傳輸型」，而非「原生型」。我們仍然可以指出，韋伯所謂阻礙資本主義興起的儒教傳統文化中，有沒有現代意義和有利於資本主義經濟發展和傳播的方面、因素、成份，以及促進智力開發、教育發展爲基礎的發達型經濟和高精型科技？這些也將困擾著韋伯的命題和結論。

正是在這種背景下，本世紀七〇年代末到八〇年代，對於儒教倫理的評價有了轉機，且愈來愈高。英國的邁克法克（Roderick Macfarguhar）提出了「後儒學」的說法，認爲東亞五條龍的起飛，是因爲「它們都享有經世永久的儒學傳統。這種意識形態對於東亞經濟發展的重要意義，不下於新教對於西方資本主義發展的意義」❼。闡述了知行合一、教育修養、社會秩序、家庭核心等儒教傳統成爲經濟發展（現代化）的支柱和力量，與韋伯對儒教評價大異其趣。杜維明則提出了「儒學第三期發展」的思想，他在〈儒學第三期發展的前景問題〉❽中說：「以動力橫決天下的西方現代文化，爲人類創造了史無前例的富強，但也把人類帶到了永劫不復的地獄邊緣。因此，爲人類的繼續生存和全體福祉尋求一條可行之道」。這條可行之道，就是第三期儒學；在〈從世界思潮的幾個側面看儒學研究的新動向〉中，對儒學第三期發展前景進一步作了論述。他從文明起源、軸心文化、新教倫理、工業東亞等四論題，說明都不能回避儒家傳統問題，「從理解工業東亞的價值取向，我們知道儒學研究不僅有歷史意義，而且有現實意義」❾。

「後儒學」和「儒學第三期發展」，他們只看到問題的一個方面，但沒有從社會的政治、經濟結構中探索東亞地區和中國的儒教傳統文化與現代化的多方面、多角度的關係。儒學在中國元明之前，大體是與中國社會經濟、文化、科技的發展相適應，促進了社會的進步。明中葉以後，特別是近代，它在一些方面確實阻礙了中國資本主義的發展，但並不是說連資本主義生長也不可

---

❼ 羅德里克·邁克法克：《後儒學的挑戰》（*The Post-Confucian Challenge. The Economist*, 一九八〇）第六七—六八頁。

❽ 載香港《明報月刊》一九八六年三月。

❾ 載《九州學刊》一九八六年九月。

能。中國資本主義萌芽之所以沒有成長爲資本主義，既有客觀的種種原因，也有主觀的種種原因。元代草原文化對中原農業文化和商業文化的破壞，清貴族入關後對長江下游具有資本主義萌芽的城鎮的摧殘，都起了延緩資本主義成長的作用。

「後儒學」和「儒學第三期發展」儘管對韋伯批判儒家缺乏彼岸觀念、內界矛盾、原罪意識、苦行倫理有異議。但有意識、無意識地沿用了韋伯在任何一項事業後面，存在著規定這種事業的精神力量的方法，而忽視了運用社會生活的物質存在規定社會意識形態的方法。只有把這兩方面綜合起來，而不偏廢一方，方能對儒學在現代或後現代化過程中的作用，做出恰當的價值評價。

三、寶船弊政與黃金夢

傳統文化不僅不是歷史的陳迹，而且是把握當代開啓未來的鑰匙；傳統意識是人們認識，批判現代意識，創造未來意識的基礎。因此，傳統是歷時性和共時性的洪流，它不應該被定位在既定的時間和空間座標系統中，而應該通貫過去、現在、未來的全過程。傳統文化全過程意識並非守舊，而是開放意識。

中國傳統文化並不是始終無利於資本主義經濟發展，也不是不能發展出資本主義經濟以及科學技術。中國十七世紀以後政局相對穩定，農業耕作、水利技術相對進步、土地買賣自由、商業手工業的繁榮、私有財富的積累以及人口的增加，選擇職業和遷徙的較多自由，都比西歐戰爭頻繁，職業貿易的限制，人口增長的緩慢，有較多資本主義經濟發展的有利條件。但是，由於中國宗法「家邦型」的政治結構、自給自足的自然經濟結構，小農的意識形態，而這一切又被一種傳統的道德倫理，即中華的心理氣質所強化，失去了發展資本主義的有利時機。

譬如中國「重義輕利」、「君子喻於義，小人喻於利」等道德倫理，形成了中國人的「禮儀之邦」、「君子之國」的氣質和追求道德完善勝於物質效益的心理狀態，表現在對外交往中，樂施於人而少取於人的氣度，而影響了航海和對外交往的發展。若把鄭和和哥倫布稍加比較，事情的原委就清楚了。明成祖「欲耀兵異域，示中國富強。永樂三年（一四〇五）六月，命和及其儕王景弘等通使西洋。將士卒二萬七千八百餘人。多齎金幣。造大舶，修四十四丈，廣十八丈者六十二」⑩。船隊的規模和航海技術，都是當時世界上最先進的。鄭和經事三朝，七下西洋，其主旨是「揚國威，播文化，扶弱抑強，柔遠懷邇」⑪。每到一地，慷慨饋贈、賞賜，以顯示中國富強，永樂七年（一四〇九）布施錫蘭寺：「立佛寺，供養金一千錢，銀五千錢。各色紵絲五十四，織金紵絲寶幡四對，古銅香爐五個。鑲金座銅花五對。……金蓮花五對。香油兩千五百斤，

---

⑩〈鄭和傳〉，《明史》卷三〇四，中華書局一九七四年版，第七七六六—七七六七頁。

⑪《鄭和遺事滙編》第一〇頁。

蠟燭一十對，檀香一十柱」⑫，望「四夷」來朝賀。這樣，「連年四方蠻夷朝貢之使，相望於道」⑬。入使人員的優厚待遇和贈賜，給國家造成很重的財政負擔，「琉球國往來使臣，俱於福州停住」，從人二百餘人，「半年已用銅錢七十九萬六千九百有餘」⑭。因此，引起了朝野的爭議，有的奏議：「三保下西洋，錢糧數十萬，軍民死且萬計。縱得奇寶而回，於國何益？此特一弊政」⑮。這樣，永樂二十二年，「下西洋諸蕃國寶船，……悉皆停罷」⑯，這一開放通好的政策，由於沒有互惠互利的具體措施，而轉化成了「寶船弊政」，沒有堅持下去。

可是，中國的「寶船弊政」，在西方卻帶來殖民事業的發達，並刺激了資本主義的發展。較鄭和晚八十餘年的一四九二年八月三日。哥倫布率三條船，九十人航海成功，帶回少量黃金和珍奇，轟動整個歐洲，而欣起航海熱。他們航海的心理氣質同中國截然相反，其宗旨是爲了獲發財利，而決不是廣賞賜以示中國富強，播文化以揚國威。「西歐在這一時期被黃金熱所迷這一點看得很清楚，葡萄牙人在非洲海岸、印度和整個遠東尋找的是黃金；黃金一詞是驅使西班牙人橫渡太

⑫《鄭和遺事滙編》第九〇頁。
⑬《明成祖實錄》卷二三六。
⑭《馬克思恩格斯全集》卷二一，第四五〇頁。
⑮《明宣宗實錄》卷五八。
⑯《鄭和遺事滙編》第二七頁。

平洋到大西洋到美洲去的咒語；黃金是白人剛踏上一個新發現的海岸時所要的第一件東西」⑰。貪欲的黃金夢，激起了航海、造船、科技的迅速的發展。然而，中國的下西洋，不僅沒有發財，反而賠錢。因此，同是航海，其宗旨、目的、方法、手段完全不同，其社會效益也大相徑庭。

中華民族不立足於互惠互利，一味樂施於人而不取於人的傳統氣質；重道德精神而不求物質效益的傳統心理；寧可自己勒緊褲帶，亦要做兄弟般的無私援助的傳統精神；對侵略者的既往不咎、不要戰爭賠償而友好的態度，結果自己落後了，他人先進了。中國近代的歷史經驗證明，西方侵略者用中國學去的火藥技術制成洋槍洋炮，打開中華民族的大門，接著奸淫、燒殺、搶掠、索款，罪惡滔天，罄竹難書，使中華民族蒙受巨大的災難。他們並不會被中國樂施於人的氣質所感動，不求物質效益、不要戰爭賠款的氣度所打動，兄弟般的無私援助所感化。相反，他們照樣賊害你、破壞你、掠奪你、剝削你。甚至用你勒緊褲帶所援助的東西來打你，這樣的歷史教訓，難道不值得沉思！這樣的傳統氣質、心理、精神、態度，難道不值得反省！

一面對中華民族落後於人的事實，一些人卻採取打腫臉充胖子的態度，放不下「天朝」的面子、架子，照舊以「示富強、播文化」。自滿自足，自居自傲；另一些人卻崇洋媚外，一切都是西方的好，喪失民族自尊、自信心，這是打腫臉充胖子的反面。前者排斥外來（西方）的新科

⑰《馬克思恩格斯全集》卷二一，第四五〇頁。

技、新思想、新制度，並視之若洪水猛獸。阮元在《疇人傳》中批判哥白尼的日心說：「以爲地球動而太陽靜，上下易位，動靜倒置，則離經叛道，不可爲訓，固未有若是甚焉者也」。以中國傳統的地心說爲價値標準和尺度，斥日心說爲離經叛道，阻礙了對於外來先進的、優秀的文化的接受和吸收。這當然與中國傳統的重倫理、輕技藝思想有關。中國的「百姓日用之學」及「經世」是有條件通向近代科學的。明天啓七年（一六二七）由日爾曼人鄧玉函口授，王徵譯繪的《奇器圖說》（亦稱作《遠西奇器圖說》）便是近代西方機械工程學和力學的著作。對此，一些排外的守舊者，備加責難。王徵在〈後序〉中批駁說：「學原不問精粗，總期有濟於世；人亦不問中西，總期不違於天。玆所錄者，雖屬技藝末務，而實有益於民生日用，國家興作甚急也」。只要是有濟於世的學問，不問精粗，都應接受吸收。其實，中國傳統的空談心性的「精學」，於世又有何益？人不問是中國人或西洋人，只要有利於中國世務的發展，就應加以錄用。王徵已經有一種急迫感和落後感。雖然科學技術被統治者和儒學家視爲「技藝末務」，但實有益於民生日用的發展，國家的興旺，倘若依王徵的吸收西方科學技術，爲我所用，中國也許會促進近代科學技術的進步和社會的變革。

然而，在中國傳統的重「治國安邦」的「通學」，而輕科學技藝爲「末務」的價値觀念指導下，卽使如明代宋應星的《天工開物》，曾被國際科技界贊爲「中國古代的科技百科全書」，被譽爲「中國的狄德羅」，但宋應星的思想和著作沒有在中國的一潭死水中發出回應的波紋。偉大的藥物學者、醫學家李時珍，歷盡艱辛，完成《本草綱目》的世界名著，也沒有引起人們的重視，享受應有的地位，相反窮困潦倒，終其一生。這是因爲，士子們所追求的熱點，長期以來爲功名利祿，他們整天死背硬記聖賢之書，而「技藝末務」之書是「棄擲不顧」的。倘若功名得中，便可光宗耀祖，又可榮華富貴。科學家、醫學家等從來得不到重視。因此，謀官者趨之若鶩。官者，權也；權者，利也。只要當官，便有權、有利就有一切。科學家、醫學者社會地位低下，斯文掃地，以「雕蟲小技」的末務，自然無權無利可言。這樣便不能開發智力，促進近代科學技術的發展和社會的進步。在中國現代化的時下，如何超越傳統價値觀念，切實改善知識者的權利、地位，免得重復歷史的覆轍，在當代政治、經濟、國力競爭，歸根結柢是，尤應注意科技競爭。

四、傳統文化與現代的契合

綜合是思維能動性的高度體現，它最富有創造性，新理論體系的構成，往往通過綜合來實現。綜合是把實踐所推出的結論、原理、原則，當作已知的傳統要素和內容，從而概括形成新的原理、原則，並將其推廣到未知的領域。

傳統的綜合創造⑱是建立在中國文化傳統、東西方文化傳統以及一切優秀文化傳統的基礎之

⑱　參見拙作〈中國古代歷史觀的特點和思考〉，載《中國哲學史研究》一九八六年第一期。此文係一九八五年六月《中國哲學史研究》夏季學術討論會上的發言稿。

上的。譬如，傳統與理性並不是對立的，在傳統中沒有限制知識的自由。傳統無論對生活的作用是好是壞，都同傳統的所有人對傳統的態度有關。老子和莊子都主張知識的自由，「吾生也有涯而知也無涯，以有涯隨無涯，殆矣」，孔子主張知與行的統一，宋明理學家雖提倡先知後行，亦主張「知行相須互發」，王守仁主張「知行合一」。當知行範疇稍與道德倫理相分離，就表現出主體能動地改造客體的活動的趨向。王廷相曾在批判朱熹及其門徒的「徒爲泛然講說」和王守仁「務爲虛靜以守其心」的弊病時，認爲「皆不於實踐處用功」。張居正提出「躬行實踐」，都強調主體的實踐能動活動。到孫中山先生的「知難行易」說，其行便是指「生徒之習練」、「探索家之探索」、「科學家之試驗」、「偉人傑士之冒險」。以及革命家的實踐活動，由於對實踐的重視，而涉及眞理的標準，王夫之曾說：「知者非眞知也，力行而後知之眞也」⑲。行即實踐才能判定是否眞知。孫中山指出：「學理有眞的有假的。要經過試驗才曉得對與不對，好像科學上發明一種學理，究竟是對是不對，一定要做成事實，能夠實行，才可以說是眞學理」⑳。學理、原理的眞假需要經過試驗才能證明，並能夠實行，才是眞學理，包含有實踐是檢驗眞理的標準的思想。如果對中國傳統的檢驗眞理標準的實踐內涵加以修正和充實，即重新取向。並把它從直觀中分離

⑲《四書訓義》卷一三。
⑳《三民主義・民生主義》。

出來，是可以與實踐是檢驗眞理的標準進行新的整合的，這對於指導中國的現代化，具有重要的理論意義。

中國現代化的進程，並不是靠徹底與中國傳統斷裂而獲取；現代化的自由、民主與法制也不能靠簡單地全盤打倒傳統而獲得，而只能對傳統進行綜合地創造。儒家孔子的「仁」，具有人本精神、羣體精神和道德精神。但孔子對「仁」的規定是規範性的，而不是元哲學性的，孟子才回答了「人是什麼」和「人的本質是什麼」的哲學問題。如果把「仁」與「禮」分離開來，對「仁」範疇的價值取向重新修定。凸現凡人皆是人，而不分身份、地位和等級；愛是主體施於對象的感情行爲，而不分親疏和故舊，強調「仁」的個人道德自主性。譚嗣同爲救亡圖強，寫了〈仁學〉。它是一篇十九世紀末東方的人權宣言書。他用西方的自由、平等、博愛思想，批判中國的「三綱五常」，呼喊衝決一切禮教之網羅。他把「仁」與「禮」加以明確的區分，把儒學的一切罪惡歸咎於「禮」，歸之於荀子之學。「二千年來之學，荀學也，皆鄉愿也。惟大盜利用鄉愿；惟鄉愿工媚大盜。二者交相資，而罔不託之於孔。被托者之大盜鄉愿，而責所託之孔，又焉能知孔哉？」㉑仁與禮的區別，便是孔與荀的差異，即托者與所托者之分。這樣便把孔子裝扮成民主、平等的提倡者，禮敎的批判者：「方孔之初立敎也，黜古學，改今制，廢君統，倡民主，變

㉑ 〈仁學〉，《譚嗣同全集》（增訂本），中華書局一九八一年版，第三三七頁。

不平等爲平等。亦汲汲然動矣。豈謂爲荀學者，乃盡亡其精意，而泥其粗迹，反授君主以莫大無限之權，使得挾持一孔教以制天下！彼爲荀學者，必以倫常二字。誣爲孔教之精詣。不悟其爲據亂世之法也」㉒。仁與「禮」的分離，便是人格的整合，仁性的復歸。「仁」的價值取向，便不是「孝弟」爲仁之本，而是平等爲仁的核心；達到仁的方法，亦不是「克己復禮爲仁」，而是通，「仁以通爲第一義，以太也，電也，心力也，皆指出所以通之具」，「通之象爲平等」㉓，「通」包含中外通、上下通、男女內外通、人我通四個方面。「仁」經由譚嗣同的重新取向，重新認識和解釋，而與自由、平等、博愛融合起來，成爲中國獨特的形態，衝決了中國傳統的一元化思維模式，主張「仁」的多元化。「孔謂之『仁』，謂之『元』，謂之『性』；墨謂之『兼愛』；佛謂之『性海』，謂之『慈悲』；耶謂之『靈魂』，謂之『愛人如己』、『視敵爲友』；格致家謂之『愛力』、『吸力』；咸是物也」㉔。這是中西結合的獨特形式。

康有爲的《大同書》以仁爲大同理想社會的價值基礎，它與譚嗣同的〈仁學〉相似；對儒家「仁」重新取向，融合民主、自由、人權、進化等思想，大加宣揚，充滿激情，「惟競爭乃能進化，不競爭則不進」，把競爭看作進化的動力，但又對競爭充滿戒心和恐懼。這種中西傳統的畸

㉒ 同前。

㉓ 同前，第二九一頁。

㉔ 同前，第二九三—二九四頁。

形結合，使孔孟仁學在十九世紀末葉以新的面貌出現，這就說明儒家仁學有與西方人文主義進行新的整合的可能。再經由二十世紀民主大浪潮的修正、改造，重新取向爲「每個人的自由發展是一切人自由發展的條件」。或者說「每個人的自由而全面的發展」成爲目的本身，強調個人人格的自主性，並轉化成有利於個人自由和價值系統同外在民主和法治相結合的因素。這種外在民主和法治的制度建設，以及內在價值系統的轉變，便可達到與現代化的契合。

中國的現代化，亦需要中國傳統文化的現代化，兩者相輔相成，相得益彰。中國傳統文化的現代化，就是富裕、文明、友愛。

富裕、文明、友愛，這是中國特色的現代化文化建設的方向。

當然，文化建設是無止境的，當今世界的文化具有多元的傾向，作爲文化要素、類型的凝聚和固化的傳統，也具有多元化的傾向，在這種多元化的傳統結構中，還有比中西傳統文化結構衝突的更高層次的文化傳統的對立和衝突，這便是傳統人文文化和傳統科學文化。這兩種傳統文化結構體現在傳統的價值觀念、精神心氣、知識系統和語言符號之中，也體現在這四要素的組織化、整合的過程中。如何提出一個更高層次的傳統文化結構，來解決這兩種傳統文化的對立，是值得思考的。能否建立這樣一個傳統文化序列：傳統個體文化↓傳統民族文化↓傳統中西文化↓世界文化↓宇宙文化。在傳統的重構中，破除各種小我的、民族的、國家的、人類的自我中心主義，不斷超越，創造新傳統。

唐先生逝世十周年了，富裕、文明、友愛是中國傳統文化之精神價值所開出的現代文化，這大概也是唐先生所想看到的吧！

五四與傳統文化

震撼世界的中國五四運動過去整整七十年了。她作爲反帝反封建的愛國運動，具有偉大的歷史功績，是中國歷史上的一個轉折點，她以西方的意識形態、價值觀念與中國傳統的價值觀念、思維方式、審美意識發生激烈的衝突，因而提出了「打倒孔家店」的口號，它喚起了中國人的無限的激情和生機，影響著整個中國現代史的進程。

一、「子孫」與「老祖宗」

「五四」運動之所以以「打倒孔家店」的全面反傳統的姿態出現，反映著中國人強烈地要求改變中國貧窮落後的面貌，改變中國受帝國主義、封建主義壓迫的願望，也反映著中國思想界在意識、觀念認同上的矛盾和危機。一八四八年鴉片戰爭失敗後，維繫中華帝國的固有意識、觀念發生了動搖，人們採取各種形式、方法來挽救中華民族的危亡，無論是魏源的「師夷之長技以制夷」的形式，王韜、薛福成、鄭觀應的君民共主議會制、兩黨制的形式，太平天國拜上帝教的形式，還是沈壽康、張之洞等的「中體西用」形式，康有爲、譚嗣同變法維新形式，孫中山的革命形式等，都是對於中國救亡圖存的思考和實踐。其間雖有是非、正誤之分，但他們都是試圖把中國傳統的思想觀念、政治經濟與西方的思想觀念、政治經濟結合起來。儘管這種結合雙方的比重、分量的調節、搭配不同，但都不是單方面的，而是看到了雙方的優劣。對於這種中西優劣的估價，今人可以不同意，斥之爲膚淺，然卻是當時人所達到的認識水平。戊戌變法的君子們，他們較之「中體西用」的老朽們要激進得多，他們要大變而不是小變，要全變而不是部分地變，被慈禧太后視爲洪水猛獸。而實質上不論是康有爲的《大同書》也好，還是譚嗣同的《仁學》也好，都是以中國傳統〈禮運〉中的大同思想與西方的自由、平等、博愛思想的融合；或者是以孔子的「仁」、墨子的「兼愛」、佛教的「慈悲」與西方天賦人權論、自由、平等、博愛相結合，即使是孫中山也不例外，他們都試圖尋找一種中西合璧的形式。這在一般情況下，是能夠實現的，日本的明治維新基本是走這樣一條道路。然而在中國的特殊歷史環境下，由於某種機緣的失誤，結果戊戌變法失敗，六君子被殺，光緒皇帝被囚禁；辛亥革命雖然推翻了一個皇帝，在打倒二千年來的帝制這點上比一些國家前進了一步，但接踵而來的是軍閥混戰，做官的照樣做官，賣國的照樣賣國。它給予人們的感覺是：中國的整個肌體潰爛了、腐敗了；於是也給人一種錯覺：中國腐敗的根源在於中國的傳統文化。這樣，「五四」運動就在日本明治維新成功而反轉過來侵略中國和中國政府賣國的形勢下爆發了，北京各大學的知識青年被愛國熱情所激發，舉行了抗議示威遊行，並把罪惡的根源追溯到二千年前的孔子和整個傳統文化。他們以爲阻礙中國現代化，使中國落後腐敗、受帝國主義侵略的原因是孔子與以孔子爲總代表的整個中國傳統文化。五四運動青年知識分子們的反帝愛國、高舉科學民主旗幟的行動是可歌可泣的，但對於中國傳統文化的認識是情感的、片面的，其結果是把近代中國人的過錯——袁世凱政府及其整個集團的罪惡統統推給了中華民族的老祖宗。本來道理是很簡單的：難道不肖「子孫」的罪行都應該由二千年前的老祖宗來負責嗎？卽使是這樣簡單的道理，也不斷被重覆著，而且每一次重覆似乎都花樣翻新。到了「文化大革命」又以空前的徹底與傳統文化、思想、觀念決裂的面目出現，不僅要焚掉「封、資、修」的書，而且要進行脫胎換骨的改造；不僅要「批倒批臭孔老二」，而且要砸碑挖墳，徹底淸除中國傳統思想。把現代中國人——林彪集團的過錯、罪惡與孔子及整個傳統文化聯繫起來，名之曰「批林批孔」，看來這似乎是荒謬的，但只要時機合適仍會被重覆著，這也算是中國的一個「傳統」了！這樣看來，中國的「子孫」好當，「老祖宗」眞難當！二千年前要負二千年後的責任，可能還要負五千年、一萬年以後的責任！何時得完！

二、傳統文化的愛與離

當前，一些人認爲要現代化就不能要傳統文化，要傳統文化就不可能實現現代化，視兩者不兩立；言下之意，現代的弊端、過錯，又可歸因於傳統文化。那末，現代中國人的腦袋那裏去了！責任那裏去了！一個否定自己民族傳統文化的民族是沒有前途的民族。因爲他們把現代人、現代社會的種種弊病推給了老祖宗、傳統文化或「儒家文化」，有了「替罪羊」，自己就可以心安理得地、不負責任地我行我素，而不去改革、創新，使勁擠入現代社會。到了屬於同一個文化圈（儒家文化），受中國傳統文化影響的民族、國家、地區都進入了現代社會，中國還在原地踏步，或進步不大，或貧窮落後，我們對老祖宗、傳統文化、「儒家文化」又將如何說呢？其實東亞四小龍的經濟起飛的事實已擺在那裏，人們是不難作出回答的。否定自己民族的傳統文化，視其一無是處、好處，是黑暗、保守、愚昧、落後的代表，是現代化的阻力，這怎能教育現代青年作爲中華民族的炎黃子孫是值得驕傲的，值得自豪的，加上一些青年對現實不滿意，如何教育他們愛國，如何破除他們對祖國的疏離感，如何做一個中國人，怎樣做一個中國人，要不要做一個中國人？都已提出和將要逐漸提出來。當然，我並不認爲中國傳統文化是完美無缺，她確實有很多落後的、保守的東西，而影響到現代。但也有積極的、進步的、優秀的東西，是值得我們繼承和發揚的。我們紀念「五四」運動七十週年，要發揚五四愛國主義精神，就要對青年進行中國五千年文明發展史的教育，使他們覺得有具體的事件可愛，愛得起來，愛得深，便能激發起青年的凝聚力和振興中華的責任感。倘若老祖宗很可惡，對現實又不滿意，如何使青年愛國愛得起來！對此，如不引起高度重視，其後果是不堪設想的。如不是凝聚力，就可能轉化爲離散力。

當然，一個拒絕接受外來傳統文化的民族是不會發展的民族。因爲拒絕外來傳統文化必然是一個閉關自守的封閉型的社會，自然失去了與世界文明的接觸、衝突和吸收。沒有衝突、比較，就不可能作出最佳的抉擇，只有通過各民族、地區的文化交流，在接觸、衝突中才能有所鑒別，而吸收各民族、地區的優秀文化，促使本民族文化發生變異而進一步發展。在二十世紀六十、七十年代，當先進民族已進入電子、信息時代之時，菲律賓南部棉老島森林岩洞中的塔桑代人，還延續著石器時代的石刀、石斧和棍棒的傳統文化。究其原因就是拒絕接受外來傳統文化的結果。「五四」運動就是在中西文化、價值觀念激烈衝突中產生的，假如說沒有中西文化、價值觀念的衝突，也就不可能出現「五四」運動，其中包括馬克思主義在中國的傳播。對於中國傳統文化和外來各民族文化，都應該立足於現代與未來，分析地揚棄中國傳統文化和外來文化，用人類的一切知識財富來充實我們的頭腦，廣泛地、積極地吸收世界各國的優秀文化成果，進行綜合的創造。當然現代化的中國，是傳統中國的延續，中國只有在這種延續中，不斷與外來文化的衝突中，豐富和發展自己。

中國的現代化，亦需要中國傳統文化向現代的轉化，兩者相輔相成，相得益彰。中國傳統文化的性質、特點，在拙著《中國哲學邏輯結構論——中國文化哲學發微》、《傳統學引論——中國傳統文化的多維反思》、《新人學導論——中國傳統人學的省察》三書中已有詳論，這裏就不贅述了。至於中國傳統文化的現代化，我想應是富裕、文明、友愛六個字。富裕是指物質的、精神的富裕，在當今中國面臨各國、各方面挑戰的情況下，中國能否做出成功的回應，就在於中國的現代化和人民羣衆在物質、精神生活大大豐富起來；文明包括物質的、精神的、制度的文明，一切進步的事業、社會的發展，都是促使物質文明的；一切有利於現代化建設的道德、價值觀念、思維、行爲方式，都是促使精神文明的。人與人之間的眞正平等，相互尊重人格的自由，人人享有民主的權力，法律上的一視同仁，都是促使制度文明的，文明是與愚昧、粗暴、落後相對立的；友愛是指人與人之間（包括官民、上下、左右、父子、夫婦、朋友）要相互友愛，才能人人生活得愉快、幸福，才能幼有所撫，老有所養。國與國之間要和平、友好相處。富裕、文明、友愛是中國現代文化建設的方向。

原載《中國人民大學學報》一九八九年第三期

五四與中國傳統文化的綜合創造

一、國粹與西化

「五四」是以救亡圖存、觀念革命、文化轉型三結合的反外侮反帝制的新文化運動，給中國帶來了新的生機。「五四」的革命、愛國傳統和民主、科學精神，時至今日之所以仍具有活力和魅力，是因爲從近代以來，中國傳統文化在西方近代工業文化的挑戰下，並沒有做出成功的回應，也沒有徹底完成「五四」提出的歷史任務。他們當時呼喚理性，以理性爲遵循科學，並以理性方法向孔孟之道、程朱理學發起猛烈的衝擊，企圖否定舊傳統，創造新傳統。當前，隨開放改革滾滾而來的是西方文化在物質、制度、精神三個層面上的全面高速的湧進，而改革中所遇到的難題又造成了文化論爭的困惑和渺茫。一切現實問題的論爭、困惑，又回到了文化的中西古今即中國文化與西方文化、傳統文化與現代文化衝突和關係問題上來。

今天的中國是傳統中國的延續，現代的中國人是傳統的中國人的沿傳。傳統是主體人所創造的，也是主體人所破壞的。傳統並不完全是一個主體可以不滲透其中而加以純客觀研究的對象，也不是一堆主體重新發現或複製的東西，主體總是以自己時代的意識、心理、精神、情感、素質去接受、理解和創造傳統。因此，傳統是時代的傳統，時代是傳統的時代。對於主體來說，傳統在屬於主體之前，主體先屬於傳統，傳統是主體和客體的交融和統一。傳統是過程，是涵蓋一切的過程和關係。

傳統是不斷更新和吸收外來文化的進程，這個進程的緩慢、僵死、失落確實使當時的有識之士憂慮，這個憂慮終於被中西文化全面較量的鴉片戰爭的失敗證實了。它無疑於一個巨雷，震驚了天朝朝野上下。天朝上下睜眼看世界，世界已不是與中國「禮儀之邦」相比落後、野蠻的夷狄了。他們以優越於天朝帝國的科學技術、政治制度、軍事實力，打開了閉鎖的中國的大門，以武器的批判，衝擊中國固有的政治制度、經濟制度和文化傳統。他們以征服者的姿態，壓迫、奴役中國，肩負五千年文明古國沉重包袱的中國人，要承認自己比敵人落後，而且要向敵人學習，這種痛苦的心情，一直折磨着具有憂患意識的中國知識階層。

五四時期的知識分子如饑如渴地吸收西方學說，影響了他們的價值觀念，使他們強烈地感受到傳統是一種無形糾纏著自己而存在的異己力量，對中國傳統產生了強烈的異在感，視傳統爲愚昧、落後和反動的象徵，非打倒不可。這種異在感又由於現實社會的喪權辱國、腐敗無能，而得到加強。

在他們看來，要建立新社會，其首要條件就是在思想上全面摧毀傳統，不打倒則已，要打倒就必須統統打倒。這種思維方法既是中國的，也是西方的。他們以孔子爲中國傳統文化、觀念的總代表，於是提出了激烈的「打倒孔家店」的口號。他們把傳統與近代化對立起來，作兩極的理解，便出現了「國粹主義」與「全盤西化」兩種極端的態度。這是中國傳統文化面臨西方現代文化挑戰形勢下，人們所作出的抉擇，這些抉擇都是對中華民族屈辱痛苦的歷史的一種片面的、極端的反思，也是他們要使中國富強的願望的表現。

然而，在巴黎和會上，標榜「公理戰勝強權」的西方諸國，卻成了強權戰勝公理的助虐者，構成了對中國西化派的諷刺，神聖的西方資本主義在先進知識分子的心靈中失落了，代之以疑惑和恐懼；傳統的文化心理已被打碎了，不足以凝聚人們的思想行爲的價値取向。中國向何去處？焦急的心情困擾著中國的知識分子。俄國十月革命，使一部分知識分子從朦朧地學西方，走西方路中驚醒，他們擺脫了激進的民主主義、無政府主義、空想社會主義等，而投到了走俄國人路中來。於是，「蘇化」代替了「西化」，徹底與傳統文化、傳統觀念決裂，代替了批判傳統文化。

二、儒家倫理與現代化

當中國從「文化大革命」的大封閉中醒來時，隨之改革、開放的浪潮席捲整個大地。西方物質、制度、精神文化的湧來，使沉寂了四十多年的中西文化論爭以新的面貌重新登場。在現代西方文化的激烈衝擊下，中國能否做出成功的回應，反思以往挑戰回應的歷程，對於今天的思考是有裨益的。

韋伯爲資本主義精神找到了其內在發展的新倫理依據，說明了經濟理性主義在新教倫理導引下出現在西方。當他把視角轉向東方的時候，他在《中國的宗教》、《印度的宗教》中，闡述了儒教倫理、印度教和佛教倫理的引導不能形成資本主義的原因。雖然，中國儒教創始人孔子，他注重人與人之間的關係，並以「仁者愛人」爲其倫理核心。儒家倫理在其發展過程中，具有兩方面內涵；一是規範型倫理，如三綱五常、忠、孝等；二是理想型倫理，如由內聖開出外王。「先天下之憂而憂，後天下之樂而樂」，「民吾同胞，物吾與也」等。前者與後者結合而凸現的仁愛精神而發爲「己所不欲，勿施於人」，「己欲立而立人，己欲達而達人」。這有點像西方經濟「傳統主義」，而與資本主義的「從人身上賺錢」不相容。若是「從人身上賺錢」，就要把孔子的話改爲「己所不欲，要施於人」，「己欲立而不立人，己欲達而不達人」。否則，如何能榨到「油」和「賺到錢」？儒教倫理的仁愛精神是與新教倫理的「天職」精神不相背離的。儒教人際關係帶著由血親而擴大爲相親相愛的社會關係網絡，感情化的色彩太濃厚，新教倫理的經濟交換沖淡了感情化的人際關係，兩者雖同爲理性主義者，儒教只是適合順應世界的理性，新教是主宰掌握世界的理性。儒教的君子只具有道德價値和美學價値，基督教則是對彼岸的上帝的臣服，和世俗的苦行者，這就是說，儒教缺少新教那種彼岸的終極追求和世俗的苦行倫理。不能體現以理性的、有限的手段追求非理性的無限宗旨的資本主義精神。

自韋伯提出這個挑戰性的問題經半個世紀以後，世界發生了韋伯所想像不到也未看到的驚人的變化，在儒教傳統文化區內的一些國家和地區，在經濟和技術方面獲得了騰飛，即所謂「東亞五條龍」，成爲世界上發展最迅速的地區。東亞這些國家和地區資本主義經濟的崛起，都是歷史上曾受儒教倫理影響的區域。韋伯認爲中國不能走向近代化——資本主義的理論思維方法，是一種單一的方法。他認爲在任何一項事業後面存在著規定這種事業的精神力量的方法，即從下層建築的資本主義生產關係，而尋找決定或先於這種生產關係的精神力量，而歸結爲上層建築。他們忽視了運用社會生活的物質存在規定社會意識形態的方法，即從上層建築的社會思想、觀念、制度，尋找決定或先於社會思想、觀念的下層建築（經濟基礎）。這兩方面是可以互補的，可以把它們綜合起來，對儒學在現代化或後現代化過程中的作用，做出恰當的價值評價。

那麼，儒教倫理與現代化能否構成必然的因果關係？恐怕不能作簡單的回答。東亞五龍起飛，並沒有完全走向西化，變成西方社會，而表現了許多東方特色。日本是以科技文明爲手段，西方民主爲基礎，傳統文化爲根本的三結合的現代化道路。日本的傳統文化就蘊含著儒教倫理、儒教意識。在這裏民族的傳統文化起著現代化的主體作用。如果作整體的解釋，則東亞是多元構成，並不是單一的。把儒家倫理作單向的解釋、單向的認定也是不合適的。儒家倫理並不是東亞五龍經濟起飛的動力因，而是在西方現代化的刺激和挑戰下，本國人民改革的需要和現代化的要求，但儒家倫理是一種內在的適合因；儒家倫理也不是目標因，而是現代化，但它是一種內在的協調因。在中國，建設具有中國特色的現代化才是目標因。

基於東亞五龍經濟起飛多因的分析，儒家倫理在經濟起飛中的作用，亦可作分階段的多方位、多角度的分析。從縱向來看，中國元明之前，儒家倫理大體與中國社會經濟、政治、文化相適應，促進了社會的進步。明中葉以後，特別是近代，它在一些方面確實阻礙了中國資本主義的發展，但並不是說連資本主義生長也不可能。中國商品經濟的發展(有人稱之爲資本主義萌芽)，之所以沒有成長爲資本主義，既有客觀的種種原因，也有主觀的種種原因。元代草原傳統文化對中原農業傳統文化和商業文化的破壞，淸貴族入關後，對長江下游具有資本主義萌芽城鎭的摧殘，也延遲了資本主義的成長。

從橫向看，儒家倫理旣有它表層的運作層次，又有本體的價值層次。就當前對外開放，對內搞活，深化改革而言，商品經濟的發展，個體戶「自人身上賺錢」的觀念，採取矇、混、詐、騙等方法積累財富，是同儒家的「己所不欲，勿施於人」相背馳的。然而城鎭家庭工業或家庭聯合工業的發展，儒家倫理在這些家庭工業內部並非阻力。商業個體戶進一步發展爲集團企業，就不能繼續採取矇、混、詐、騙的經營方法，而需要講信譽，儒家倫理的某些方面從阻力轉換爲助力。但城鎭家庭或家庭聯合工業進一步發展成大企業，儒家的宗法家族精神便從助力轉化爲阻力。但如加以協調，儒家集團主義、羣體意識也能起助力作用。因此，對儒家倫理與現代化的相關性，必須作分階段、分層次或分類型的審察。一切簡單的、非此旣彼的分析，都不能說明問題。所以，儒家倫理是一不確定的、變化的動態因素。中國現實的傳統是中國傳統文化及西方優秀傳統文化的融合，它們的辯證整合不可能是原義上的「儒家的第三期發展」，而是一個新的發展階段。

三、傳統文化與綜合創造

傳統是歷時態和共時態的統一，是歷史的、現代的解釋。

傳統從空間的時間態來說，不僅要反思傳統觀念，也要反思觀念傳統。所謂傳統觀念，是指在長期的歷史沿傳中被凝聚或固化了的各種觀念形式，是超越主體的異在；觀念傳統，是指內在於主體，在主體的思想、心理、氣質以及認知方式、行為方式中起作用的觀念。如果說前者為「死」的觀念，則後者可稱為「活」的觀念。然而，從時間的空間態來說，兩者又有重合的現象。當然，傳統觀念可以在新的氣候土壤上重新生長，或死灰復燃；觀念傳統也可以進行傳統觀念的轉化。中國的傳統觀念、心理，是自我優越、自我封閉。一九四九年以後，大陸的社會變革、政治、經濟變革，便引起了傳統觀念的大變革，又形成了新的傳統，如「一大二公」，高度集中的指令性計畫，平均主義的分配制度等等。歷史的傳統觀念和平均主義的傳統觀念相互結合，形成了一種妨礙社會經濟發展的惰力：自給自足的自然經濟和小農意識的觀念傳統，影響著社會經濟體制和民主、法制的健全；農村推行聯產承包責任制和出現個體戶、私人雇工辦廠，受到「一大二公」原則和全民所有制傳統觀念的反對。人們心裏都有一個「上帝」，按經驗，習慣辦事，不見經傳的、前人沒辦過的事，就不敢辦。這兩種傳統觀念結合在一起，貽誤更甚。當然，對待傳統文化既不能採取虛無主義的態度，也不能篤守不放，而應該進行創造性的發展。

傳統文化無可懷疑地需要綜合的創造。無論是內在於主體的傳統還是外在於主體的傳統，都有與現代化不相適應的方面；傳統意識、心理、氣質、行爲、道德、價值，亦與現代意識、心理、氣質、行爲、道德、價值不相適應。因此，觀念的轉化，價值的轉換，思維的轉變，就是不可避免的。然而，這個轉化、轉換、轉變的價值導向以及方法、途徑，不僅是複雜的，而且是有干擾的。

所謂綜合，是思維把事物的各個部分聯結成一個整體加以考察的方法。要綜合，就需要擴展視野，開拓境界。以往自我畫地爲牢，設置禁區，不敢想也不能想，深怕觸動了那根「神經」，得罪了那一位「神靈」。反右派鬪爭以後，一般知識分子說話寫文章，都照「本本」、「條條」；理論工作者要做「合格的宣傳員」，因而唯書、唯上。至於理論創造，一般人那敢做非份之想！到了「文化大革命」，便成登峰造極，不僅「句句是眞理」，「一句頂一萬句」，而且要「高舉」、「緊跟」，猶恐不及。這時，不僅把資本主義世界的文明，視爲魑魅魍魎，而且把世界其他社會的文明，目之一無是處。「唯我獨革」，唯我正確，唯我掌握眞理，失去了對世界文明的接觸，衝撞和吸收，這種自我禁錮，一旦開放，便有「洞中方七日，世上已千年」之感嘆。

要綜合，就要破除自我封閉，把世界文明各個方面、成分、要素聯結組合起來，形成整體的結構。只有以**開放**的胸懷，積極主動吸收外來的一切優秀理論成果、合理內核，才能使我們自己的理論充滿生機和活力，倘若以封閉自固、拒絕、排斥外來的優秀理論成果，動輒批判其爲資本主義，唯心主義，只能使我們自己的理論陳舊和受到干擾。雖然國外的各種文化思潮和理論觀念，通過各種形式，被介紹進來，但總的來說還是不夠的。國外新理論、新思潮的湧入，雖然縮小了我們與國際學術理論界的距離，從中得到啓發，在自己的研究中，有了一些收益。對此，因存戒心而繼續自我封閉當然不對；不加以分析、良莠不辨，全部照搬也不好。對於發展中國家在改革中的經驗和教訓以及他們在實踐中形成的新理論、新觀點；資本主義世界近幾十年的發展所形成的新理論、新觀點；東亞儒家文化區各國、各地區經濟騰飛中形成的新理論、新觀點，都應該結合中國的國情實際，有分析、有選擇地加以吸收，並經過自己的消化、改造，補充和充實自己理論體系。對於一些錯誤的、有害的、不適合中國實際的理論觀點，應加以批判和排除。這就是說，要把各個方面的成份、要素分析地綜合起來，構成一個適合於中國現代化發展整體理論體系。

要綜合，就要破除迷信，解放思想。這是擴展視野，開拓境界和破除自我封閉的前提條件，也是其深一層的內在層面。如沒有前者，後者既不可能提出，亦不能實現。之所以要破除迷信，解放思想，是因爲中國的現代化，是一個新問題。中國傳統文化中找不到它現成的模型，「祖述三代之治」、「托古改制」、「井田制」、「正經界」都不能拿來就可用的。即使說對傳統進行創造性的轉化，也需要俱備兩方面的條件：一是傳統文化可以而且能夠向現代轉化。傳統文化與現代之間具有內在的貫通性，這就是說，傳統文化自身有轉化爲現代的萌芽、因素或胚胎，而這些萌芽、因素、胚胎在適宜的條件、氛圍下，才能發展、演變爲現代文化。在這裏，沒有傳統文化能轉化爲現代的萌芽、因素不行；沒有適宜的條件，也會使萌芽、因素夭折、枯萎。二是現代化的需要。現代對傳統文化來說既有聯繫，又有區別。因而具有一定的獨立性。現代文化既可以是本民族傳統文化的現代解釋，或具有現代因素、萌芽的發展；也可以是外來民族傳統文化的現代解釋；以至是內外、東西各種傳統文化優秀部分的綜合（譬如日本的「和漢融合」、「和洋融合」的文化整合，構成了日本的「雜種文化」❶，又有人認爲日本文化是儒教文化、佛教文化、西方文化的並列，沒有發生交融，正確地說是「雜居文化」❷，而不是雜交優生的「雜種文化」）。文化的綜合既不是雜居，也不是雜拌，而是各種不同文化的雜交優生，筆者稱之爲優生文化，這種優生，是各種優秀文化或優秀部分、方面文化的雜交，而產生新的品種或新的文化。新文化既具有各種參與雜交的優秀文化的痕迹，又大不相同，而具有新文化自身的優越性、獨特性、適應性，筆者稱此爲文化的綜合創造。

---

❶ 加藤周一（一九一九—）在一九五五年發表了〈日本文化的雜種性〉一文，提出了日本文化是「雜種文化」的觀點。

❷ 丸山眞男：《日本的思想》，岩波書店一九六一年版，第六四頁。

中國傳統文化中的價值觀念、心理結構、氣質結構、思維方法、行爲方式，凝聚爲傳統；東方傳統文化理論觀念、思維方式、心理結構、風俗習慣，凝聚爲傳統；西方各種理論觀點、文化思潮亦凝聚爲傳統。儘管中國傳統、文化中的價值觀念等大多屬於「死」傳統，新生的主義理論傳統、觀念傳統大多屬於「活」傳統，但在以分析爲基礎的綜合過程中，它們都是作爲一個部分、方面、要素而存在的。不過從機械的綜合轉變爲辯證的綜合，經比較、篩選，可以構成以某部分、方面、要素爲中心的理性整體，它是對感性整體的否定之否定。綜合，就傳統中那些具有普遍性和延續性的部分方面而言，亦需要經時代的改造，注入新時代精神、特性和功能，而成爲新時代的傳統；就傳統中那些具有現代意義的要素、因子而言，也都是以不完善、不成熟的形式存在著，它需要新時代精神的熱情培育，促使它們向完善的、成熟的方面轉化。這種轉化，便是新傳統產生、形成的基礎。

四、富裕、文明、友愛

傳統文化的綜合創造，是建立在中國文化傳統、東方文化傳統、西方文化傳統的基礎之上的優秀部分、方面或具有現代意義的要素的整合。

中國的現代化能否實現，是關係到中華民族能否在現代社會中生存下去的問題。中國的現代化必須具有中國的特色，這是毋庸置疑的。這就爲我們提出了深入探索中國傳統與現代化的課題，換句話說，帶有中國特色的現代化，也就是帶有中華民族傳統文化的色彩，它既不是歐美型的現代化，也不是蘇聯、東歐型的現代化，而是中國型的現代化，這個中國型的現代化既不是全盤西化，也不是國粹主義；既不是「中體西用」、「西體中用」，亦不是「中西互爲體用」、「中西爲體、中西爲用」，而是超越這四種類型，立足於現代化與未來，用人類的一切知識財富來充實我們的頭腦，廣泛地、積極地吸收世界各國的優秀文化成果，進行綜合地創造。當然，現代化的中國，是傳統中國的延續，中國也只有在這種延續，不斷與外來文化的衝突中，創造出新的成果來充實、豐富和發展傳統以致更新傳統的原有結構，建構與現時代的主客體關係相適應的具有嶄新形式和內容的新傳統。

五四的傳統民主、科學和愛國主義精神，可以摻入到中國現代化進程。兩者相輔相成，相得益彰。但五四新文化運動，畢竟已七十年過去了。我們繼承五四還必須超越五四。今天中國所遇到的問題，雖與五四時期有相似之處，也有根本的差異。中國文化有沒有與西方模式或任何外來模式不同的、具有中國特色的自己的模式？我國能不能在各方面的挑戰下，在下世紀作出成功的回應？每一個對過去、現代、未來具有責任感和使命感的人，應該既繼承又超越地把五四傳統推向新的高峰，重新凝聚中華民族的精神，而建構新文化，這就是富裕、文明、友愛。

富裕，是指物質的富裕和精神的富裕。在當今貧與富、發達與落後多元並存的世界，必然存在著競爭。而中國又面臨著來自世界各個方面的挑戰：譬如新產業革命的挑戰，實是高科學技術的挑戰；新興的發展中國家的挑戰，即現代化速度、質量的競爭；近鄰東亞經濟騰飛的挑戰。對這種來自內外各個方面的挑戰，必須有緊迫感和危機感。中華民族能否做出成功的應戰，關鍵就在於中國的現代化。因此，一切干擾中國現代化建設和建設速度的思想、理論、行爲，都應該排除，使國家生產力迅速發展，人民羣衆的物質生活大大地富裕起來。無此，一切都是空的。當然，中國的現代化，亦要避免西方物質生活提高了，精神生活空虛了的弊病。在物質生活提高的同時，精神生活也得到大大的充實、豐富和滿足。

文明，它包括物質的、精神的、制度的文明，一切進步的事業，社會的發展，如商品經濟、多種經濟成份、引進高科學技術等等，都是促進物質文明的，而一切損害國家經濟建設，盜賣國家物資及各種「倒爺」等，都是賊害現代化物質文明的；一切有利於現代化建設的觀念、思想、道德、宗敎、思維、行爲方式等，都是促進精神文明的。而一切腐朽的、落後的、愚昧的思想觀念，倫理道德、思維方法、宗敎迷信、行爲方式，都是有害精神文明的。比如「一切向錢看」，把一切都放在金錢的天秤上來衡量，爲了追求極端利己的價值目標和最大的經濟效益，而完全不顧起碼的倫理道德，賣淫、販賣人口、吸毒等已絕迹的醜惡行爲再次出現。農村的封建迷信、賭搏造墳在一些地方比較嚴重。社會生活中貪汚盜竊、投機倒把、弄虛作假、坑矇拐騙、以至殺人搶刼，時有發生。對此，除加強敎育外，必須繩以法制；人與人之間的眞正平等，相互尊重人格的自由，人人享有民主的權力，法律的一視同仁，都是促使制度文明的，而走後門、賄賂公行等腐敗現象，是有損制度文明的。因此，必須健全民主與法制建設，推進制度文明。文明是與愚昧相對立的，愚昧是現代化的阻力。

友愛，人與人之間（包括官民、上下、左右、父子、夫婦、朋友之間）要相互友愛。有友愛之心，而無害人之心。有友愛，才能人人生活得愉快、幸福，才能幼有所撫，老有所養。國與國之間，要和平友好相處。大國與小國之間要互敬互讓、互惠互利。發達國家與發展中國家要有己立而立人、己達而達人之心。在當今科學技術高度發達、信息愈來愈方便的情況下，全世界的範圍愈來愈小。倘若有害人之心、之行，結果必然「搬起石頭砸自己的腳」，這句中國的諺語，也許是適用的、深刻的。

富裕、文明、友愛，這是中國傳統形式和內容的更新，而開創出的新時期的新傳統、新文化。

我們的宗旨是，繼承傳統文化，超越傳統文化，創造傳統文化。

一九八九年為高等學校紀念「五四」七十周年學術討論會論文

五四與北京文化

北京是五四運動的發祥地。北京學生在天安門舉行反帝反賣國的示威，提出「外爭主權，內除國賊」的主張，開啓了新時代。

一、關於北京文化

北京文化是中華民族文化整體的部份，兩者不能分割。當前一些人講中國文化，便以儒學爲主體，或包含儒、釋、道三家。然而，中國文化是一個多結構的複雜形態，而非單一的儒家或釋、道等家文化。北京文化亦不例外。從整體思維的視野來看，中國文化可包括這樣三個層次結構，或三個集大成的階段：

第一、漢文化　先秦之時，國家林立，諸侯異政。據傳「當禹之時，天下萬國，至於湯而三千餘國」（《呂氏春秋．用民》），各國的文字、習俗、儀禮等均有差別。戰國時，百家爭鳴，中國文化思想出現了空前燦爛的時代，各種學說在爭鳴中得到了發展。秦滅六國後，建立統一的大帝國，要求文化思想也統一起來。秦國實現了「車同軌，書同文」，統一了文字。至漢，完成了從先秦以來中原華夏各族文化與夷狄（包括東夷、西戎、南蠻、北狄、百越）文化的交融，亦可說是東、西、南、北、中文化的融合，而形成中華民族文化，卽漢文化或本土文化。中華民族文化是由漢代奠定的，這時在生產技術、工藝美術、哲學思想以及醫學、數學、歷法、天文、農學等等均有高度的發展。過去我們研究文化思想史的學者，總覺得秦漢時期思想不豐富，可能是一種誤解，要充分認識漢文化在中華民族文化中的奠基作用和地位。

第二、宋文化　漢以後印度文化傳入中國，這是中國的本土文化第一次與外來文化的交流。印度文化、波斯文化與本土文化，草原文化與農耕文化的接觸，必然引起矛盾衝突。這種矛盾衝突自魏晉南北朝隋唐以來，一直不斷。基本是兩種態度：一是主張對外來的印度佛教文化採取簡單排斥的態度；二是主張揚其好的方面，棄其不好的方面。唐宋，主張這兩種態度的人均有，但後來的思想家實際上採取後一種主張。於是印度文化與本土文化的融合，便產生了理學，形成東方文化，而影響東南亞和世界，其中朱子學和陽明學影響尤深遠。

第三、近現代文化　宋以後，契丹文化、蒙古文化、阿拉伯文化和西方基督教文化以及近代西方工業文化與中國傳統文化（實卽宋明文化）的交流，卽東西文化的融合，而形成中國近現代文化。

因此，中國文化具有多成份性、多層次性以及外融合、內融合的特點，也具有主導性、認同性的特徵。它決非用國粹、奴性、保守、封閉的文化心理，或模糊、直觀、缺少理性和科學的思維機制所能概括的；也決非用弘揚儒學或儒學第三期就能解決現代化問題的。中國文化三結構，是一個複雜的形態，需要冷靜、認眞、嚴肅的反思。

二、北京文化的特點

北京文化特點，無疑不能脫離中國文化的特點。它是中國文化特質的一個側面、角度、環節和要素的體現。有比較才有特點，因為特點都是相對而言。就北京地區與其他地區（如上海地區）來看，北京文化的特點可概括為這樣三方面：

第一、創新性，卽具有包容性、綜合性特點　北京是燕文化的發源地，自遼金以來，歷元、明、清，都是京都，它是全國政治文化的中心，是宋以來草原文化與農業文化的交流點，卽蒙古文化、滿族文化與漢文化的交流中心，亦是中西文化交流的窗口。這裏既反映了草原游牧民族的酋長用硬弓駿馬制馭諸部的文化心理，又反映了「以農立國」、「重本抑末」的文化心理。由於北京長期以來是京城，文化比較發達。它是全國文人學士最集中的地方，特別是各地舉人滙集北京考試，帶來各地區的文化信息、文化成果。也成為交流、傳播新學術、新思想的中心。甚至成為反保守、反封建的發源地，如戊戌變法、五四運動等。因此，北京文化的創新性和權威性的特點也較突出。這些都可說明北京文化具有歷史的悠久性。

第二、交融性，卽具有北方文化的純樸性和南方文化的靈活性的特點　從總體上觀察，北京地區人口流動性較大，全國各地各民族人均有。人們的價值觀念、審美評價、生產方式（擇式）、生活習慣、方言俚語、婚喪民俗、社交禮節、心理結構等等，各不相同。它是正統的與「邪端」的、守舊的與創新的、閉鎖的與開放的文化衝突的舞臺。

第三、多樣性，即具有封建性和反封建性　因爲長期以來，北京是全國的政治中心，封建的政治機構、官吏都集中在北京，封建的文化、道德、思想教育也較爲普遍嚴格，影響亦較深，具有一種比較穩定的文化心態和觀念。當然，保守性與反保守，封建性與反封建是相聯結而存在的。當各地舉人滙集北京考試的時候，不僅帶來各地區文化的特質，也帶來各地區的風俗習慣、文化心理、價值觀念等，而成爲文化整合的理想的陣地。

北京文化特點的創新性（包容性和綜合性）、交融性、多樣性均具有精華與糟粕這樣兩重性。當然，這兩重性之間是有量的差別的。

原載《北京社會科學》一九八六年第三期

新儒家哲學與新儒家的超越

一九八八年筆者在日本東京大學講學期間，曾受東大中國學會的邀請，作〈對中國八十年代宋明理學研究的分析〉（載《中國——社會と文化》第四號一九八九年六月），又受日本早稻田大學的邀請，作〈我的宋明理學研究〉（載《東洋の思想と宗教》第六號一九八九年六月）等演講，對宋明理學研究，作了初步的反思。一九九〇年十二月在紀念馮友蘭先生誕辰九十五周年的國際學術討論會的大會上，筆者的演講對宋明理學的研究，又作了新的探索。

一、從舊三學到新三學

中國宋元明清之時，哲學理論思維達到了一個高峰。梁啓超在《清代學術概論》中稱這個時期的學術爲「宋及明之理學」（馮友蘭先生稱道學），一般人都認爲理學可分爲二派成三派，這就是現代沿用的所謂理本論（程朱學派）、心本論（陸王學派）和氣本論（張載到王夫之）。南宋之時，朱陸鵝湖之辯，主旨是「爲學之方」，陸以自己爲「易簡工夫」，朱熹爲「支離事業」，已顯分歧。後來黃宗羲的老師劉宗周把朱陸之異說成是性體與心體之別，而不及理。黃宗羲又從方法上加以區別，認爲朱熹「以道問學爲主」，陸九淵「以尊德性爲宗」，到了本世紀的三〇年代，馮友蘭作《中國哲學史》，揭出「朱子言性卽理，象山言心卽理。此一言雖只一字之不同，而實代表二人哲學之重要差異」❶。馮先生認爲，以「道問學」與「尊德性」區分朱陸不妥，因爲講陸不十分注重道問學可，講朱不注重尊德性則不可，朱陸之學實可分爲理學與心學。到了四十年代，便發展出新理學、新心學，新氣學雖有個別學者倡導，但影響甚微。筆者從三派均講理，故稱其爲絕對理、主體理、客體理。由此，關於宋明理學中的學派稱謂，其演變大致如下：

宋明理學
- 程朱—支離事業—性體—道問學—性卽理—理學—新理學——理本論——絕對理
- 陸王—易簡工夫—心體—尊德性—心卽理—心學—新心學—心本論—主體理
- 張王———氣體———氣卽理—氣學—新氣學—氣本論—客體理

諸學派以其所構築的哲學邏輯結構的形上學本體的最高範疇爲稱謂，有其合理性。新理學、新心學、新氣學都是接着宋明理學、心學、氣學講的。馮先生說：「宋明以後底道學，有理學心學二派。我們現在所講之系統，大體上是承接宋明道學中之理學一派。我們說『大體上』，因爲在許多點，我們亦有與宋明以來底理學，大不相同之處。我們說『承接』，因爲我們是『接着』宋明以來底理學講底，而不是『照着』宋明以來底理學講底。因此我們自號我們的系統爲新理

❶ 馮友蘭《中國哲學史》下册，中華書局一九六二年，第九三九頁。

學」❷。所謂「照着講」和「接着講」的區別，就在於一是要說明以前的人對於某一哲學問題是怎樣說的；一是要說明自己對於某一哲學問題是怎樣想的。自己怎樣想，總要以前人怎樣說爲思想資料，但也總要有所不同。接着講起碼有一半頭腦是長在自己頭上的，還有一半是長在古人頭上的，照着講則就都長在古人頭上了，變成了古人的僕人。接着講就是半是僕人，半是主人。

馮友蘭先生對此有一說明，由《新理學》的自然觀是共相和殊相的關係，這個問題是程朱理學的主要內容，即理與氣的關係問題。程朱理學把整個宇宙一分爲二，一個是形而上的理世界，一個是形而下的器世界。理世界是共相，器世界是殊相。《新理學》接着講，也是這樣說的，只是換了兩個名稱。它稱理世界爲「眞際」，器世界是「實際」。「眞際」比「實際」更廣闊，因爲「實際」中某一類東西之所以成爲某一類東西，就是因爲它依照某一類東西之理。「實際」中的某一類東西，就是「眞際」中某一理的例證。「眞際」比「實際」更根本，這就是程朱理學是「體」，具體事物是「用」的意思。這些意思，程朱理學都已經有了，《新理學》把他們沒有講明確的地方，明確起來。還有程朱理學說氣有清、濁之分，《新理學》認爲不能這樣說。如果這樣說，「氣」就是一種具體的東西，而不是一切理所借以實現的總的物質基礎。程朱理學和《新理學》，都主張「理在事先」和「理在事上」。這就是說，在時間上說，理先於具體事物而有；就

❷《新理學》，《三松堂全集》卷四，河南人民出版社一九八六年，第五頁。

重要性說，理比具體事物更根本❸。照這樣看來，《新理學》的形而上學本體論的思維模式、框架、基本路向，是照着程朱理學講的，這便是有一半頭腦長在別人頭上的意思，但《新理學》不是完全照着講，而是在程朱形而上學本體論模式、框架內，又有自己的發揮、自己的解釋、自己的創造，這便是接着講，有一半腦袋是長在自己頭上的意思。

照着講、接着講在每個人學術道路上都會經歷過，如能進而自己講，便能達到更高境界。儘管接着講也有自己講的東西，它是從照着講到自己講的中介。自己講就是自己心裏怎樣想，就怎樣講，是哲學的創造活動，它是對於照着講和接着講的超越，這就如禪宗的自作主宰的精神和超佛越祖的氣概。只有具備這種精神和氣概，才能敢於自己講。南宗禪德山宣鑒(七八二—八六五)說：「我先祖見處卽不然，這裏無祖無佛，達磨是老臊胡，釋迦老子是乾屎橛，文殊普賢是擔屎漢。等覺妙覺是破執凡夫，菩提涅槃是繫驢橛，十二分教是鬼神簿，拭瘡疣紙。四果三賢，初心十地是守古塚鬼，自救不了」❹。這種訶佛罵祖，確有偏頗，但在嚴密的戒律下，不這樣就不能自己講，講自己心裏的話，講自己所想的話。

在宋明理學中，王守仁心學相對於程朱道學，是想自己講的。王守仁也經歷了照着程朱講

❸ 參見《三松堂自序》，北京生活、讀書、新知三聯書店出版一九八四年，第二四五—二五〇頁。

❹ 《五燈會元》卷七，中華書局一九八四年，第三七四頁。

（去格父親官署裏竹子）、後接着講（大悟格物致知之旨）、最後自己講（良知之說）的過程。雖然王守仁否定了程朱理形上學本體論，但提出了心形上學本體論。王廷相、王夫之又否定心形上學本體論，而建構氣形上學本體論，這是對於程朱「理在氣上」的顚倒。然而，就形上學本體論的思維模式、框架來說，三者相同。後來，戴震有見於形而上學本體論的弊端，而要「發狂打破宋儒家中《太極圖》」❺的思維模式❻。但到本世紀四〇年代，不僅由馮友蘭接着程朱理學講，還有熊十力、賀麟先生接着陸王心學講。「嚴格說來心與物是不可分的整體，爲方便計，分開來說則靈明能思者爲心，延擴有形者爲物。據此界說，則心物永遠平行，而爲實體之兩面：心是主宰部分，物是工具部分；心爲物之體，物爲心之用；心爲物的本質，物爲心的表現。故所謂物者非他，卽此心之用具，精神之表現也」❼。以主宰與工具、體與用、本質與表現來講心物關係，凸現了精神、意識之作用。之所以說熊十力接着陸王講，《新唯識論》開宗明義說：「今造此論，爲欲悟諸究玄學者，令知實體非是離自心外在境界，及非知識所行境界，唯是反求實證相應故。」主張反求內省，明心見性，而續陸王一系。賀麟接着陸王講，是以陸王心學的「心卽理」爲主旨，融會西方黑格爾、康德和斯賓諾莎哲學，具有調解程朱和陸王的趨向。在哲學方法上，

❺段玉裁〈答程易田丈書〉，《經韻樓文集》卷七。
❻參見拙著〈濂學——周敦頤思想研究〉，《宋明理學研究》，北京：中國人民大學出版社，一九八五年，第一〇六—一三二頁。
❼《近代唯心論簡釋》，重慶：獨立出版社，一九四四年，第三頁。

把中國哲學的傳統直覺方法與康德知性分析、黑格爾理性思辨互補，通過「直覺方法可達到『衆物之表裏精粗無不到』，而『吾心之全體大用無不明』的最高境界」❽，對陸王心學作了一些新的詮釋，故稱爲新心學。但相對新理學來說，熊十力雖建構了《新唯識論》思想體系，但賀麟並沒有建構新心學的哲學體系，影響大不及新理學。

至於接着張載、王夫之氣學講，張岱年在《事理論自序》中說：「學人之中，述顏戴之旨者，宗陸王之說者，紹程朱之統者，皆已有人。而此編所談，則與橫渠船山之旨爲最近」❾。《事理論》便是顛倒程朱和《新理學》的「理在事先」、「理在事上」的說法，主張「理在事中，無離事獨存之理」❿的氣學。然而，張先生的《事理論》以及四〇年代的其他著作，都沒有發表⓫，亦無影響。

新理學、新心學、新氣學在四〇年代的文化效應，大不相同。賀麟先生立足於新心學，對新

❽ 同前書，第一〇九頁。
❾ 《張岱年文集》第二卷，北京：清華大學出版社，一九八九年，卷首。張岱年《事理論·自序》手迹署爲「民國三十六年八月」即一九四七年。然而《事理論》的一九八一年二月重閱後記中說：「此篇是一九四二年春季撰寫的。」(《眞與善的探索》，山東：齊魯書社一九八八年，第一一七頁)據張先生說，是後寫自序之故。
❿ 《事理論·附記》，《眞與善的探索》，山東：齊魯書社一九八八年，第一一七頁。又說：「宋以後哲學中，唯物論表現爲唯氣論。……到淸代，唯氣論的潮流乃一發而不可遏。」《張岱年文集》頁二一九。
⓫ 其他如〈哲學思維論〉、〈知實論〉、〈品德論〉等，結集爲《眞與善的探索》，於一九八八年由山東齊魯書社出版。

理學批評說：「講程、朱而不能發展至陸、王，必失之支離。講陸、王而不能回復到程、朱，必失之狂禪。馮先生只注重程、朱理氣之說，而忽視程、朱心性之說，且講程、朱而排斥陸、王，認陸、王之學爲形而下之學，爲有點『拖泥帶水』」⑫。《新理學》不僅以陸王爲形而下之學而排斥陸王，而且未能整體上把握程朱之學，「取舊理學的理氣而去其心，而同情於唯物論，眞可說是取其糟粕，去其精華」⑬。正因爲這種原因（原因之一），在一九四九年以後，港臺新儒家批判新理學。同時，他們失去了藉以實現自己思想的依托，懷着花果飄零的心境，沿着賀麟所點明，熊十力「對陸王本心之學，發揮爲絕對待的本體」⑭的心性之學的路向，並融攝西方哲學（如康德哲學），發展完善了新心學。牟宗三說：「依明道、象山等所代表之一大系爲根據來融攝康德，並藉康德之辨解以顯自律道德之實義，並進而展示其所函之全部理境，即道德的形而上學之究極完成」⑮。所謂明道、象山所代表的大系，即以《論》、《孟》、《中庸》、《易傳》爲主的宋明儒之大宗，「較合先秦儒家之本質。伊川、朱子之以《大學》爲主則是宋明儒之旁枝，對先秦儒家之本質言則爲歧出」⑯。明道、陸、王心學爲正宗、大宗，紹中國儒家之眞精神，程

---

⑫《當代中國哲學》，南京：勝利出版公司一九四七年，第三六頁。作於一九四五年八月。

⑬王恩洋《新理學評論》，賀麟先生引，載同前書。

⑭《當代中國哲學》，第一三頁。

⑮《心體與性體》第一册，臺灣：正中書局一九六八年，第一一三頁。

⑯同前，第一九頁。

（程頤）、朱理學爲旁枝，「別子爲宗」，歧出於儒家精神。牟先生自覺弘揚陸王心學之大宗，批判程朱理學和新理學。

如果說一九四九年後，港臺新儒家發展完善了新心學，那麼，大陸則主要發展完善了新氣學。新氣學由於顚倒了新理學和新心學的理事、理氣、心物關係，把氣作爲物質概念而客觀存在，理與心作爲形而上的客觀精神本體的理念和主觀精神本體的心意識，是屬於第二性的存在。這個顚倒就是把理學、心學中以客觀精神本體理念和主觀精神本體心意識爲第一性，爲頭，變爲第二性、爲脚。這猶如馬克思顚倒了黑格爾頭足倒立的哲學一樣。由於與馬克思主義的唯物論有相似之處，因此，氣學在大陸得到特別重視和關注，不僅在中國哲學史上發掘了未被注意衆多氣學思想家，整理出版了他們的著作，撰寫了論文；而且構成了氣學體系的發展系統，其貢獻不可抹煞。

新理學到馮友蘭，新心學由熊十力經賀麟到牟宗三，新氣學由張岱年提出到大陸四十年的發展，其體系均趨完善。任何哲學，其體系完善之際，也便是轉型之時。雖然新理學、新心學、新氣學都在西方文化的挑戰下，吸收西方文化中某些理論觀點，改造舊理學、舊心學、舊氣學，而開出新來，但新與舊是相對的，新理學、新心學、新氣學在當前現代化的衝擊下，都有成爲舊學的趨勢，而需要重新創造。

二、新儒學的超越

之所以需要重新創造，這是因爲：

第一、新理學、新心學、新氣學就其思維模式來說，都屬於形而上學本體論哲學傳統。就這點而言，並沒有超越舊理學、舊心學和舊氣學。哲學是對於天地萬物的原因或本原的追索，宋明以來舊三學和新三學，都在探討事物的終極根據或原因，並都曾宣稱自己找到了答案或尋到了終極解釋。他們或以客觀精神（理），或以主觀精神（心），或以客觀物質（氣），建構世界終極存在的形上學本體論，解釋一切關於世界本原和原因的尋根究底的問題，無論是舊三學，還是新三學，他們所建構的形而上學本體論，總以爲他們的解釋具有最高的權威性和眞理性，最終的正確性和絕對性，以便作爲他們整個哲學邏輯結構的基礎。理學和氣學都曾把世界分爲形而上和形而下、共相和殊相兩個世界。心學以主體卽本體，並不同意這種分法。但隨着科學、社會、思維的發展，哲學自身也在不斷變化。因此，哲學上根據和原因的探討，也會不斷超越前人，而發展融合爲新的學說。

第二、理、心、氣作爲普遍超越的形上學本體，而這個形上學本體理、氣、心，或通過「格物」、「卽物」而「窮理」，甚至一物不格，卽缺了一物的道理；一書不讀，便缺了一書的道理，要求普遍地格物，不可欠闕。或通過「致吾心之良知」於事事物物，事事物物皆得其理矣，吾心之良知，卽所謂天理，合心與理爲一。或通過形（感覺器官）、神（思維活動）、物（客觀對象）三相合，格物與致知「二者相濟」，而體認氣。歷經「涵養與省察」、「敬與靜」，直接體驗以培養心性本原，隨事體察以發明本心，或經驗綜合的直觀認識；或自我反思的直覺體驗（本能的直覺、智的直覺、負的直覺方法）等。一旦由「格物」而「窮理」，「致良知」而發明「本心」，「格物致知」相濟而體認氣，那麼由「窮理」所得之「理」，「致良知」所明之「心」，「格致」而獲之「氣」，便是眞理，而且是放之四海而皆準的客觀眞理。理、心、氣便是絕對眞實的、至善的、完美的。凡與此形上學本體理、心、氣相異的，便是絕對虛假的、邪惡的、醜陋的。這就是說理、心、氣作爲眞、善、美的化身和反對假、惡、醜的護法神，一切與此相異的理論學說，便認爲是異端邪說，而加以取締；一切與此相違的行爲，便認爲是叛經離道，而加以懲罰。在這種情況下，一方面注重維護先在的所謂眞理，而具有保守性、閉鎖性和不變性；另一方面，形上學本體理、心、氣便具有強烈的排他性、獨斷性和獨裁性，是有我無他，有他無我的。於是在等級專制主義社會裏，形上學本體理在與世俗政治倫理相合中，而成爲現實政治原則和制度，道德律令和規範，生活方式和日用的支配者、制裁者，這便轉變爲戴震所批判的「以理殺人」的原因所在。也只有在這種情況下，理才具有殺人的性質、功能和作用。「所謂理者，同於酷吏之所謂法。酷吏以法殺人，後儒以理殺人，浸浸乎舍法而論理，死矣，更無可救矣」⑰。酷吏以法殺人，還有客觀法律條文可依，後儒以理殺人，既無客觀法律條文可依，又無共同的斷案判刑的標準，只是理學家（包括統治者）的個人主觀「意見」而已。「由是以意見殺人，咸自

⑰〈與某書〉，《孟子字義疏證》，北京中華書局一九六二年，第一七四頁。

信爲理矣」[18]。即使寃獄無計，也都自信是合乎理的，理便在法之上。理能殺人，形上學氣（物）、心在一定條件下，特別是在與權力相結合的情況下，也可能具有殺人的功能[19]，而他們的排他性、獨斷性、獨裁性，阻礙着科學、文化、思想、社會的進步。

第三、哲學的不斷發展，就是哲學的批判精神。所謂哲學批判，從理論意義上說，是對於對象性理論的前提的考察，即對理論前提能否成立以及如何成立的考察中所體現出來的哲學思考的自由精神。理學、心學、氣學以及新理學、新心學、新氣學既以其形而上學本體理、心、氣爲推至四海皆準的眞理[20]，便缺乏一種哲學思考的自由精神。哲學批判的本質在於不斷揚棄和超越已有理論。戴震哲學發揮了批判性功能，他批判的重點從純粹理性領域而言，是對於程朱理論前提的考察。「蓋程子、朱子之學，借階於老、莊、釋氏，故僅以理之一字易其所謂眞宰、眞空者，而余無所易」[21]。並沒有就眞宰、眞空、理的理論前提能否成立進行討論，換句話說，新理學、新心學、新氣學亦沒有就理、心、氣的理論前提進行考察。雖然當他們在考察別的對象性理論前

---

[18] 〈與段玉裁論理欲書〉，〈戴先生遺墨〉。《戴東原先生全集》，《安徽叢書》第六期。

[19] 顏元認爲程朱理學和陸王心學都是「殺人」的學術。「果息王學而朱學獨行，不殺人耶！果息朱學而獨行王學，不殺人耶！今天下百里無一士，千里無一賢，朝無政事，野無善俗，生民淪喪，誰執其咎耶？吾每一思斯世斯民，輒爲淚下！」〈閱張氏王學質疑評〉，《習齋記餘》卷六，《顏元集》中華書局一九八七年，第四九四頁。

[20] 程顥、程頤說：「理則天下只是一箇理，故推至四海而準，須是質諸天地，考諸三王不易之理。」《河南程氏遺書》卷二上，《二程集》，中華書局一九八一年，第三八頁。

[21] 〈理〉，《孟子字義疏證》卷上，中華書局一九六一年，第一九頁。

提時，能發揮哲學批判的功能，如把對形上學道德論的內在矛盾的認識轉換爲對形上學道德論理論前提的批判，但他們不能把對象化給自然和社會的人的本質及其矛盾轉爲主體自身的批判。因而便缺乏自身接受批判的自覺。一種理論若喪失了接受批判或自我批判的自覺，也就失去了其生命的活力。

雖然新理學、新心學、新氣學各有其特點、性格和路向，但上述三方面卻是其共同的缺陷或破綻，隨着哲學的發展，其弊端也會愈來愈顯著。從哲學理論形態上說，先在的哲學理論不斷被代替、被更新，猶如長江後浪推前浪，後來的不斷超越先在的，而使哲學理論日新而日日新。這樣哲學的批判必須超越新理學、新心學、新氣學，而創造出新的哲學理論形態。

三、和合學的建構

這個哲學理論形態，姑且稱其爲和合學，所謂和合學，是關於自然、社會諸多要素現象相互融合以及在融合過程中吸收各要素優質成分而合爲新事物的學說。

對和合學的定義，兹作如下說明：

第一、和合學認爲，世界萬物都是在運動變化的過程中形成、產生。這就打破了新理學、新心學、新氣學對於事物終極性的解釋，否定着他們哲學本體論的建構。雖然哲學本體論的建構是對於世界萬物終極原因或本原的尋根究底，但世界萬物並不存在什麼本體，所謂世界萬物的本體，只不過是理學家為解釋存在和眞、善、美的尺度和根據所提供的基本原理，是理學家頭腦中的概念。事實上理、心、氣等，作為形上學本體，都是一個抽象的概念，如熊十力所說的唯識、心體，馮友蘭所說的眞際、共相，這些都是沒有被驗證的。如果肯定某一個哲學本體的存在，就必然承認世界萬物有一個極限，有一個開端，也就承認有一個先在的東西或實體的存在，那麼，世界萬物的無限性、無端性就被否定了。實質上追求形上學本體論，必然墮入先在論的陷阱，或者陷入莊子「有始也者，有未始有始也者，有未始有夫未始有始也者。有有也者，有無也者，有未始有無也者，有未始有夫未始有無也者。俄而有無矣，而未始有無之果孰有孰無也」㉒的不知主義困境。擺脫這種先在論和不知主義困境，就在於承認世界萬物都在自身運動變化中萌芽、發展、成熟、衰亡，再萌芽、發展、成熟、衰亡，以至無窮。正如戴震在《孟子字義疏證．天道》中對道的規定那樣，「道，猶行也；氣化流行，生生不息，是故謂之道」。道是氣化生生，流行不息運動的總過程，而不是對於世界萬物終極解釋和終極佔有的本體。世界萬物的運動和人類社會的運動，無時無刻都否定着這種終極的解釋，否定着哲學本體論的最高範疇——理、心、氣——作為解釋和評價一切的價值尺度和終極根據。

如果說世界萬物有什麼終極的原因或根據的話，那麼它只能是不同事物矛盾間的動態平衡。正是這種動態平衡才使事物表現出一定的性質及互相間的聯繫。譬如當生態系統的各要素處於一

㉒〈齊物論〉，《莊子集釋》卷一下，北京中華書局一九六一年，第七九頁。

種動態平衡之中，它表現爲發育良好，組成穩定，能量利用率比較高。食物鏈與食物網關係也很典型。反之，當平衡的破壞超過了生態系統的自我調節能力，生態系統將瓦解。

另原子化合爲物質時，也表現爲動態平衡的原理。一九二七年德國化學家Heitler和London首先把量子力學理論應用到分子結構中，後來 Pauling 等人加以發展，建立了現代價鍵理論。在討論共價鍵本質和特點時，Heitler 和 London 用量子力學處理H原子形成 H_2 分子的過程，得到 H_2 分子的能量（E）與核間距離（R）關係曲線。假設A、B兩個氫原子的電子自旋相反，當它們互相接近時兩個原子軌道發生重疊，核間電子雲密度增大，此時整個體系的能量要比兩個H原子單獨存在時低。在核間距離達到平衡距離 Ro 時，體系能量達到最低點。若兩個原子核進一步靠近，由於核間庫侖斥力逐漸增大又會使體系能量升高，兩個氫原子在動態平衡距離 Ro 處形成穩定的 H_2 分子，也叫做 H_2 分子基態。可見價鍵理論對共價鍵本質的說明，證實了動態平衡在物質形成過程中的作用；它的關於成鍵電子的運動性及其在兩核間幾率分布規律，爲和合學的動態平衡過程和相對性提供論證。

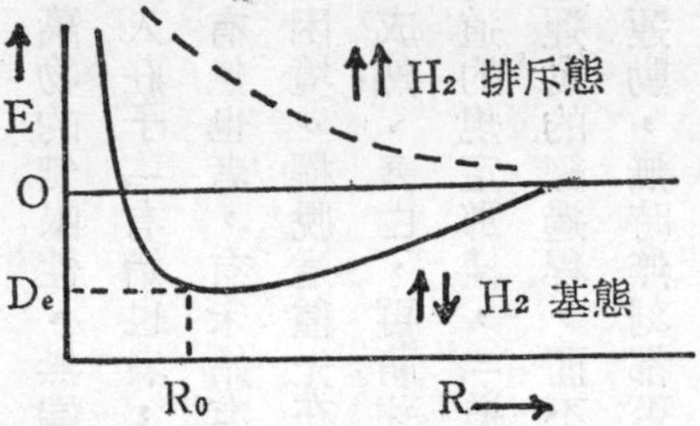

在現代物理學中，宇宙機器的說法已被宇宙動態整體理論所超越。宇宙被理解爲各個部分相

互聯繫的宇宙過程的形式。在亞原子水平上，整體各部分間的相互聯繫和相互作用要比各組成部分本身更爲重要。極而言之，這裏存在着運動，卻沒有運動着的物體；存在活動，卻沒有活動者；這裏有舞蹈，卻沒有舞蹈者。這就是說，存在着事物的運動和變化，卻沒有運動者和變化者的形而上本體理、氣、心；存在着過程，卻沒有支配過程者的形上學本體。

第二、和合學以爲諸多異質要素的對待統一，相互作用，而融合成全新的事物。這種異質要素的對待統一的融合，是一個動態過程，之所以把它看成一個過程，是因爲異質要素的對待融合，是一個連續的、反復的、不斷的進程，而不是一次或幾次就完結的。即使某一特定事物產生了，該事物自身又有新的矛盾對待，相互作用，向新質事物轉變，世界就是這樣不斷循環，以至無窮的過程。當新理學、新心學、新氣學建構了自身哲學邏輯結構，並規定理、心、氣爲其形上學本體時，這個連續的、反復的、不斷的過程便終止了，成爲有限的了。朱熹把世界看作一個「淨潔空闊底世界，無形迹，他卻不會造作」㉓，沒有異質存在的、沒有對待的「淨潔空闊」世界，是一個絕對的、單質的、單性的世界，猶如熊十力的體用不二的唯識世界，馮友蘭的眞際世界。在這個世界中，按照中國原始辯證思維來看，它不會產生任何東西。因爲理、心、氣作爲單質、單性概念範疇，中國古人稱其爲「同」，如二女同居，不生孩子；只有異質、異性的男女同

㉓　〈理氣上〉，《朱子語類》卷一，北京中華書局一九八六年，第三頁。

居，才能生孩子。所以史伯說：「夫和實生物，同則不繼。以他平他謂之和，故能豐長而物歸之。若以同裨同，盡乃棄矣，故先王以土與金、木、水、火雜以成百物」㉔。晏嬰對「和」有一個解釋：「清濁、大小、短長、疾徐、哀樂、剛柔、遲速、高下、出入、周疏，以相濟也」㉕。由異質、異性相和相濟，而生天地萬物：「天地合氣，萬物自生。猶夫婦合氣，子自生矣」㉖。天、夫代表陽，地、婦代表陰，陰陽、正負和合而生事物。男女、雌雄交合而生新一代，是自然生物繁殖的高級形式，它保證了新一代具有父母的雙重特徵。因而具有更強的適應環境能力，可見有性生殖是生物進化的必然趨勢。

原子核外電子排布所遵循的 Pauli 不相容原理指出，同一原子軌道僅可容納兩個自旋相反的電子，如果以 $+\frac{1}{2}$，$-\frac{1}{2}$ 分別表示這兩個電子的自旋量子數，那麼，這兩個電子也可以看作是陰陽。

在基本粒子不斷發現過程中，狄拉克的相對論方程說明了物質與反物質之間的基本對稱關係。對稱意味每一種粒子都有相應的反粒子，它們質量相同，帶相反的電荷。只要有足夠的能量就能產生一對粒子與反粒子，而在相反的湮滅過程中，它們又轉化爲純粹的能量。狄拉克所預言

㉔〈鄭語〉，《國語》卷一六，《四部叢刊初編》本。

㉕《左傳》昭公二十年。

㉖〈自然〉，《論衡校釋》卷一八，商務印書館，第七七五頁。

的這種粒子對的產生和湮滅，在自然界被發現，並多次被觀察到。可見微觀世界是以複雜作用方式緊密聯繫起來的一個系統，在這裏相對論代替了絕對論，物質的動態作用只有在大量統計數據基礎上才有意義。然而這種複雜的系統內部卻包含着奇妙的對立，正與負、排斥與吸收，構成了系統極爲誘人的一面。否定着理、心、氣、形上學本體論的絕對性、單質性，以及獨佔性、獨斷性。

依據人類實踐活動的異要素的對待統一，去探索人與世界的關係，人們就會發現世界的二重化（自然世界與萬人世界的對待），人類的兩重性（人對自然的超越和自然對人的本原性的對待），歷史的二象性（人們自己創造自己的歷史與歷史發展的客觀規律性的對待），實踐的二極性（人的尺度與物的尺度、合目的性與合規律性、善與眞的對待）。世界、人類、歷史、實踐就是這二重性的和合。

第三、和合學認爲，諸多要素在融合過程中，並非雜拌，亦非中體西用、西體中用、中西互爲體用或中西爲體，中西爲用的模式，而是吸收各要素優質成分消化綜合，並爲各要素優質成分提供得以充分體現的場所和條件。這種綜合，正如光具有波粒二象性。德布洛意（Louis de Broglie）波概念的提出，使人們不得不接受一個看起來是十分荒謬的事實：任何物體，包括實物微粒，以至運動着的宏觀物體（如具有一定能量和一定動量（P）的電子等微觀粒子和運動着的壘球和槍彈宏觀物體），都可以按 de Broglie 公式：$\lambda=\frac{h}{p}=\frac{h}{mu}$ 計算波長，也就是任何事物居然可以作爲波和粒子的共同體而存在。這種綜合，使人們最終拋棄了機械的決定論而接受一種相對論。在物理學上最好事例就是由電子的波粒二象性推出的測不準關係式：$\triangle X \cdot \triangle Px \geqq h/4\pi$，這表明微觀粒子的運動與宏觀物體完全不同，不能同時確定它的坐標和動量。經公式計算出電子的運動速度不確定程度約爲$10^7 m's^{-1}$，這說明電子在原子核外的運動只存在一種機率分布，而沒有確定的軌道。這要求我們採取一種新的綜合的世界觀。正如F·卡普拉（Fritjot Capra）說的，量子論揭示了宇宙的一種基本性質，它表明我們無法把世界分成獨立存在的最小單元。當我們深入物質的內部時，自然界並不是呈現爲相互分離的「基本建築材料」，而是表現爲各部分組成整體的各種關係的網絡。這種關係中也包括觀察者。它構成了觀察過程的最後一個環節，任何原子對象的性質都應該理解爲這種對象與觀察者相互作用的結果。這就是說，經典的能夠客觀地描述自然的思想不再是正確的。在原子世界中無法把我與世界分割開來。在原子物理學中我們無法在談論自然的同時也談論我們自己。

這種綜合在自然界以及人類社會是廣泛地存在着的。在生態學中，生態系統是生態學的結構和功能單位。每個生態系統都是生物因素和非生物因素組成的開放系統。其中生物因素包括生產者、消費者和分解者，三者都完成特定的生態功能。正是由於生物因素之間以及生物因素與非生物因素的不斷的作用，物質才能在生態系統中不斷循環，而能量才得以流動。故說生態系統是一個綜合的作用系統。生態系統既爲互相作用、制約的諸要素所構成，也反作用於各組成要素。生態的良好發育，爲其生物成分的最大限度繁盛，非生物條件的平衡提供條件。

和合學具有運動性、平衡性、綜合性和相對性的特點。它是一種動態分析的理論結構，這種理論結構具有相對論和對稱論的方式，也具有綜合論和相濟論的方式。理、心、氣等本體，是一種靜態分析的理論結構，這種理論結構具有絕對論和單稱論的方式，也具有了同等論和片面論的方式。它既把形上學本體論作為其哲學邏輯結構的起點，又作為其哲學邏輯結構終點的伴謬，因為起點與終點是相互對待排斥的概念，但在中國古代「體用一源，顯微無間」㉗中，這種對立的界限似乎圓通了。朱熹曾經說：「且如這個扇子，此物也，便有個扇子底道理。扇子是如此做，合當如此用，此便是形而上之理」㉘。這裏「形而上之理」既是朱熹哲學邏輯結構的起點，亦是其終點。馮友蘭在《新理學》中說：「程朱說：理是主宰。說理是主宰者，卽是說，理為事物所必依照而不可逃；某理為某事物所必依照而不可逃。不依照某理者，不能成為某事物。不依照任何理者，不但不能成為任何事物，而且不能成為事物，簡直是不成東西」㉙。譬如「飛機必依照飛機之理，方可成為飛機」㉚，造飛機的形而上之理本來卽有，飛機師是發現其理而造一實際的飛機而已。朱熹和馮友蘭一樣，其思辨的方法是把具體扇子之理，飛機之理離開扇子、飛機本

㉗ 〈易傳序〉，《二程集》，中華書局一九八一年，第六八九頁。
㉘ 《中庸一》，《朱子語類》卷六二，中華書局一九八六年，第一四九六頁。
㉙ 《新理學》，《三松堂全集》卷四，河南人民出版社一九八六年，第八八頁。
㉚ 同前。

身，抽象昇華爲形而上本體之理，扇子、飛機是形而上本體理的變現，世界萬物也是這樣變現出來的。就此而言，從宋明新儒學到現代新儒學，都沒有從根本點上超越宋明理學形上學本體論的框架。

和合學既是對舊三學，也是對新三學的超越，因爲無論是舊三學，還是新三學，當他們建構了形上學本體論，就終止了新的綜合，失去了吸收各要素優質成份的動力和創造新事物的生命力。他們不能超越自我本體論的終極解釋和終極根據，也不能擺脫自身解釋的循環。和合學對舊三學、新三學的超越，旨在打破中國傳統哲學的形上學本體論框架，而建構和合學新的哲學系統。

和合學是中國文化的精髓和生命最完滿的體現形式。

危機乎！生機乎！

——關於中國哲學史研究的現狀和展望

一、危機感

在中國歷史上，新思潮往往發生在對社會大轉變、大動亂的反思，這是一個帶規律性的現象。當前，中國社會正處在一個大轉變的時期。這個大轉變，既蘊含着對十年「文化大革命」的大動亂的反思，亦蘊含着建設現代中國精神文明的新時代。在這個大轉變時期，一些原有的思想、觀點、習慣、心理狀態、價值觀念等等，都要在實踐中重新評判。新思想也就在與社會的大轉變相聯繫中產生了。

在當前這場大轉變中，既要堅持社會改革，又要根據新形勢、新情況、新問題，提出新思想，使社會改革進一步與中國現代物質文明和精神文明建設的實際結合起來。處在這個大轉變時期的中國哲學史研究，與社會精神文明建設有着密切的聯繫，但也有不相適應的地方。因此，有的人有危機感，有的人有生機感，這是從不同的方面、角度反映了對中國哲學史研究的現狀和未來的不同認識。

所謂「危機感」，是指一些原有的思想、觀念、方法已經落後於發展了的客觀實際。隨着經濟體制的改革，必然要影響文化、思想觀念的改革。然而，目前中國哲學史的教學和研究，如何與經濟體制、教育體制改革相適應，都還存在着不少問題和差距。比如，目前大學所使用的中國哲學史教材（從觀點到方法），課程的設置、教學方法，都還停留在五、六十年代的水平，不能滿足青年學生追求新知識的需要，也跟不上時代的要求。特別是單純灌輸式的教學方法，已很陳舊。如果說中國哲學史研究和教學有什麼「危機感」的話，這些，不能不說是危機感的一種表現。

所謂「生機感」，是指「文化大革命」後在思想領域的「撥亂反正」，實行經濟體制、教育體制改革，對外開放，對內搞活經濟，貫徹百花齊放，百家爭鳴的方針，提倡學術民主，自由爭論，這是發展、繁榮學術的基礎和條件。有了這樣的基礎和條件，處理好堅持與發展的辯證關系，吸收、消化與現代物質基礎相聯繫的新思想、新觀念、新方法，並與中國傳統的優秀文化思想遺產結合起來，一定能改變目前那種不相適應的落後狀況。「危機感」能自覺地意識到中國哲學史研究和教學的差距，這是縮小差距，改變落後的起點，一個生機勃勃的、繁榮的中國哲學史研究和教學的新形勢即將到來，這大概就是人們所說的生機感吧！從這個意義上說，「危機感」與「生機感」並非矛盾，可以把它看做統一的過程。

二、變危機為生機

如何變危機爲生機，變不相適應爲適應，我認爲，還需要做這樣幾方面的工作。

第一、要轉變原有的一些思想觀念　中國哲學與西方哲學不同，一些西方所謂經典社會科學家，並沒有對中國古代哲學家的思想體系加以研究，作出具體的評論。一九四九年以後我們所遵循的是日丹諾夫關於哲學史的定義。這個定義雖有一些合理的方面，但總體上是片面的，它只講唯物論與唯心論的鬪爭，而不講統一；只講唯物主義世界觀及其規律的胚胎、發生與發展的歷史，而不講唯心主義世界觀及其規律的胚胎、發生與發展的歷史。這種片面性曾阻礙了對於中國哲學史的全面規律的掌握，整體發展的探討和思維經驗教訓的總結，影響了對一個時代的思潮、哲學家哲學體系的整體把握。如果說歷史曾經給予了我們沉重的包袱，則這種教條式的傾向便形成了一種新的包袱。我們只有丟掉錯誤的或與時代不相適應的思想觀念，才能輕裝前進。在當前來說，需要引進、改造、吸收與現代物質基礎、現代科學技術相聯繫的新思想、新觀念。這些新思想、新觀念也不是都與中國的實際相適應，它與中國古代的文化思想遺產一樣，有精華和糟粕，兩者錯綜複雜，交織一起，必須經過一番取其精華，棄其糟粕的揚棄過程。

第二、要轉變原有的一些方法　在人類認識世界、改造世界的活動中，方法問題是一個至關重要的問題，不同的時代，不同的學科，其思維方式和研究方法，往往具有不同的特點，並對理論和實踐的發展具有不同的作用。一切理論的探索，歸根到底都是方法的探索，特定學科的研究方法之完善程度在一定意義上表明着該學科的成熟程度，並帶來該學科的發展。我們在一個較長的時期內照搬西方哲學史的研究方法，曾習慣地依據西方的哲學思潮、哲學家的自然觀、認識論、方法論(辯證法或是形而上學)、歷史觀等幾大塊分門別類地加以評述，忽視哲學體系的內在邏輯聯繫。雖然這種方法在相當廣泛的、各依對象的性質而大小不同的領域中是正當的，甚至是必要的；可是它每一次都遲早要達到一個界限，一超過這個界限，它就要變成片面的、狹隘的，並且要陷入無法解決的矛盾之中。這是抽象分析方法在中國哲學史研究中的表現。目前大學的教科書基本上是按照這種方法來編寫的，也是與以往注重哲學思想的定性分析相適應的。這種方法與中國哲學強調有機整體性或整體和諧性的思維特點不相適應。由於抽象分析方法本身的局限，勢必限制中國哲學史研究的深入。因此，轉變這種抽象分析方法，是十分必要的。我們應該採取一種辯證分析的方法，即分析和綜合相統一的系統方法研究中國哲學史。就目前來說，如何吸收與現代科學技術相聯繫的新方法，是一個複雜的問題。對新方法（如舊三論和新三論）的吸收，是一個複雜的改鑄過程，把這些新方法運用到社會科學中來，又是一個更加複雜的改鑄，任何簡單化的運用，都是不能奏效的。現代各門具體學科，都有與本學科實際相適應的具體研究方法。研究方法的正確與否，對掌握該學科的規律和內在的邏輯聯繫，甚爲重要。因而，我提出了中國哲學邏輯結構論。所謂中國哲學邏輯結構，是指研究中國哲學範疇的邏輯發展及諸範疇間的內在聯繫，是中國哲學範疇在一定社會經濟、政治、思維影響下的結合方式或構築的體系。它有這樣三層涵義：1.中國哲學範疇的邏輯發展。把實踐作爲自己形成的基礎的哲學範疇，是人們在一定歷史時期的實踐經驗的概括，是一定歷史時期的東西在人們認識中的再現。中國哲學範疇的邏輯發展，既把人類認識客觀世界的進程作爲自己形成和積累的進程，又把自然和社會的歷史發展進程作爲自己產生和形成的依據，它是上述兩個歷史發展進程在思維中的反映。2.諸中國哲學範疇間的內在聯繫。一個民族的理論思維，一個時代的哲學思潮或一個哲學家的哲學體系，是通過一系列哲學範疇來表現的，是由諸多相互聯繫、相互作用的哲學範疇間的邏輯順序或結合方式構成的，並從整體的邏輯結構上，探索、確定諸範疇在一個時代思潮或哲學體系中的地位和作用。3.中國哲學邏輯結構是在一定社會經濟結構、政治結構影響下的結合方式或構築的體系。所謂經濟結構，是指一定社會的所有制、分配、管理結構和管理機構的設置以及調節槓桿的結構；所謂政治結構是指一定社會的國家政權、階級、政黨結構等。哲學範疇及其聯結的方式總是根植於一定社會的政治、經濟結構的。提出中國哲學邏輯結構論，是對於中國哲學史這門具體學科研究方法的探索和嘗試。

第三、要建立中國哲學史研究的流派體系　中國哲學史學的流派體系和世界觀既有區別，又有聯繫，不同的世界觀固然會產生不同的中國哲學史學的派別、體系；但同一世界觀也會產生不同的中國哲學史學的流派體系，這是客觀存在的。比如，同一世界觀的指導，對中國古代的孔子、老子、孟子、莊子、董仲舒以至張載、二程、朱熹、王夫之等等哲學體系性質、價值評價，都截然不同，這是很自然的現象。但是，過去把「百家爭鳴」簡單地理解爲兩家，要麼是無產階級，要麼是資產階級。用這種非此卽彼的兩維思維判斷來描述「百家爭鳴」的確定關係，就把一些不同的看法打入「資產階級」一家去了；時至今日，這種陳腐的觀念仍時有再現。一些有創見性的學者面對這種情況，仍存在畏懼心理，好心的人亦提醒建立流派體系是危險的傾向。中國哲學史學至今尚未形成若干流派體系，與文明古國是不相稱的。學派體系的建設是發展中國哲學史學的重要途徑。中國哲學史學流派的建設，既需要不斷完善自己的理論體系，亦需要有自己研究的方法，以改變目前中國哲學史教科書大體上一種結構、一種模式、一個腔調的狀況，而應編寫出不同流派體系、不同格調的著作，通過比較、競爭才能鑒別、發展。不僅要在國內形成較多的中國哲學史學流派，而且要在國際上形成獨具特色的中國哲學史學學派，成爲國際中國哲學研究的中心，促進中國哲學史學的發展。

原載《哲學研究》一九八六年第九期

中國哲學邏輯結構論

一、問題的提出

中國哲學作爲理論思維，是以整體的現實世界（包括自然、社會、人生）爲自己的對象，是對象世界的存在狀態、整體結構、普遍本質和發展規律在思維中的再現。對中國哲學史的研究，就是關於歷史上主體對客體反映的反思，是研究者的自覺能動活動。中國哲學的研究應轉換一下角度和出發點，不能從現成的原則、原理或結論出發，硬套在中國哲學頭上，把中國哲學削足適履地去符合現成的原則，而應該總結出中國哲學固有的原則、原理、方法。以往按幾大塊「分門別類」的研究，是抽象分析在中國哲學史研究中的表現之一。

當然，抽象分析是思維過程中的一個環節，是人們認識對象的重要步驟。因此，它曾被中國古代哲學家用來作爲研究思維的方法。朱熹親炙弟子陳淳撰《北溪字義》（原名《字義詳解》），就周敦頤、程顥、程頤、張載、朱熹道學中的基本概念、範疇，如命、性、心、情、才、志、道、理、德、太極、中和、中庸、經權、義利等，一一疏釋論述。後來戴震作《孟子字義疏證》，又對理、天道、性、才、道、仁、義、禮、智、誠、權等溯流尋源，毫分縷析。這種傳統的分析範疇方法，亦影響到現在，譬如研究朱熹，便分解爲論理、論氣、論太極、論陰陽、論鬼神、論仁等等。這種分解的方法與幾大塊分門別類，有相似之處。它猶如人身，本是一個有機的整體。有機體各個部份之間，不僅缺一不可，而且緊密聯結。倘若人爲地加以支解，便面目全非了，它不僅不是完整的人體，而且被支解的部分肢體也失去其原有的功能。這是抽象分析在中國哲學史研究中的表現之二。

由於抽象分析本身的局限，如若停留在這一步，勢必限制中國哲學史研究的視野、廣度和深度。因此，要使中國哲學史研究水平更上一層樓，必須採取分析與綜合相統一的系統方法。

系統方法，就是在思維中把通過辯證分析所揭示出來的客觀事物的本質、方面、規定、要素不是看作孤立的雜亂無章的偶然堆積，而是合乎規則的有機整體。整體的性質和功能存在於有機組成的各要素的互相聯繫之中。人們的思維要反映事物本質以及它的具體性和體系性，即認識事物的統一，內部聯繫是怎樣表現在多樣性的具體事物之中，恢復和把握事物本來的聯繫乃至過渡的中介，揭示事物在分解狀態下不曾顯現的特性，把各部分要素結合成一個活生生的整體。因而，系統方法，是在各個部分相互聯繫、相互作用情況下，有機整體未被支解條件下，認識事物內在結構。它特別強調系統整體性原則和結構相關性原則。

思維既把相聯繫的要素組合爲一個整體，同樣也把意識的對象分解爲它們的要素。分析和綜合既有差異，而又互相依存、互相滲透、互相過渡，兩者統一，並形成一個相對穩定的結合方式，這便是思維體系的邏輯結構。

二、哲學邏輯結構的疏釋

所謂哲學邏輯結構，簡言之就是在一定社會經濟、政治結構（包括所有制、分配、管理結構和管理機構的設置和調節槓桿的結構以及國家、政權、政黨結構等）背景下，諸哲學範疇之間的邏輯聯繫或結合方式。要思維就必須有邏輯範疇，作爲理論思維的哲學，是通過一系列邏輯範疇所組合的命題來表現的。一個民族的理論思維，一個時代的哲學思潮或一個哲學家的哲學體系，是由諸範疇構成的。各系統內的諸範疇是通過結構才組成一個整體，結構是哲學體系得以存在的前題。

這裏所謂的邏輯，既指邏輯範疇，亦指範疇自身矛盾運動及其相互之間的聯繫。邏輯是研究思維形式、方法或規律的學問，它可以用邏輯範疇以及邏輯範疇之間的關係來表示。在一定意義上說，眞理是由客觀現象，現實的一切方面的總和及它們的關係組成的。因此，諸邏輯範疇之間的關係、聯繫，也是邏輯所研究的方面。

範疇（Kategoria）一辭是取《尙書・洪範》：「天乃錫禹洪範九疇」而譯。《尙書》意謂治天下之大法有九類。今所謂範疇，是指反映客觀事物最一般規定性的概念，是人們認識客體的思維形式。它猶如細胞，生命不能沒有細胞；思維不能沒有範疇，離開範疇便無法進行理論思維。範疇亦是人們認識成果的結晶，是思維反映客觀世界進程的路標，是人們進一步認識客觀事物的工具和方法。範疇是指每門學科的基本概念，而非所有概念。如《易經》中論道，還只是一種概念，即指道路的道。「復自道，何其咎，吉」❶。「隨有獲，貞凶。有孚在道，以明，何咎」❷。許慎《說文解字》：「道，所行道也」。即所行走的道路，或說往來在道路上，或說俘虜在道路上行走，這個道還是概括範圍較小的概念。但隨着作爲卜筮之書的《易經》向哲理化的《易傳》轉化，道在《易傳．繫辭》中便成爲重要的範疇。如說「三極之道」、「彌綸天地之道」、「一陰一陽之謂道」，都不是指道路之道，是指天地的變化、陰陽的轉變，有道理、法則的意思，屬於概括範圍比較大的基本概念，這便是範疇。

哲學範疇，與各具體學科的範疇不同，它具有自己的一些特點：

其一、哲學範疇是高層次和深層次的概括　範疇是指各具體科學的基本概念，則哲學範疇便是最基本的概念，它是更高層次的範疇的範疇。譬如道是天道、地道、人道三個領域的高度概括，若深入探索，天道是指宇宙或自然，宇宙的生成，天體的演化，世界的本源，自然的派生，天與人的關係等等的內在聯繫；地道是指俯察地理，即天下萬物的死生，精氣爲物，游魂爲變，

---

❶〈小畜．初九爻辭〉，《周易正義》卷二，景印阮刻《十三經注疏》本，第一五頁。

❷〈隨．九四爻辭〉，《周易正義》卷三，第二三頁。馬王堆帛書〈六十四卦〉：「有孚」作「有復」。見《文物》一九八四年第三期。復假借爲孚。

以知鬼神的情況等等的聯繫和變化；人道是指人類社會的政治制度、等級秩序、倫理綱常、道德規範、人生價值等等的關係和變化。因此，把握哲學範疇，便能把握對象各個方面的全關係、多層次、多系列、全行程的系統知識。從這個意義上說，哲學範疇是整個認識之網上的紐結。

其二、哲學範疇是互相聯繫的統一整體　要概括和總結認識領域的完整知識，就需要由一系列範疇來表現。每一個範疇都包含着一些基本命題及結論，這些命題和結論之間的彼此邏輯聯繫，便構成了各門科學的基本內容和統一整體。中國古代哲學便是由太極、陰陽、五行、道器、理氣、有無、體用、本末、一兩、動靜、名實、知行等等範疇組成的。只有把這一系列範疇聯結成一個統一整體，才能使中國古代哲學成爲中國古代哲學史。

其三、哲學範疇是思維活動的最基本的支點　各門具體科學的範疇相互轉化，其由範疇構成的體系，亦是由一個範疇過渡到另一個範疇，從此範疇而推演到彼範疇，相互關聯，步步展開。在過渡和推演行程中，範疇便是認識活動的最基本的支點。這些最基本的支點，不僅是各門學科多方面認識成果和多層次認識內容的總滙，而且是由甲至乙過渡進程中不可缺少的中介。通過這個支點，而構成前後左右，上下縱橫的錯綜聯繫網，離開思維的最基本支點，這個聯繫網就會破裂。

範疇的上述特徵，互相聯結，也是整體範疇的各個側面。範疇作爲思維形式，具有主體性，它是對自然現象、社會現象的認識的高深的概括，是客體移置於人們思維中的主觀形式，因而具有客觀性。

如果上述哲學範疇是我們所說的哲學邏輯結構中的一系列支點、中介，卽猶如一張網上衆多紐結的話，那麼，一系列紐結組合的方式不同，便能編織出各不相同的網。紐結組合的方式不同，就是我所說的範疇結構方式的不同。人類認識發展的歷史，先是對自然現象、社會現象的整體認識，卽仰以觀於天文，俯以察於人文，對天文、人文加以整體考察，就是對自然、社會現象之網的認識，可稱它爲網的觀念；然後人們進入對自然現象、社會現象的各部分的認識，卽所謂紐結的認識，其認識的結晶，便是諸範疇，可稱它爲結的觀念；最後由結返回到網。若結是一系列範疇，則由一系列範疇所編織的網，便是範疇系統，卽我們所說的邏輯結構系統。

結構的功能和作用，在範疇系統中，並非無關宏旨。結構在中國典籍中是指連結構架或物體構造的式樣。《抱朴子・勗學》說：「班輸之結構」。杜甫〈同李太守登歷下新亭〉詩：「新亭結構罷，隱見清湖陰」。韓愈〈合江亭〉詩：「梁棟宏可愛，結構麗匪過」。講建築物的結構；《文選・魚靈光殿賦》：「於是詳察其棟宇，觀其結構」。講構造的式樣。隨着社會實踐和科學技術的發展，結構這個概念便擴大到解剖學、天文學、化學、物理學以及文學、哲學等等。我所說的結構，是講邏輯結構，是指事物內部諸要素運動的形態，是事物內部具有相互作用的各要素之間相對穩定的排列順序或結合方式。邏輯結構就是事物內部各個部分、要素聯結成統一整體的思維形式反映。至於事物形成什麼樣結構，是以諸要素的性質爲基礎的。

因此，範疇邏輯結構的不同，是此範疇系統和彼範疇系統相區別的標誌之一。當然，這種區別或由於組合的要素、成份不同，範疇的內涵、性質不同，或由於結構方式的不同，或同時基於這一些。即使組合的要素、成份相同，但由於結構方式不同，而成爲性質截然相反的兩種東西。在中國哲學史裏，一些哲學家，他們用於表述哲學理論思維的範疇是相同的，但由於範疇結合的次序、方向、方式的不同，即邏輯結構的差異，便可構成哲學性質截然不同的哲學體系。因此，有的哲學體系只要把範疇結合的次序倒置過來，或者把被顚倒了的扶正過來，就會與原來的哲學體系絕然相反。譬如南宋時的道學大家朱熹，他用以表述哲學思想的主要範疇是理、氣、物等等。他說：

> 自下推而上去，五行只是二氣，二氣又只是一理；自上推而下來，只是此一個理，萬物分之以為體。萬物之中，又各具一理，所謂「乾道變化，各正性命」。然總又只是一個理。此理處處皆渾淪，如一粒粟生為苗，苗便生花，花便結實，又成粟，還復本形❸。

從上推下來，只是這一個理，理是端始，猶如一粒粟。有理然後有氣，或說理生氣。氣即陰陽二氣，由於氣流不息，便生萬物，這個氣到物的化生階段，猶如生苗、生花。氣、萬物回到理，就是花結實，又成粟，還復本形。這樣，朱熹哲學的邏輯結構便是：理——氣——物——理。形式上是平面結構式，就內容說，實是立體結構式。只有揭示朱熹哲學的邏輯結構，才能對他的哲學

---

❸《朱子語類》卷九十四，同治壬申刊成應元書院藏版。

思想整體有比較清晰的認識。

宋明理學的總結者王夫之，亦曾用理、氣、物等範疇，來表述他的哲學理論思維。就他所用以表述其哲學邏輯結構的範疇來說，可說與朱熹無異。但由於其出發點不同，影響其邏輯結構方式的不同，兩者哲學系統的性質則有差別。王夫之是這樣闡述他的邏輯結構的：

理本非一成可執之物，不可得而見；氣之條緒節文，乃理之可見者也。故其始之有理，即於氣上見理；迨已得理，則自然成勢，又只在勢之必然處見理❹。

理依賴於氣，理是氣所固有條理節文，萬事的當然之則，或必然的趨勢。氣是陰陽變化的物質實體，是理的承擔者，只能在氣上見理，理便是氣這個實體的表現或屬性。氣的凝聚便成有形的萬物，庶物繁興，各成品滙，而品滙之成又各有條理，譬如霜雪露雷各以其時，動族飛潛各以其族，等等。這便是氣（陰陽）——理（各有其理，條理）——物（庶物），從氣到物。王夫之認爲，到物，並非止於物。氣採取聚的運動形式而構成有形的萬物，但氣的運動並未止息；氣採取散的運動形式，就是萬物的逐漸消失，即由物返回到氣。「散入無形而適得氣之體，聚爲有形而不失氣之常。」❺這樣，王夫之哲學邏輯結構應該是：氣——理——物——氣。

從朱熹理——氣——物——理和王夫之的氣——理——物——氣的哲學邏輯結構的比較之

❹《孟子》，《讀四書大全說》卷九，中華書局一九七五年版，第六〇一頁。
❺〈太和篇〉，《張子正蒙注》卷一，古籍出版社一九五六年版，第一〇頁。

中，可以得見：

第一，在理與氣的關係問題上，兩人是根本不同的。朱熹認為，理為形而上者，氣為形而下者。「理也者，形而上之道也，生物之本也；氣也者，形而下之器也，生物之具也。是以人物之生，必稟此理，然後有性；必稟此氣，然後有形。其性其形，雖不外乎一身，然其道器之間，分際甚明，不可亂也」❻。理是生物的本原或根本，即「所以生物者」。人與物的本性，稟理而有；氣是生物的材料，人與物的形體，稟氣而有。他以形而上、下和本、具關係來規定、區別理與氣，理顯然為比氣高一層次的範疇，從邏輯上講是理先氣後，理主氣客。

王夫之顚倒了朱熹的理氣關係，認為朱熹以無形之理（道）在有形之器（氣）之上是一種淫詞。所謂形而上，並非說是無形，而是說形而後有上。道不能離器，理不能離氣，理即是氣之理，它是陰陽二儀變化的表現或妙用，氣方是陰陽二儀的本質。因而，理在氣中，氣外更沒有虛托孤立的理。理與氣便似一種物質實體和它的固有條緒節文的關係。王夫之指出，朱熹的錯誤就是把理與氣不可分作兩截而分成兩截了。於是，王夫之把朱熹的理氣關係倒置過來了。

第二，朱熹的理——氣——物——理，由理出發而回到理，王夫之的氣——理——物——氣，由氣出發而回到氣，兩者的邏輯起點和終點是不同的，表明兩者哲學範疇的邏輯結構的組合

---

❻〈答黃道夫〉，《朱文公文集》卷五八，四部叢刊初編縮本。

方式以及行程的方向的相異，亦說明兩者哲學性質的相反。

在分析哲學範疇間邏輯聯結的基礎上，所構築的邏輯結構的區別，便是各個哲學範疇系統之所以在整體性質上相區別的特點。從本質上說，就是他的哲學範疇和邏輯結構所表現出來的特色。由此可見，哲學邏輯結構就是諸範疇之間的邏輯聯繫或結構方式。

三、中國哲學邏輯結構系統

中國古代哲學有沒有自己的邏輯結構系統呢？回答是肯定的。中國哲學在其發展行程中，當積累了一定數量的範疇之後，就必然面臨着如何系統化的問題。系統之所以爲系統，是由系統內一系列哲學範疇通過邏輯結構的方式構築成一個相對穩定的結構，才能作爲一個統一整體，而發揮作用和功能。從這個意義上說，結構乃是系統自身得以存在的前提，系統又是結構的必然發展。中國哲學邏輯結構系統，是指反映事物諸規定性的固有聯繫的中國傳統哲學範疇的統一體。這些哲學範疇要求恢復捨棄的差別和聯繫，要和不同的甚至具有對立屬性或關係的哲學範疇結合起來，從而能夠從整體上再現具體，這便是中國哲學邏輯結構系統。

在中西哲學史上，有的哲學家對哲學範疇體系較爲關注，如西方哲學史上古希臘哲學家亞里士多德，德國古典哲學的代表人物康德和黑格爾等。他們和總結表示時代研究成果的基礎上，在各自的範疇學說中，建立了哲學範疇系統。中國古代哲學家對範疇的研究亦甚爲重視，其中有與亞里士多德《範疇篇》相媲美的《墨經》和荀子的範疇邏輯學說。在中世紀有《白虎通義》、《北溪字義》、《孟子字義疏證》等範疇體系，與西方中世紀相比較，不乏獨到之處。在近代，中國雖外受殖民主義者的侵略，內受封建主義者的壓迫，對範疇的研究較康德、黑格爾起步晚，但亦有自己的風格、神韻和特色。

中世紀的朱熹在其哲學邏輯結構系統中，雖沒有通過圖式來表示像近代康德、黑格爾那樣的範疇體系，然亦有自己表現的形式。特別是朱熹構築了主體性的功夫範疇體系，爲康德和黑格爾所忽視。這就是說，中國科學家不僅重視客體性的範疇，卽宇宙自然範疇系統，亦注重主體性功夫範疇，卽社會倫理、人生及人生修養範疇系統，以提高主體本質力量。在《朱子語類》中，朱熹修正了《大學》中關於三綱領（「明明德、在新民、在止於至善」）、八條目（格物、致知、誠意、正心、修身、齊家、治國、平天下）的排列次序，把八條目卽八個範疇放在圖式的兩邊，以格物範疇爲邏輯起點，經致知、誠意、正心範疇，而上升到修身，這是屬於明明德綱領的事，而進於至善範疇；由修身而轉化爲齊家治國，而上升到平天下範疇，這是屬於新民綱領的事，亦進入至善範疇，這是一條通向至善這個中心範疇的道路。另一條道路是，由格物範疇，經致知、誠意、正心，而上升到修身，屬於知止範圍的事，而進於至善範疇；由修身而轉化爲齊家、治國，而上升到平天下範疇，屬於能得範圍的事，而進於至善範疇。至善便成爲總滙兩路最具體、內容最豐富的範疇。如果說格物、致知在朱熹哲學邏輯結構中具有認識論範疇的涵義的話，那麼，在這裏便與道德修養論結合起來了。因此，在這個範疇表中，體現了認識論與道德修養論、經世論的一致性。

在朱熹的主體性功夫範疇體系中，至善亦是一種境界。當達到這種道德境界以後，至善的內涵被規定爲仁敬慈孝信。在這個基礎上，朱熹又闡述了由仁這個範疇而展開的邏輯層次，構成了〈仁說圖〉。在這個仁說圖式中，朱熹提出了仁、人、心、未發、已發、四德、性、愛、體用、公、孝弟、恕、知覺等十三個相互聯繫的範疇。仁作爲這個範疇表中的邏輯起點，既是天地之心，又是人心，兩者交互合一，即是天人合一的思維形式。仁既看作天地之心，與宇宙自然相聯繫；又被說成人心，賦予仁以實體性，又賦予仁以能動性。仁作爲具有二重性格的心，進入了未發和已發階段。未發是一種寂然不動，涵育渾全而又無所不統的狀態，是沒有情慾的本然之性或生之性，是仁之本體或本質；已發是一種感而遂通，周流貫徹而無所不通的狀態，是有情慾的氣質之性或性之情，是仁的作用或表現。如果說仁之體是四德而又包括四德的話，那麼，其用便發爲四端而又貫乎四端。仁的體便是公，公則仁，仁便體現爲愛，其用爲孝弟，其施爲恕，其智爲知覺。從仁這個範疇而展開的聯結中，可以看到未發、已發和體用範疇的中介作用。由於這個中介範疇，而使仁由心向四德和四端過渡，由四德、四端向性和愛轉化；再由公、愛表現爲孝弟、恕等道德倫理行爲規範。仁的整個邏輯行程，是合乎由內向外推演的過程的。

中國哲學邏輯結構系統的推演是同哲學史上各哲學學派的發展相適應的，各哲學學派是作

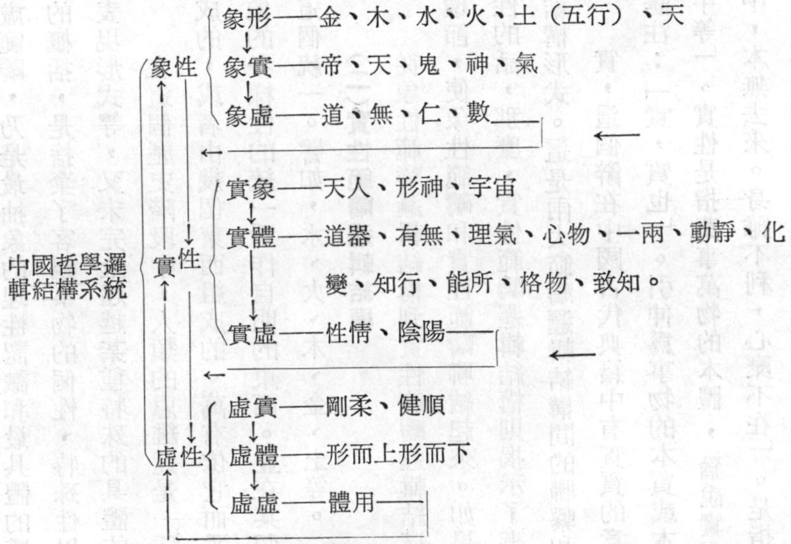

爲整個時代的哲學邏輯結構系統的各個環節而存在的。儘管每個哲學邏輯結構和哲學派別，在歷史的長河中都要被後來的哲學邏輯結構系統和哲學學派所代替，但它們作爲整個哲學邏輯結構系統或整個人類認識發展的一個有機組成部份又被保留了下來。在筆者看來，中國哲學邏輯結構系統是這樣排列的（如上表）：

（一）象性範疇邏輯結構

象，這個辭在中國古代典籍中是對於客觀事物的現象的摹擬，或對於萬物形象的描寫，卽寫象。《周易．繫辭下》說：「是故易者，象也；象也者，像也」。孔穎達疏：「謂卦爲萬物象者，法象萬物，猶若乾卦之象法像於天也」。象性範疇取意於中國古代典籍而賦予新義。所謂象性範疇邏輯結構，是指以某種物質結構摹擬世界多樣性的統一。象性邏輯結構從象形範疇，經象實範疇，到象虛範疇，乃是最抽象的理性認識和最具體的感性認識的統一體，它是客觀事物全部規定性的抽象的概括，是捨棄了客觀事物的個性、特殊性以及客觀事物內部的一些本質的規定性和事物外在的表現形式等，又未完全超越某種特殊的具體的東西。

在這個歷史階段中，人類的思維還是一種直觀的抽象。人們認爲，世界萬有是由一個東西構成的，或者由幾個東西組成的。萬有依它而發生，最後又復歸於它。它在最初階段，把自然界現象的多樣性的統一看作自明的東西。並在某個一定有形體的東西中，在一個特殊的東西中去尋找這個統一。譬如，水、火、木、金、土等。

(二)實性範疇邏輯結構

從象性範疇邏輯結構到實性範疇邏輯結構，道、無、數是過渡性的中介範疇。由於這個中間環節，使象性範疇和實性範疇聯結起來。如果說象性範疇邏輯結構揭示了事物直接的一般的規定性的話，那麼，實性範疇邏輯結構則揭示了事物間接的一般的規定性。實性範疇邏輯結構是內在結構形式。這是兩大範疇邏輯結構間的聯繫和區別。

實，這個辭在中國古代典籍中有實質的意思。《淮南子·泰族訓》：「知械機而實衰」。高誘注：「實，質也」。引伸爲事物的本質或本來狀態。佛教《般若仁王經》：「諸法實性，清淨平等」。實性是指萬事萬物的本體，猶說實相。《廣弘明集·答謝開講般若啓勑》：「實相之中，本無去來。身雖不利，心靡不在」。是指宇宙間萬有的眞相。所謂實性範疇邏輯結構，卽指反映某類事物本質關係的實體性或本體性的範疇。當它們在說明自然現象無限多樣性的統一時，已與象性範疇邏輯結構有異。它們不是從某種具有固定形體的東西中或某種特殊的東西中去尋找這種統一性，而是從事物內在的矛盾關係中，自然現象和社會現象的錯綜複雜的關係中，構築哲學的邏輯結構和世界的本體。

在這個歷史階段中，人類的思維不局限於直觀的抽象，而富於理性的思維。人們認爲，世界萬有不是由一個特殊的東西或幾個東西構成的，而是由某種存在於客觀事物之上、之外的理念、觀念或客觀精神、主觀精神構成的；或是由客觀世界自身和物質的抽象組成的。實性範疇邏輯結構不同於象性範疇結構之點，就在於從象性的單一範疇過渡到實性的相對範疇，是從抽象到具體不可缺少的中間環節。

(三)虛性範疇邏輯結構

從實性範疇邏輯結構到虛性範疇邏輯結構，陰與陽是一對過渡性的中介範疇，由於它的中間環節的作用，使實性範疇和虛性範疇聯結起來。假如說實性範疇邏輯結構揭示了事物內在的結構式與間接的一般規定性的話，那麼虛性範疇邏輯結構則揭示了事物直接的一般的規定性與間接的一般規定性的統一，是外在結構與內在結構的統一。虛性範疇邏輯結構是思維更加具體化的過程。這是兩大範疇邏輯結構的聯繫和區別。

虛，這個辭在中國古代典籍中有空無的意思。《廣雅·釋詁三》：「虛，空也」。《文選·

西京賦》：「有憑虛公子者」。薛注：「虛，無也」。因其空無，故能容納和接收事物，而爲宅所、居處。《禮記·檀弓下》：「虛墓之間」。孔穎達疏：「凡舊居皆曰虛」。但它不是一般的居所，而是道的處所。《淮南子·詮言》：「虛者，道之舍也」。《賈子·道術》：「道者所從接物也，其本者謂之虛」。引伸爲一種居所的模式、模型，或者說是道的居所的模型。所謂虛性範疇邏輯結構，是指那種以凝縮的形式把握事物一般規定性的思維模型。這種思維模型，既是共性和個性的統一，又是抽象性和具體性的統一，以及靈活性和確定性的統一。它的形式是空無的，其功能和作用，與代數學的原理公式一樣，諸如象性範疇或實性範疇，只要納入這個道的居所或思維模型，即可由此道的居所或思維模型的已有規定性和關係，而推演出諸範疇的規定性及關係。同時，它在思維過程中的作用，猶如聯結各支點或紐結的化學鍵，把諸多的範疇按一定思維或哲學體系的內在邏輯，排列成一定的邏輯結構系統。

在這個歷史階段中，人類的思維不再局限於世界的本質或基礎是什麼，世界存在的狀態怎樣，以及對世界本質和存在狀態能否認識、可知的探討，而是要揭示象性範疇和實性範疇的內在聯繫，使諸範疇按一定的聯繫組成一定的整體結構，並進而構成整體結構系統，如果說整體結構是內在結構未充分展開的話，那麼，邏輯結構系統則是內在結構已展開的整體。同時，從範疇邏輯結構的演變來說，那是從象性的單一範疇過渡到實性的相對範疇再過渡到虛性的對待統一範疇。人類的認識便更深刻、更具體。

中國哲學邏輯結構系統從象性範疇邏輯結構開始，經實性範疇邏輯結構，到虛性範疇邏輯結構的發展，表現了對客觀事物從一級本質到二級本質的認識過程。象性範疇邏輯結構，揭示了客觀事物外在的一般屬性，是認識具體化的過程；實性範疇邏輯結構，揭示了事物一般本質關係，是對事物內在關係的反映；虛性範疇邏輯結構，揭示了客觀事物一般屬性和本質關係的統一，是認識更加具體化的過程。這是三大邏輯結構之間的聯繫和區別。現再作一些說明：

第一、人類的思維，在其形成範疇的過程中，是從單一範疇開始的。自然和社會現象都以單一整體形態呈現在人們面前，然而任何對象的單一形態，實際上包含着衆多不同質、屬性、關係、環節、過程的具體單一，是一個複雜的、多層次結構的單一體。這便是中國哲學邏輯結構系統中象性範疇所屬的諸範疇。

然而，人的思維並不能直接把握客觀對象的具體的單一形態，而只有從不同客觀對象中，把共同點提出來，撇開質的差異，抓住對象的共性，即同一性，從而形成一個單一形態的範疇。故單一形態範疇，亦是多樣性的同一。但思維由抽象上升到具體的進程，是要再現哲學歷史的具體性，而任何具體性都是一個統一的整體。因此單一形態的範疇又分裂成兩個既對立而又聯繫的部份和方面，所以，思維在認識了對象的同一性後，必深入到同一的內部，認識同一中的差異。這時，原有的單一形態的範疇，已不能反映同一體內部對立同一的關係了。這樣單一形態的範疇便向對偶性或相對性範疇上升或過渡，便形成了中國哲學邏輯結構系統中的實性範疇所屬的諸範疇。

單一形態範疇上升爲相對形態範疇，是因爲自然與社會的現象都是對立統一，一方都以另一方爲自身存在的前提和條件。因此，相對範疇便向既相對又統一的範疇過渡，便形成了中國哲學邏輯結構系統中的虛性範疇所屬的諸範疇。因此，中國哲學邏輯結構系統的從象性——實性——虛性上升的運動，便是單一——相對——相對同一範疇體系。

第二、從認識對象而言，人的思維要掌握對象的本質，先需有一個正面、肯定的認識，對象是作爲肯定的東西而出現的。反映對象正面的肯定認識的概念，構成正項或肯定邏輯範疇，便是中國哲學邏輯結構系統中的象性範疇所屬的諸範疇。但是，對象總是存在着矛盾的，肯定總會含着否定，反之亦然。揭示對象內部的矛盾對立，構成否定範疇，這就是中國哲學邏輯結構中的實性範疇所屬的諸範疇。然對象總是存在着肯定和否定兩個方面，正項的肯定認識與反項的否定認識互相依存，甚至互相滲透，在一定條件下，反項的否定認識轉化爲主導地位，從而揚棄了正項的肯定認識，同時又把正項的肯定認識包容於自身之內，於是正項的肯定認識與反項的否定認識既對立又同一，這便是中國哲學邏輯結構系統中的虛性範疇所屬的諸範疇。象性——實性——虛性的上升過程，就是肯定（正項）——否定（反項）——肯定否定（正項反項的對立同一）的過程。這是一個由抽象向具體深入，從關於事物的現象認識到豐富多樣的本質認識的上升運動。

第三、人們總結了思維活動的基本特點及思維關係、層次和結構特點，把抽象上升到具體作爲一種方法。人的思維的起點是感性認識，感性認識還沒掌握這類對象的內在規定及關係，因而不能作爲上升爲思維具體的出發點。只有認識進入理性領域，從雜多的感性具體中，概括、抽取共同點，找出抽象的規定。所以，思維抽象不是對感性具體的重復，而是對感性具體的否定和發展，是認識的飛躍，這便是中國哲學邏輯結構系統中的象性範疇所屬的諸範疇。此象性並不是指感性形象或具體有形象的事物，而是理性抽象之中的象性，是作爲外延最寬、最一般、最基本的規定性。它是符合於對象共同點的抽象或反映對象自身一定屬性、方面、關係、層次的抽象。

思維抽象上升爲思維具體，思維具體是對思維抽象的否定。思維具體是許多規定的綜合，是範疇的增殖過程，這便是中國哲學邏輯結構系統中的實性範疇所屬的諸範疇。

然而，思維具體並不是完全脫離思維抽象，而是以揚棄的形式包含着思維的抽象，是思維抽象與思維具體的對立同一。僅就思維具體的形式而言，它是主體與客體的統一，個別與一般的統一，內容與形式的統一。思維具體自身包含着這兩方面，這就是中國哲學邏輯結構系統中的虛性範疇所屬的諸範疇。因此，象性——實性——虛性範疇的上升運動，就是抽象——具體——抽象具體的對立同一。如以範疇爲例，便是：同——異——非同非異、即同即異；有——無——非有非無、即有即無等。

原載《知識分子》一九八七年冬季號第三卷第二期

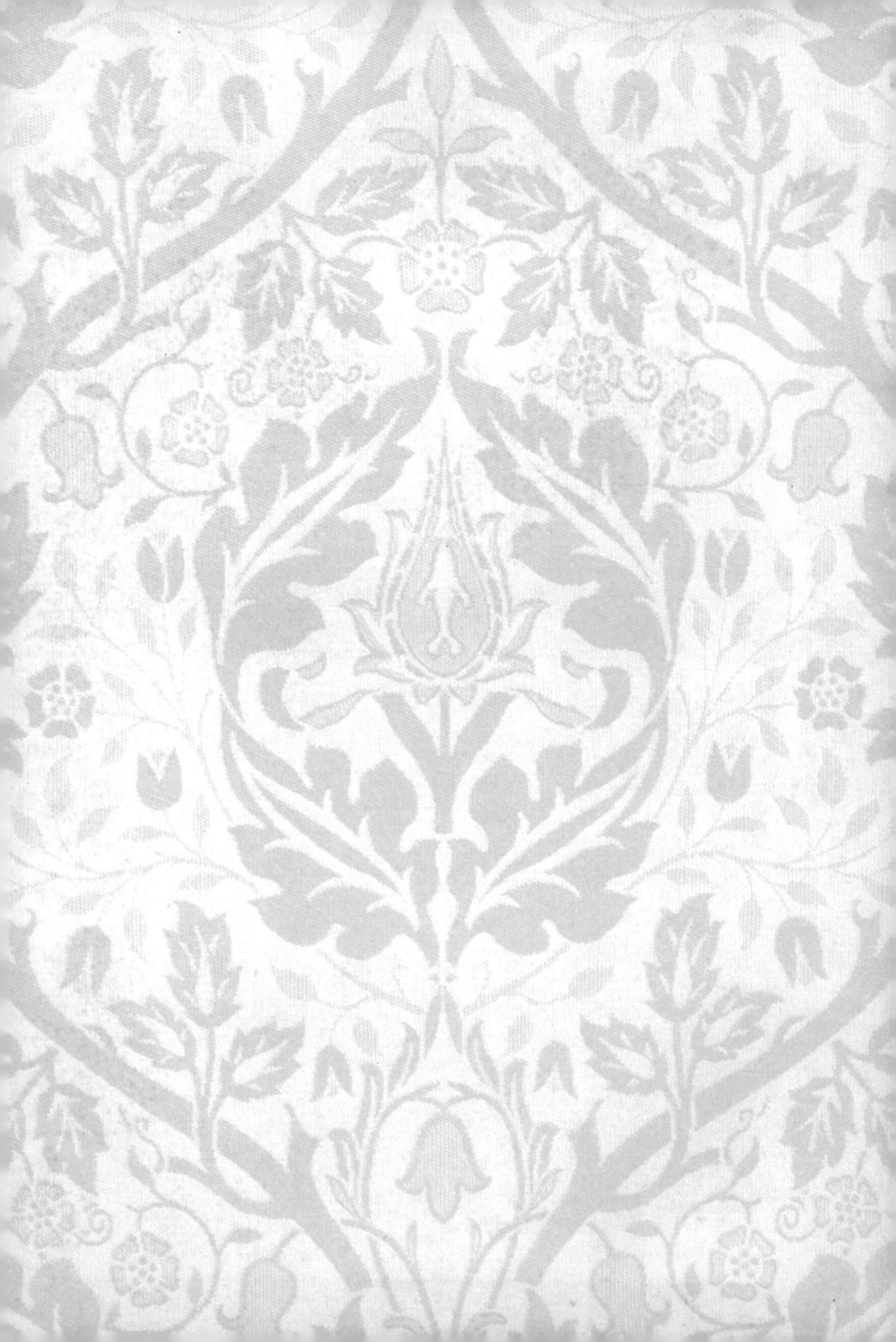

滄海叢刊書目

國學類

中國學術思想史論叢(一)～(八)	錢　穆　著
現代中國學術論衡	錢　穆　著
兩漢經學今古文平議	錢　穆　著
宋代理學三書隨劄	錢　穆　著
先秦諸子繫年	錢　穆　著
朱子學提綱	錢　穆　著
莊子纂箋	錢　穆　著
論語新解	錢　穆　著

哲學類

文化哲學講錄(一)～(五)	鄔昆如　著
哲學十大問題	鄔昆如　著
哲學的智慧與歷史的聰明	何秀煌　著
文化、哲學與方法	何秀煌　著
哲學與思想	王曉波　著
內心悅樂之源泉	吳經熊　著
知識、理性與生命	孫寶琛　著
語言哲學	劉福增　著
哲學演講錄	吳　怡　著
後設倫理學之基本問題	黃慧英　著
日本近代哲學思想史	江日新　譯
比較哲學與文化(一)(二)	吳　森　著
從西方哲學到禪佛教——哲學與宗教一集	傅偉勳　著
批判的繼承與創造的發展——哲學與宗教二集	傅偉勳　著
「文化中國」與中國文化——哲學與宗教三集	傅偉勳　著
從創造的詮釋學到大乘佛學——哲學與宗教四集	傅偉勳　著
中國哲學與懷德海	東海大學哲學研究所主編
人生十論	錢　穆　著
湖上閒思錄	錢　穆　著
晚學盲言(上)(下)	錢　穆　著
愛的哲學	蘇昌美　著
是與非	張身華　譯
邁向未來的哲學思考	項退結　著

現代藝術哲學	孫旗 譯
現代美學及其他	趙天儀 著
中國現代化的哲學省思	成中英 著
不以規矩不能成方圓	劉君燦 著
恕道與大同	張起鈞 著
現代存在思想家	項退結 著
中國思想通俗講話	錢穆 著
中國哲學史話	吳怡、張起鈞 著
中國百位哲學家	黎建球 著
中國人的路	項退結 著
中國哲學之路	項退結 著
中國人性論	臺大哲學系主編
中國管理哲學	曾仕強 著
孔子學說探微	林義正 著
心學的現代詮釋	姜允明 著
中庸誠的哲學	吳怡 著
中庸形上思想	高柏園 著
儒學的常與變	蔡仁厚 著
智慧的老子	張起鈞 著
老子的哲學	王邦雄 著
逍遙的莊子	吳怡 著
莊子新注（內篇）	陳冠學 著
莊子的生命哲學	葉海煙 著
墨家的哲學方法	鐘友聯 著
韓非子析論	謝雲飛 著
韓非子的哲學	王邦雄 著
法家哲學	姚蒸民 著
中國法家哲學	王讚源 著
二程學管見	張永儁 著
王陽明——中國十六世紀的唯心主義哲學家	張君勱原著、江日新中譯
王船山人性史哲學之研究	林安梧 著
西洋百位哲學家	鄔昆如 著
西洋哲學十二講	鄔昆如 著
希臘哲學趣談	鄔昆如 著
近代哲學趣談	鄔昆如 著
現代哲學述評㈠	傅佩榮編譯

當代西方哲學與方法論	臺大哲學系主編
人性尊嚴的存在背景	項退結編著
理解的命運	殷鼎著
馬克斯·謝勒三論	阿弗德·休慈原著、江日新譯
懷海德哲學	楊士毅著
洛克悟性哲學	蔡信安著
伽利略·波柏·科學說明	林正弘著
宗教類	
天人之際	李杏邨著
佛學研究	周中一著
佛學思想新論	楊惠南著
現代佛學原理	鄭金德著
絕對與圓融——佛教思想論集	霍韜晦著
佛學研究指南	關世謙譯
當代學人談佛教	楊惠南編著
從傳統到現代——佛教倫理與現代社會	傅偉勳主編
簡明佛學概論	于凌波著
圓滿生命的實現（布施波羅密）	陳柏達著
薝蔔林·外集	陳慧劍著
維摩詰經今譯	陳慧劍譯註
龍樹與中觀哲學	楊惠南著
公案禪語	吳怡著
禪學講話	芝峯法師譯
禪骨詩心集	巴壺天著
中國禪宗史	關世謙著
魏晉南北朝時期的道教	湯一介著
社會科學類	
憲法論叢	鄭彥棻著
憲法論衡	荆知仁著
國家論	薩孟武譯
中國歷代政治得失	錢穆著
先秦政治思想史	梁啟超原著、賈馥茗標點
當代中國與民主	周陽山著
釣魚政治學	鄭赤琰著
政治與文化	吳俊才著
中國現代軍事史	劉馥著、梅寅生譯
世界局勢與中國文化	錢穆著

中華文化十二講　錢　穆　著
民族與文化　錢　穆　著
楚文化研究　文崇一　著
中國古文化　文崇一　著
社會、文化和知識分子　葉啟政　著
儒學傳統與文化創新　黃俊傑　著
歷史轉捩點上的反思　韋政通　著
中國人的價值觀　文崇一　著
紅樓夢與中國舊家庭　薩孟武　著
社會學與中國研究　蔡文輝　著
比較社會學　蔡文輝　著
我國社會的變遷與發展　朱岑樓主編
三十年來我國人文社會科學之回顧與展望　賴澤涵　編
社會學的滋味　蕭新煌　著
臺灣的社區權力結構　文崇一　著
臺灣居民的休閒生活　文崇一　著
臺灣的工業化與社會變遷　文崇一　著
臺灣社會的變遷與秩序(政治篇)(社會文化篇)　文崇一　著
臺灣的社會發展　席汝楫　著
透視大陸　政治大學新聞研究所主編
海峽兩岸社會之比較　蔡文輝　著
印度文化十八篇　糜文開　著
美國的公民教育　陳光輝　譯
美國社會與美國華僑　蔡文輝　著
文化與教育　錢　穆　著
開放社會的教育　葉學志　著
經營力的時代　青野豐作著、白龍芽　譯
大眾傳播的挑戰　石永貴　著
傳播研究補白　彭家發　著
「時代」的經驗　汪琪、彭家發　著
書法心理學　高尚仁　著

史地類

古史地理論叢　錢　穆　著
歷史與文化論叢　錢　穆　著
中國史學發微　錢　穆　著
中國歷史研究法　錢　穆　著
中國歷史精神　錢　穆　著

國史新論	錢　　穆　著
秦漢史	錢　　穆　著
秦漢史論稿	邢義田　著
與西方史家論中國史學	杜維運　著
中西古代史學比較	杜維運　著
中國人的故事	夏雨人　著
明朝酒文化	王春瑜　著
共產國際與中國革命	郭恒鈺　著
抗日戰史論集	劉鳳翰　著
盧溝橋事變	李雲漢　著
老臺灣	陳冠學　著
臺灣史與臺灣人	王曉波　著
變調的馬賽曲	蔡百銓　譯
黃帝	錢　　穆　著
孔子傳	錢　　穆　著
唐玄奘三藏傳史彙編	釋光中　編
一顆永不殞落的巨星	釋光中　著
當代佛門人物	陳慧劍編著
弘一大師傳	陳慧劍　著
杜魚庵學佛荒史	陳慧劍　著
蘇曼殊大師新傳	劉心皇　著
近代中國人物漫譚・續集	王覺源　著
魯迅這個人	劉心皇　著
三十年代作家論・續集	姜　　穆　著
沈從文傳	凌　　宇　著
當代臺灣作家論	何　　欣　著
師友風義	鄭彥棻　著
見賢集	鄭彥棻　著
懷聖集	鄭彥棻　著
我是依然苦鬥人	毛振翔　著
八十憶雙親、師友雜憶（合刊）	錢　　穆　著
新亞遺鐸	錢　　穆　著
困勉強狷八十年	陶百川　著
我的創造・倡建與服務	陳立夫　著
我生之旅	方　　治　著

語文類

中國文字學	潘重規　著

中國聲韻學	潘重規、陳紹棠 著
訓詁通論	吳孟復 著
翻譯新語	黃文範 著
詩經研讀指導	裴普賢 著
陶淵明評論	李辰冬 著
鍾嶸詩歌美學	羅立乾 著
杜甫作品繫年	李辰冬 著
杜詩品評	楊慧傑 著
詩中的李白	楊慧傑 著
司空圖新論	王潤華 著
詩情與幽境——唐代文人的園林生活	侯迺慧 著
唐宋詩詞選——詩選之部	巴壺天 編
唐宋詩詞選——詞選之部	巴壺天 編
四說論叢	羅盤 著
紅樓夢與中華文化	周汝昌 著
中國文學論叢	錢穆 著
品詩吟詩	邱燮友 著
談詩錄	方祖燊 著
情趣詩話	楊光治 著
歌鼓湘靈——楚詩詞藝術欣賞	李元洛 著
中國文學鑑賞舉隅	黃慶萱、許家鸞 著
中國文學縱橫論	黃維樑 著
蘇忍尼辛選集	劉安雲 譯
1984	GEORGE ORWELL原著、劉紹銘 譯
文學原理	趙滋蕃 著
文學欣賞的靈魂	劉述先 著
小說創作論	羅盤 著
借鏡與類比	何冠驥 著
鏡花水月	陳國球 著
文學因緣	鄭樹森 著
中西文學關係研究	王潤華 著
從比較神話到文學	古添洪、陳慧樺主編
神話卽文學	陳炳良等譯
現代散文新風貌	楊昌年 著
現代散文欣賞	鄭明娳 著
世界短篇文學名著欣賞	蕭傳文 著
細讀現代小說	張素貞 著

現代詩學	蕭　　蕭　著
詩美學	李元洛　著
詩學析論	張春榮　著
橫看成嶺側成峯	文曉村　著
大陸文藝論衡	周玉山　著
大陸當代文學掃瞄	葉穉英　著
走出傷痕——大陸新時期小說探論	張子樟　著
兒童文學	葉詠琍　著
兒童成長與文學	葉詠琍　著
增訂江皋集	吳俊升　著
野草詞總集	韋瀚章　著
李韶歌詞集	李　　韶　著
石頭的研究	戴　　天　著
留不住的航渡	葉維廉　著
三十年詩	葉維廉　著
讀書與生活	琦　　君　著
城市筆記	也　　斯　著
歐羅巴的蘆笛	葉維廉　著
一個中國的海	葉維廉　著
尋索：藝術與人生	葉維廉　著
山外有山	李英豪　著
葫蘆・再見	鄭明娳　著
一縷新綠	柴　　扉　著
吳煦斌小說集	吳煦斌　著
日本歷史之旅	李希聖　著
鼓瑟集	幼　　柏　著
耕心散文集	耕　　心　著
女兵自傳	謝冰瑩　著
抗戰日記	謝冰瑩　著
給青年朋友的信(上)(下)	謝冰瑩　著
冰瑩書柬	謝冰瑩　著
我在日本	謝冰瑩　著
人生小語(一)～(四)	何秀煌　著
記憶裏有一個小窗	何秀煌　著
文學之旅	蕭傳文　著
文學邊緣	周玉山　著
種子落地	葉海煙　著

向未來交卷	葉海煙 著
不拿耳朶當眼睛	王讚源 著
古厝懷思	張文貫 著
關心茶——中國哲學的心	吳怡 著
放眼天下	陳新雄 著
生活健康	卜鍾元 著
美術類	
樂圃長春	黃友棣 著
樂苑春回	黃友棣 著
樂風泱泱	黃友棣 著
談音論樂	林聲翕 著
戲劇編寫法	方寸 著
戲劇藝術之發展及其原理	趙如琳譯著
與當代藝術家的對話	葉維廉 著
藝術的興味	吳道文 著
根源之美	莊申 著
中國扇史	莊申 著
立體造型基本設計	張長傑 著
工藝材料	李鈞棫 著
裝飾工藝	張長傑 著
人體工學與安全	劉其偉 著
現代工藝概論	張長傑 著
色彩基礎	何耀宗 著
都市計畫概論	王紀鯤 著
建築基本畫	陳榮美、楊麗黛 著
建築鋼屋架結構設計	王萬雄 著
室內環境設計	李琬琬 著
雕塑技法	何恆雄 著
生命的倒影	侯淑姿 著
文物之美——與專業攝影技術	林傑人 著